龙头掘金

蒋志炜 著

山西出版传媒集团
山西人民出版社

图书在版编目（CIP）数据

龙头掘金 / 蒋志炜著. — 太原：山西人民出版社，2025.7（2025.10 重印）. —ISBN 978-7-203-13871-6

Ⅰ. F830.91

中国国家版本馆 CIP 数据核字第 2025FJ9655 号

龙头掘金

著　　者：蒋志炜
责任编辑：孙　琳
复　　审：崔人杰
终　　审：贺　权
装帧设计：卜翠红

出 版 者：山西出版传媒集团·山西人民出版社
地　　址：太原市建设南路 21 号
邮　　编：030012
发行营销：0351-4922220　4955996　4956039　4922127（传真）
天猫官网：https://sxrmcbs.tmall.com　电话：0351-4922159
E - m a i l：sxskcb@163.com　发行部
　　　　　　sxskcb@126.com　总编室
网　　址：www.sxskcb.com

经 销 者：山西出版传媒集团·山西人民出版社
承 印 厂：廊坊市祥丰印刷有限公司

开　　本：710mm×1000mm　1/16
印　　张：18.5
字　　数：268 千字
版　　次：2025 年 7 月　第 1 版
印　　次：2025 年 10 月　第 2 次印刷
书　　号：ISBN 978-7-203-13871-6
定　　价：128.00 元

如有印装质量问题请与本社联系调换

龙头技术始于正确的认知

何谓龙头？怎样才能擒龙捉妖？如何实现复利增长？

作为"龙头掘金"交易体系的创立者，我经过12年的潜心研究与实践，首次以图书形式分享捕捉市场龙头的核心策略与实战技巧。

一个错误的念头，若不断累积，终将在失望与绝望中坠入深渊。

一个正确的念头，若持续积累，终将如细水长流，汇聚成汪洋大海。

由于缺乏对股市和龙头股的深刻认知，许多投资者在错误的道路上越走越远，陷入"逆向负利"的恶性循环，最终导致资产缩水甚至出现爆仓的严重后果。

"胜兵先胜而后求战，败兵先战而后求胜"（出自《孙子兵法·形篇》），其意是说，胜利的军队总是先创造取胜的条件，而后才同敌人交战；失败的军队往往是先同敌人交战，而后企图在作战中侥幸取胜。

在股市中，首先确保自己全方位做好充分准备，拥有压倒性的优势和胜算，然后选择合适的时机进行选股和交易操作，而非盲目开仓交易，直至被套牢或亏损时，才被动思考如何回本和自救。

股市，赚的是认知差的钱

踏入股市的门槛或许不高，但若想在股市中实现稳定盈利，门槛却相当高。

这个世界是公平的，你永远也无法赚取超出你认知范围的财富，除非你是靠运气。但依靠运气获得的财富，往往又会因缺乏相应的实力而失去，这是一种客观规律。你所获得的每一分钱，都体现着你对这个世界的认知；而你所失去的每一分钱，都反映出你对这个世界认知的局限。

常言道：

一念天堂，一念地狱；一念之差，盈亏立见；

一念之间，成败即定；一念之择，生死攸关。

社会最公平之处在于：当财富超出个人认知范围时，市场便会通过各种手段进行调整，直至其财富与认知水平达到一致。在残酷而美好的资本市场里，更是如此。

若你想在市场中生存，且比别人活得更久、更精彩，就不可能一直靠运气炒股赚钱。唯一的出路就是不断地提升自己对股市的认知，构建自己的交易体系，并且做到知行合一。

炒股，本质是人性的博弈

炒股的底层逻辑是资金和筹码的较量。资金和筹码承载着贪婪和恐惧，内核仍是人性的博弈。正因如此，亘古不变的人性就会在资本市场中发挥得淋漓尽致，羊群效应使峰谷波动更加剧烈，充分利用乌合之众的势能，掌握股市的运行规律，就能成为所谓的游资大佬，即大众眼中的"股神"。

顺应天道，跟随趋势

有道无术，术尚可求；有术无道，则止于术。

天道，是宇宙间万事万物在无尽的时间与广袤的空间中自然流转的至高规律。股价波动看似杂乱无序，实则有自身的运行规律，其中有两个至关重要的导航灯塔——周期与趋势。

周期与趋势是股市的底层规律，它们犹如夜空中闪烁的星辰，为我们指明前进的方向；K线组合、主力流向、筹码分析以及各项技术指标分析皆为术的范畴，仅仅作为捕捉市场动向的辅助工具。

万物皆有周期与趋势

股市周期，以其不可逆性、重复性和必然性，如同自然界的四季更迭，展现出特有的节奏与韵律。

从短期波动到长期循环，每个周期都蕴含着丰富的信息与机遇。深入理解并掌握这些周期，能够帮助投资者在市场的波动中保持客观与冷静，对未来发展有明确的预见，从而把握那些转瞬即逝的机遇。

股市贵在顺势而为。《孙子兵法·势篇》有言："故善战人之势，如转圆石于千仞之山者，势也。"其中，趋即方向，势即能量。趋势具有延续性、预见性和不可逆转性；一旦形成，方向便不会轻易改变，能量也不会轻易衰退。

擅长指挥的将领在战争中通过巧妙布局和战术运用，创造出有利的作战态势，使己方军队以摧枯拉朽之势将敌人置于极其被动和不利的境地。这就好比将滚动的圆石从高耸的山巅推下，形成一股不可抗拒的强大冲击力。借助"势"的力量，以最小的代价实现最大的战果，这就是"势"。

左侧交易，即逆市场趋势而动，往往伴随着较低的确定性，导致效率低下，事倍功半，而难以预测的风险，很可能成为你亏损的主要原因。相对地，右侧交易，即顺应市场趋势而行，具有较高的确定性，能够事半功倍，并显著地降低潜在风险，这正是你盈利的关键所在。

顺应周期，踩准节奏，借风借势，稳健获利。

龙头乃市场选择，合力而为

一龙腾破千尺浪，一鲸落而万物生。

龙头股在经历了市场的重重考验和层层筛选后，从数千只股票中脱颖而出，披荆斩棘。它们赢得了市场大量资金的认可与信任，最终成为市场瞩目的焦点。

在龙头的萌芽阶段，广大投资者难以预知谁将会真正崛起成为市场龙头，这些潜在龙头在积蓄力量，最终由市场选出。投资者只有遵循股市规律，熟练掌握龙头基因，领悟龙头掘金的精髓，才能真正读懂龙头的生命周期，从而捕捉到那些潜力巨大、强势主升、利润丰厚的龙头股。

龙头股必诞生于风口，本系列第一部即为"寻龙"，通过风口找到强势龙头股。"风"即"势"，龙头股往往伴随着强劲的风势扶摇直上。

龙头掘金心法

股海茫茫，无论牛熊，顺势者盈，逆势者亏；

情绪周期，感知变换，如水无形，寻风乘势。

胆识兼备，雷厉风行，与龙共舞，同享主升；

知行合一，顶峰变现，遵循天道，忘我无我。

这些心法是我多年的实操经验与复盘心血的结晶，我将在今后的课程中详细分解。

"龙头掘金"系列图书共有2册，第1册的主题是"寻龙"，第2册的主题是"擒龙"。相信在阅读完本套书后，读者和粉丝朋友们定能找到问题的答案。

感谢山西人民出版社和舵手证券图书的编辑老师，感谢出现在我生命中并帮助过我的每一位老师、朋友、家人，感恩遇见！

愿本书的每一位读者都能在资本市场里开花结果，收获属于自己的那一份幸福和美好！

蒋志炜（炜来可期）

2025年6月于上海

微信扫码，领取本书思维导图电子版

目 录

第一章 天道——顺应周期，跟随趋势　　1

第一节　股市，赚的是认知差的钱 ── 1
一、五个致命的认知误区　　2
二、为什么很多人看不到事物的本质？　　10
三、股市，赚的是认知差的钱　　12

第二节　万物皆周期 ── 12
一、周期的规律　　12
二、周期的定义　　13
三、周期的六个阶段　　13
四、历史总是不断地重演　　14
五、周期的波动性、相似性、必然性　　15

第三节　顺势者盈，逆势者亏 ── 18
一、周期与趋势　　18
二、何为趋势？　　19
三、趋势的三种形式　　20
四、时、空、量、价四种因素　　20
五、逆势而为是亏损的根本原因　　22
六、为什么抄底这么难？　　23
七、左侧交易和右侧交易　　24
八、顺势而为，擒龙捉妖　　25

| 第二章 | 龙头——强者恒强，只做最强 | 27 |

第一节　龙头股的特质　　　　　　　　　　　　　　　27
　　一、龙头股的"三最"　　　　　　　　　　　　　　27
　　二、连板启动　　　　　　　　　　　　　　　　　30
　　三、短线连板情绪高　　　　　　　　　　　　　　31
　　四、股性活跃流动性强　　　　　　　　　　　　　32
　　五、领涨带动板块　　　　　　　　　　　　　　　33
　　六、龙头抗跌多命　　　　　　　　　　　　　　　34

第二节　龙头的类型　　　　　　　　　　　　　　　　35
　　一、连板涨停龙头　　　　　　　　　　　　　　　35
　　二、断板趋势龙头　　　　　　　　　　　　　　　43

第三节　龙头量化标准　　　　　　　　　　　　　　　48
　　一、2板定不了龙头　　　　　　　　　　　　　　48
　　二、5板以内强势股　　　　　　　　　　　　　　51
　　三、6板以上定龙头　　　　　　　　　　　　　　54

第四节　龙头的基因　　　　　　　　　　　　　　　　58
　　一、长期横盘，建仓平台　　　　　　　　　　　　58
　　二、突破MA60，趋势反转　　　　　　　　　　　62
　　三、爆量启动，缩量启动　　　　　　　　　　　　66
　　四、最先连板，起爆突破　　　　　　　　　　　　71
　　五、想象空间，无法改变　　　　　　　　　　　　73
　　六、小微市值，易于拉升　　　　　　　　　　　　74
　　七、股价便宜，人人可买　　　　　　　　　　　　76
　　八、名字简单，通俗易懂　　　　　　　　　　　　79

第三章　建仓——龙头股如何买入　　85

第一节　小阳建仓　　85
一、成交量方面　　85
二、形态方面　　86
三、K线方面　　86
四、位置方面　　86

第二节　青龙建仓　　89
第三节　箱体建仓　　97
第四节　堆量建仓　　102

第四章　洗盘——防守质量决定资产曲线高度　　109

第一节　黄金坑洗盘　　109
第二节　芝麻地量洗盘　　113
第三节　汉堡N字洗盘　　119
一、底部低位　　119
二、主升中位　　128
三、顶部高位　　131

第五章　启动——如何抓龙头股起爆点　　137

第一节　擒龙捉妖三要素　　137
一、胆识　　137
二、认知　　139
三、执行　　140

第二节　龙头与大盘共舞　　141
一、龙头与熊市　　142

二、龙头与牛市　　　　　　　　　　　　　　　　　142
　　三、股价包容一切　　　　　　　　　　　　　　　　145
　　四、如何判断是否进入牛市　　　　　　　　　　　　146
　　五、如何判断是否进入熊市　　　　　　　　　　　　148
　　六、龙头与大盘共舞　　　　　　　　　　　　　　　150

第三节　龙卷风孕育龙头　　　　　　　　　　　　　　　152
　　一、板块指数股价位于 MA60 之上　　　　　　　　154
　　二、板块指数股价位于 MA5 之上　　　　　　　　　155
　　三、板块连续 3 个交易日涨幅前 3 名　　　　　　　157
　　四、板块内当日涨停数大于 3 只　　　　　　　　　158
　　五、板块三军建制完整且有效配合　　　　　　　　159
　　六、板块指数突破前期平台　　　　　　　　　　　160

第四节　龙头涨停启动的类型　　　　　　　　　　　　　162
　　一、一字板　　　　　　　　　　　　　　　　　　162
　　二、T 字板　　　　　　　　　　　　　　　　　　164
　　三、如意板　　　　　　　　　　　　　　　　　　168
　　四、N 字板　　　　　　　　　　　　　　　　　　171

第五节　如何用仓位擒龙捉妖　　　　　　　　　　　　　176
　　一、如何控风险　　　　　　　　　　　　　　　　176
　　二、仓位管控是唯一有效方式　　　　　　　　　　176
　　三、分仓控回撤　　　　　　　　　　　　　　　　177
　　四、单只分批买　　　　　　　　　　　　　　　　179

第六章　主升——飞龙在天，让利润狂奔　　　　185

第一节　趋势不变，坚定信仰　　　　　　　　　　　　　185
　　一、何为主升　　　　　　　　　　　　　　　　　185
　　二、主升特征　　　　　　　　　　　　　　　　　186
　　三、主升形态　　　　　　　　　　　　　　　　　186
　　四、主升成交量　　　　　　　　　　　　　　　　191

第二节　主升不满仓就是风险 —————————— 194
　　一、仓持股不动 　　　　　　　　　　　　194
　　二、底仓不变，机动操作 　　　　　　　　196

第七章　见顶——龙头如何顶峰变现　　199

第一节　如何确认上升趋势转变 —————————— 199
　　一、趋势线失守 　　　　　　　　　　　　199
　　二、与成交量无关 　　　　　　　　　　　201
　　三、反抽受压不过 　　　　　　　　　　　203
第二节　顶部变现九大财富密码 —————————— 204
　　一、光头巨阴 　　　　　　　　　　　　　205
　　二、长上影线 　　　　　　　　　　　　　208
　　三、成交爆量 　　　　　　　　　　　　　213
　　四、突破生命线 　　　　　　　　　　　　217
　　五、跌破 5 日均线 　　　　　　　　　　　219
　　六、分时诱多 　　　　　　　　　　　　　222
　　七、分时抢跑 　　　　　　　　　　　　　227
　　八、高换手率 　　　　　　　　　　　　　235
　　九、数字密码 　　　　　　　　　　　　　240

第八章　下跌——空仓是最高级别的操作　　249

第一节　现金为王 ——————————————— 249
第二节　知行合一 ——————————————— 250
第三节　空仓非空 ——————————————— 251
第四节　量化标准 ——————————————— 253

第九章　龙头实战——破解风口密码　　257

第一节　何为龙卷风口 ———————————————————— 257
第二节　龙卷风口的前提条件 ————————————————— 258
　　一、宏观经济　　258
　　二、政治环境　　260
　　三、利率水平　　262
　　四、汇率变动　　263
　　五、国防保障　　264
第三节　龙卷风口的核心密码 ————————————————— 266
　　一、供求失衡　　267
　　二、科技革命　　269
　　三、政策支持　　271
　　四、技术形态　　275
　　五、建制完整　　278
第四节　踩对风口成功一半 —————————————————— 279

第一章 天道
——顺应周期，跟随趋势

天道周期，万物有律

顺势者盈，逆势者亏

第一节 股市，赚的是认知差的钱

赌博以随机性和无规律性为特征，与股市的周期性规律存在本质差异。有人认为股市等同于大型赌场，炒股即为赌博，与澳门赌场中的押注行为无异，将市场参与者一概视为赌徒。然而，我并不认同这种观点。

赌场的本质基于"大数定律"，玩家的胜率常固定在49%，而庄家则占据51%的优势。一旦踏入此局，若持续参与，玩家的胜率终将无限趋近于零。无论资金多寡，赌场终将如浩瀚大海，吞噬每一位玩家，使之财尽囊空。

反观股市，其本质是典型的零和博弈游戏。在无新增资金注入时，市场多表现为存量博弈。常言道："股市十人七亏二平一赚"，意指绝大多数投资者面临亏损，仅有少数幸运儿能够获利。这些少数稳定盈利的投资者，才是真正洞悉股市奥秘、掌握财富密码的人。他们通过对股市及自我的认知，参透市场运行规律，构建契合自身性格的交易模型和体系，从而显著提升胜率，实现稳定盈利。

赌博中，勤奋与努力往往加剧失败的风险；而在股市中，若方向正确，勤奋与努力则成为成功的基石。两者的根本差异在于：赌博纯粹靠运气，而股市投资则可通过把握确定性大概率事件，使交易机会远超风险。

一、五个致命的认知误区

以下是常见的认知误区，读者可以反省一下自己是否踩过这样的雷区：

1. 只选位于历史低位的股票；
2. 做股票选过往业绩好的；
3. 分散投资就是分散风险；
4. 下跌不断补仓，降低持仓成本；
5. 听信专家消息选择"好股票"。

以上五点是股市里常见的"大坑"，与很多粉丝朋友交流后，发现绝大部分人踩过这样的坑，无论是初入市场的新股民，还是征战多年的老股民。我们希望能纠正广大投资者的错误认知，及时回到正确的交易轨道上。

误区一：只选位于历史低位的股票

为什么会有这样的认知？因为很多人认为，低位代表的是跌无可跌，位于历史底部区间，绝对安全，风险已经充分地释放，未来只有上涨一个方向，只要坚定持有就一定可以盈利。

殊不知，市场永远是对的，要尊重市场，敬畏市场。图 1-1 是 *ST 名家

（300506）的月线走势图。*ST 名家的股价自 2016 年 11 月创出历史新高 37.45 元后，一路震荡下行，在近 8 年的行情中，每一次抄底的最终结局都是被套亏损。从 2020 年 6 月开始止跌，横盘震荡近 4 年，看似已经进入绝对的历史底部区间，且处于历史最低位。然而，2024 年 2 月股价跌破重要支撑位后再创新低，一路下跌至 1.18 元，跌幅约 97%，几乎归零。该股最后更名为 *ST 名家，面临退市风险。

图 1-1   *ST 名家连跌 8 年不断创新低

因此，我们必须明白：股价处于低位并不等于安全，历史上的底部区域也并不意味着价格无法继续下跌，长期横盘也不能排除退市风险。这是一种绝对化的认知误区，若不慎陷入，可能会带来无法挽回的损失。炒股一定要炒有上升趋势的股票，下降趋势的股票很可能让投资者陷于无尽的套牢困境。

误区二：做股票选过往业绩好的

众所周知，贵州茅台（600519）作为白酒行业中的佼佼者，长期被视为该板块的大白马股。其销售毛利率始终保持在91%以上的高水平,这一显著优势使得贵州茅台在行业内遥遥领先,远超其他白酒公司。同时,贵州茅台的流通市值稳居A股市场首位,这一地位至少在当前阶段仍然稳固,如图1-2与表1-1所示。

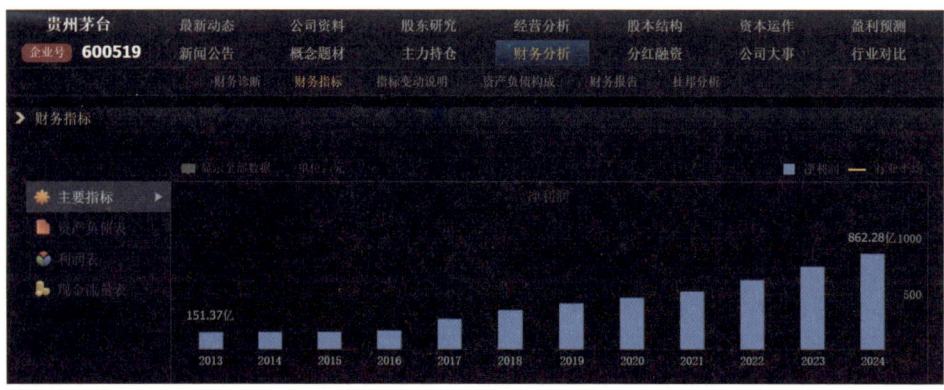

图1-2 贵州茅台净利润常年稳步增长

表1-1 贵州茅台各项财务指标(2018—2023年)

科目	2018年	2019年	2020年	2021年	2022年	2023年
成长能力指标						
净利润(元)	352.04亿	412.06亿	466.97亿	524.60亿	627.17亿	747.34亿
净利润同比增长率	30.00%	17.05%	13.33%	12.34%	19.55%	19.16%
扣非净利润(元)	355.85亿	414.07亿	470.16亿	525.81亿	627.92亿	747.53亿
扣非净利润同比增长率	30.71%	16.36%	13.55%	11.84%	19.42%	19.05%
营业总收入(元)	771.99亿	888.54亿	979.93亿	1094.64亿	1275.54亿	1505.60亿
营业总收入同比增长率	26.43%	15.10%	10.29%	11.71%	16.53%	18.04%

续表

科目	2018年	2019年	2020年	2021年	2022年	2023年
每股指标						
基本每股收益（元）	28.0200	32.8000	37.1700	41.7600	49.9300	59.4900
每股净资产（元）	89.83	108.27	128.42	150.88	157.23	171.68
每股资本公积金（元）	1.09	1.09	1.09	1.09	1.09	1.09
每股未分配利润（元）	76.41	92.26	109.53	127.94	128.40	137.70
每股经营现金流（元）	32.94	35.99	41.13	50.97	29.21	53.01
盈利能力指标						
销售净利率	51.37%	51.47%	52.18%	52.47%	52.68%	52.49%
销售毛利率	91.14%	91.30%	91.41%	91.54%	91.87%	91.96%
净资产收益率	34.46%	33.09%	31.41%	29.90%	30.26%	34.19%

贵州茅台的业绩表现卓越，自2013年起，其净利润由151.37亿元起步，伴随着营业总收入的309.22亿元，稳步增长。至2018年，净利润已攀升至352.04亿元，营业总收入则达到了771.99亿元。进一步跨越至2023年，贵州茅台实现了净利润747.34亿元的辉煌成就，同时营业总收入更是高达1505.60亿元，彰显了其强劲的增长动力。

在多年的发展历程中，贵州茅台的业绩几乎每年均保持了双位数的同比增长率，仅个别特殊年份略有波动，但也是正向增长。这一持续稳健的增长态势，在A股市场中独树一帜，其业绩之卓越，堪称行业内的佼佼者，令众多企业望尘莫及。

鉴于贵州茅台此前所展现出的卓越业绩成果，不少观察家可能会认为，参与该股应当是一个低风险的选择。然而，这个判断仅仅是基于该股的上升趋势，如果是处于下降趋势呢？

如图1-3所示，从2021年2月19日到2024年7月26日，贵州茅台从历史最高价2489.11元一路震荡下跌至1422.19元，区间跌幅42.86%，区间振幅更是达到惊人的-101.51%，相当于腰斩一半。如果你在高位买进，截至2024年年底，肯定是被牢牢地套住。

图1-3　贵州茅台三年来股价接近腰斩

过往优异的业绩并不能保证未来无忧。投资的核心在于对公司未来潜力的评估与预期，而非对过往辉煌成就的回顾。毕竟，历史已成定局，再辉煌的业绩也只能代表过去。在投资决策的复杂考虑中，尽管基本面良好是业绩不可或缺的一环，但它仅是众多关键因素之一。

值得注意的是，即便是被誉为"股神"的巴菲特，在遇见查理·芒格之前，也曾一度陷入误区——过分倚重于公司过往业绩，尤其是市净率（简称 PB 或 PBR）的单一分析，这一偏颇导致伯克希尔·哈撒韦公司在某些投资项目上的误判。这一案例深刻说明，过往的辉煌业绩并不能作为预测未来股价走势的决定性因素，如果它已经涨到顶了，恰恰可能要走向下坡路。

误区三：分散投资就是分散风险

"不要把所有鸡蛋放进同一个篮子里"的格言，虽被广泛流传，但其全面含义却常被忽视。实际上，这句谚语还隐含了后半句，即"也不应过度分散鸡蛋于众多篮子之中"。原因在于，投资者可能自以为已将风险分散至多个领域，但实际上，这些看似不同的"篮子"可能隐藏着相同的底层风险。正如在市场中，虽然从不同渠道购买了鸡蛋，但它们可能都来自同一个供应链。

此外，将鸡蛋分散于过多的篮子中，反而会削弱投资的效率。因为随着投资范围的扩大，每笔投资所能获得的收益也会相应减少，从而降低整体的投资回报率。在这种情况下，投资者或许应该考虑减少投资的数量，而非一味追求广度。部分投资者持有的股票数量过多，甚至达到几十只乃至上百只，这不仅增加了管理的难度，还可能因为精力分散而难以深度跟踪个股。因此，与其如此分散投资，不如选择投资指数 ETF 或相关行业的 ETF，以实现更集中、更有效的资产配置。

建筑巨匠密斯·凡·德·罗秉持着"少即是多"的建筑设计理念。这一哲学同样适用于投资领域，即在资源有限的情况下，应精准投放于最具投资潜力的股票之上，坚持质量而非数量，力求精益求精，汰弱留强，此乃明智之举。对于资金规模较小的投资者而言，持股数量宜控制在三只以内，而对于资金较为雄厚的投资者，则建议将持股数量维持在五只左右，以维持相对合理的投资组合。

误区四：下跌不断补仓，降低持仓成本

在投资被套的情况下，一种常见的策略是通过在低位持续增加持仓量，以逐步降低平均持仓成本。当市场趋势发生积极变化时，这种策略有望为投资者提供扭亏为盈的机会。据我观察，众多投资者普遍持有这种观念，并据此进行实际操作。他们并未在初现亏损时立即采取止损或止盈措施，而是选择在被套牢后，通过追加投资来弥补损失。然而，这种做法往往导致投资者的亏损幅度进一步扩大，比如从最初的 -5% 扩大至 -15%，甚至超过 -50% 以上。

在投资过程中，依赖补仓以降低持仓成本从而期望解套或实现扭亏为盈，实则是一种严重的认知误区。如图 1-4 清晰展现了隆基绿能（601012）在 2021 年 11 月 1 日创下 73.03 元（A 点）的历史新高后，其股价走势在次年 7 月 1 日呈现出一个诱多的后顶形态，触及 67.43 元（B 点）后迅速逆转下行，此后再未出现显著的反弹行情。直至 2024 年 7 月 9 日，股价更是创下 12.61 元（C 点）的新低点，自历史高点至该调整周期的最低点，累计跌

图 1-4 隆基绿能一路震荡下行，补仓深套

幅达 82.73%。

若投资者不幸在股价顶峰时购入该股，初始的 100 万元投资最终缩水至不足 20 万元。更关键的是，若在此期间采取不断地补仓策略，非但不能有效减轻损失，反而可能加剧套牢程度，导致资金长期被锁定，在不考虑公司退市风险的前提下，解套的时间也变得极不确定。这一案例深刻揭示了"越跌越补仓"这一认知误区所可能引发的严重后果。

因此，投资者如果想在残酷的股市里长久地"活下去"，一定要纠正"越跌越补仓"的错误认知。

误区五：听信专家消息选择"好股票"

有一种观念认为，将交易风险单纯地归因于股票选择不当，似乎只要选对"好股票"便能规避所有风险。然而，这一观点真的成立吗？我们不难发现，市场中充斥着众多自诩为"专家"的财经主播及网红大 V 等角色，他们在分析股票时往往言之凿凿，似乎无所不精，给大家推荐了几只所谓的"好股票"。然而，深入观察可发现，这些分析大多聚焦于过去的静态走势，推荐的往往是已见顶的股票，或者通过模糊的预测来进行事后验证，股性分析多为"事后分析""马后炮"。毕竟，对于已发生之事，任何解读似乎都能找到合理的依据，这也正是"马后炮""事后诸葛亮"这类现象的根源所在，而普通投资者往往容易被他们的伎俩所迷惑。

股市之所以引人入胜，其根本在于未来走势的不可预知性，这种对未知的探寻与期待构成了市场的独特魅力。在浩瀚的金融世界里，无人能预知明日风云，更无法确保对股市未来动向的精准把握，更遑论预知某只股票的涨跌幅度。若有人自夸能精准无误地预测指数或个股未来的高点或低点，此人要么是骗子，要么是傻子。

未来总是伴随着不确定性，风险则是这一特性的必然产物。这是自然规律，非人力所能扭转。即便是表现强劲的个股，也可能遭受市场的无情洗礼，次日跌停或剧烈波动的情况时有发生。因此，对于成熟理性的投资者而言，面对不可控的市场环境，唯有通过自我调整与提升来应对。其中，最关键且有效的策略便是加强自身的仓位管理，以科学理性的态度来应对市场的波动与风险。

二、为什么很多人看不到事物的本质？

每一个人对事物的认知，受出身环境、家庭熏陶、学校教育、年龄阅历、时间精力等因素的制约，形成认知盲区。

如图1-5所示，这个世界从认知的维度可大致分为三类人。

第一类人（C）：没有养成看书学习的习惯，也不会向高手请教交流学习，活在自己封闭的世界里，在认知层面处于最底层。一幅风和日丽、鸟语花香的美好画卷蒙蔽了他的双眼，他看到的是天真无邪虚假的世界，但不自知。这类人不受年龄限制，有些人虽然活了大半辈子，但他只是机械地把一天的工作和生活不断地重复；有些人虽然年龄不大，但自诩知识渊博，经常夸夸其谈，不知天高地厚。因此，这类人不分男女老少。

图1-5　三类人的认知站位

在股市里，这类人对应的是初出茅庐的新股民，怀揣几万元或几十万元信心满满地冲进股市，梦想以小博大，渴望成为上亿元的游资大佬，通过股市实现财富自由，却常陷于黄粱美梦中。

第二类人（B）：读过一些投资书，跳出了井底之蛙的局限，看到了真实世界的光明与阴暗，认识到业界运行的另外一套潜规则，也认识到现实社会的残酷和无情，具备自主判断力。

在股市里，这类人对应的就是股龄8年以上的老股民。为什么是8年？一般情况下，A股一轮牛熊的周期就是8年左右。若未经历过一次完整的牛熊周期，对股市的认知便存在缺憾，就没有机会真正地认知这个市场的运行规律。

第三类人（A）：通过海量的阅读、与高手交流切磋，厚积薄发，其认知超越大多数人，能在极短的时间内透过现象看到本质。他们海纳百川、拨云见日、登上峰顶一览众山小，无惧狂风暴雨，穿越重重迷雾欣赏无限日出美景，是真正参透天道之人。

在股市领域里，第三类人掌握了股市运行规律，通过10年以上的积累沉淀，在实战中不断地提升自我认知，不断地复盘总结，不断地优化自己的交易体系，最终从众多策略中找到最适合自己性格的一种或几种，并将其用到极致，成为这个行业的顶尖高手，被尊称为"大牛"或"股神"。当然，股龄不是死的，而是一个大概界线，投资看智力与悟性，还要有客观冷静的修为，体现的是一个综合素质。

三、股市，赚的是认知差的钱

进入股市很容易，门槛很低；在股市赚钱很难，门槛很高。

股市的通则是：你永远赚不到认知之外的钱！你所赚的每一分钱，都是对世界认知的变现；你所亏的每一分钱，都是认知缺陷的体现。

你永远赚不到超出认知范围的钱，除非靠运气，但是靠运气赚到的钱，最后又会凭实力亏掉，这是一种必然。

社会最大的公平在于：当你的财富大于认知的时候，这个社会有100种方法收割你，直到你的认知和财富相匹配。

这个世界是很公平的，在股市里，你不可能一直靠运气炒股赚钱。如果你想在市场中生存下去，并且比别人活得更久、更好，唯一的出路就是不断提高自己对股市的认知，打造适合自己性格的交易体系，并且做到"知行合一"。

在股市中，永远是认知高的人赚认知低的人的钱，自律的人赚不自律的人的钱，反应快的人赚反应慢的人的钱，有交易体系的人赚没有交易体系的人的钱，执行力强的人赚执行力弱的人的钱！那么你想成为哪一类人呢？

第二节　万物皆周期

一、周期的规律

日月星辰，东升西落，黑夜白昼，交替出现；

春夏秋冬，四季更替，春耕夏耘，秋收冬藏；

历朝历代，天下大势，分久必合，合久必分；

乐极生悲，福极生祸，盛极必衰，物极必反。

何为周期？历史长河中，星辰的轨迹、季节的轮回、朝代的更迭，皆展现了周期的力量。这些循环往复的现象，如同宇宙的脉搏，有节奏地跳动着。周期，便是这宇宙间万物生长的规律，是万物运动的根本之道。当我们洞悉这内在的韵律，顺应它，便能如顺水推舟，乘风破浪，尽享世界给予的馈赠。

从星体的运行轨迹到帝国的兴衰，从行业的萌芽到衰落，都离不开这一核心元素——周期。它如同一个巨大的轮盘，驱动着世界的运转。

二、周期的定义

周期是一个广泛的概念，在不同的领域有不同的含义，涵盖了从自然科学到社会科学多个领域的重复性现象。

从物理学的角度来看，周期是指物体做往复振动时，完成一次完整的运动所经历的时间。

在经济学和金融学中，周期是指国民经济运行中扩张与收缩不断交替的周期性波动，通常分为萧条、复苏、繁荣和衰退四个阶段。

在资本市场投资中，有一只无形的手左右着这个市场的发展方向。这一只手并不是政府制定相关政策引导市场运行方向的手，而是真正按股市自身规律运行的手，名为周期。

三、周期的六个阶段

股市的周期从宏观战略的维度分为建仓、启动、洗盘、主升、见顶、下跌六个阶段，它们的组合构成了完整的一轮行情，并且每个阶段都是环环相扣、有序向前发展的过程。这就好比数学中的正弦函数图像，如图 1-6 所示，呈波浪形状，有高潮、有低谷，周而复始，循环往复。人生何尝不是如此，哪有一帆风顺、岁月静好？只有跌宕起伏、波涛汹涌才是主旋律。股市如人生，人生亦如股市。只有不断让自己处于上升周期中，在当下周期顶点拐头向下之前找到下一个上升的赛道，才能使自己的资产曲线稳步攀升，实现第二、第三甚至第四增长曲线。

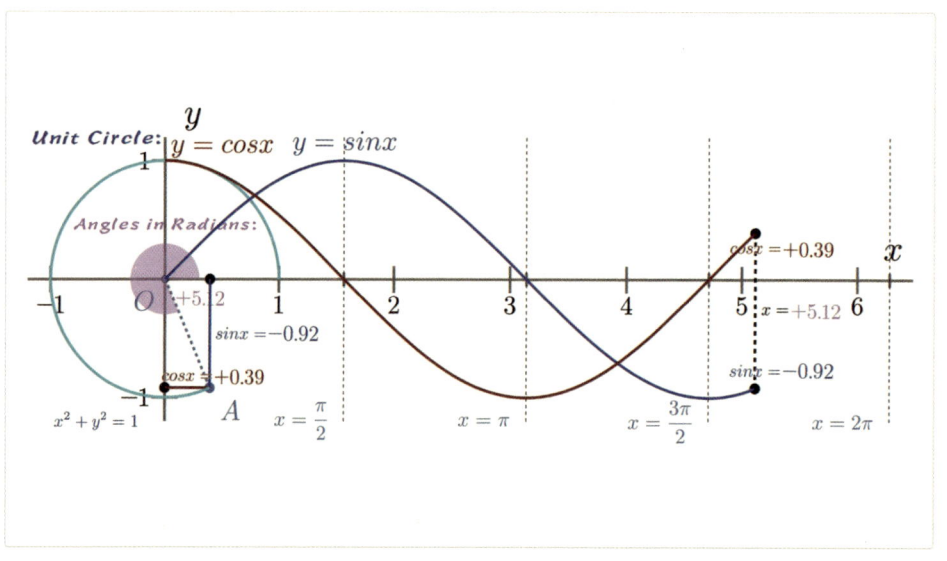

图 1-6　正弦函数波浪形示意图

四、历史总是不断地重演

这个世界上不可能有一模一样的两片树叶，但总是有极为相似的树叶。历史不会简单地重复，但总会押着相似的韵脚，合乎节奏。

每一次山顶散户疯狂极度乐观，随后……

每一次单边下跌时都幻想反弹，随后……

每一次磨底都绝望想销户退市，随后……

每一次洗盘仅存希望化为泡影，随后……

每一次启动都误判为骗人诱多，随后……

每一次主升爆拉就踏空干瞪眼，随后……

如上场景中，你是随大流，还是适可而止、逆人性而动，结果完全是天壤之别。

多么熟悉的配方，多么熟悉的场景，多么熟悉的轮回。虽然这个世界在人类文明的进程中不断向前发展、不断地创新改变，但是人的劣根性、人性的贪婪和恐惧从未改变。

穿越无数个大大小小的周期，在不同的时间、不同的空间，我始终坚信，每一次股市的周期轮回都是人类群体人性的完美体现和集中释放。一旦你跟随大流，成为乌合之众的一员，没有自己的独立思考，没有自己的买卖原则，没有自己完整的交易体系，没有对股票的信仰，没有坚决的执行力，那么在交易这个没有硝烟的残酷市场里，你注定是一个失败者，成为任人宰割的羔羊。

只有极少数人能开悟，真正领会其中的道理。通过主动学习，不断提高自己对股市的认知，不断地在实战中复盘自己的得失，不断地修正优化自己的体系，才能在股市中掌握稳定盈利的规律，拿到股市提款机的财富密码，打开财富自由、时间自由的大门。

五、周期的波动性、相似性、必然性

波动性，是在时间序列中围绕长期趋势呈现波浪形或振荡式变动，不同于趋势变动，不是朝着单一方向的持续运动，而是涨落相间的交替波动。这种波动性是周期性变动的核心特征，表明了事物发展过程中的不稳定性和变化性。在股市里，因受各种复杂因素影响，循环波动幅度无固定规律，但无论是宏观的主要趋势、中观的次级趋势还是微观的杂波趋势，都具有波动性。

周期具有相似性，尽管每次周期波动的细节不同，但背后的基本运动模式非常相似。每个周期的运动模式都是从高点或低点摆回中心点，但不会停留在中心点。这种运动模式非常可靠，大多数现象表明结果是周期性的。

春夏秋冬，每个季节的宏观特性都是相同的，但微观层面会有细微的变化。以同一个城市同一个地点过往季节的温度数据为例，上海市徐汇区历史上夏季的平均温度是29.8℃，但在某些特殊年份，最高温度曾达到极端酷热的40.9℃，上海中心气象台还发布了高温红色预警。

太阳底下无新事，股市同样如此。如图1-7所示，2007年10月19日星期五，上证指数走出6124点的历史最高点位，2015年6月12日星期五，

图1-7　上证指数两轮牛市的相似性

上证指数冲到 5178 点的历史次高点位。

虽然不可能出现完全一样的点位,但都是在"星期五"见的高点,在高点之前都经历了一年多波澜壮阔的单边牛市行情,同样也出现过极端的 A 杀单边下跌行情,才形成了一轮完整的牛熊行情。

股市看似是随机杂乱的波动,毫无规律可言,实则不然。比如,上海明年的夏季最高温度会是多少度?还有多少天夏季就会到来?这两个问题你可能无法准确地回答,但你知道,今年过冬后,夏天就不会远,也就是 90 来天就到夏天了;上海明年夏天的最高温度基本上会达到 40 来度。这几个答案,基本是准的,它是不以你个人意志为转移的,是自然规律,是不可逆的。通过对历史数据的分析,我们可以发现,尽管某些年份的温度会有所异常,夏天可能会晚几天到,但总体上仍然呈现出周期性的变化。同样,在股市中,我们要学会利用这些规律,顺势而为,才能在市场中稳健获利。

周期的必然性不以个人意志为转移,人永远无法避开周期。一波上涨或下跌可能会持续很长一段时间,并到达极端的高点或低点,然后均值回归到中心点。在股市里,股价或高或低偏离均值太大,都会回归,从技术层面就是回归均线。

这就是周期的"三性"——波动性、相似性和必然性。波动性展现了事物发展的不稳定性和变化性,使得市场充满了无限可能。相似性揭示了每次周期背后的基本运动模式是相似的,这使得我们有可能通过历史数据来预测未来的走势。必然性告诉我们,周期是不可避免的,是自然界和社会发展的必然规律。

股市的本质是资金和筹码的博弈,二者都是人心的载体,内核还是人的游戏。既然是人的游戏,亘古不变的人性就会发挥作用,叠加股市自身周期性的波动，就能挖掘出其中的规律，掌握股市运行规律的人，就能成为所谓的游资大佬，就是大众眼中的"股神"。

第三节　顺势者盈，逆势者亏

一、周期与趋势

天道，乃是宇宙间万事万物在无尽的时间与广袤的空间中，自然有序、和谐流转的至高规律。它无声无息却无处不在，犹如一条绵延不绝的河流，贯穿古今，连接万物。正是这天道，赋予了宇宙生机与活力，使得世间的一切都在其引导下，遵循着某种秩序，生生不息，周而复始。

在股市深邃的海洋中，有两个至关重要的导航灯塔，它们分别是周期与趋势。

周期，如同自然界的四季更迭，股市亦有其独特的节奏和韵律。从短期的波动到长期的循环，每一个周期都蕴含着无数的信息和机会。了解并把握这些周期，可以帮助投资者在市场的起伏中保持冷静，对未来胸有成竹，通过预判未来的发展方向，便能捕捉住那些稍纵即逝的机遇。

趋势，是股市的宏观走向和长期态势的总括。无论是上升趋势、下降趋势还是横盘震荡，趋势都为投资者指明了市场的整体方向。趋势的力量是巨大的，它能够引导市场的情绪，影响投资者的决策。因此，正确地判断趋势，对于投资者来说至关重要。

在股市中，周期与趋势相互交织，共同构成了市场复杂面貌下的底层驱动力。投资者需要学会在周期的波动中寻找规律，在趋势的指引下制定策略。只有这样，才能在股市的海洋中乘风破浪，驶向成功的彼岸。在深入理解了周期与趋势之后，投资者还需要培养一种敏锐的市场洞察力。这种洞察力不仅源于对数据的精准分析，更源于对市场的深刻理解和丰富的实战经验。

有道无术，术尚可求；有术无道，则止于术。

周期与趋势，是股市的底层规律，即为天道之所在。它们犹如夜空中闪烁的星辰，为我们指引前行的方向。而在投资的实践中，量价关系、K线组合、技术指标、资金进出、筹码分析以及主力净额等，皆为术的范畴，它们是我们在理解和把握市场动向时不可或缺的辅助工具。

量价关系揭示了市场供求的微妙变化，潜移默化地影响着市场的节奏。K线组合如同历史的画卷，展现了价格波动的千姿百态，为我们提供了丰富的视觉盛宴。技术工具与指标，则是市场的指南针，通过一系列复杂的算法，为我们揭示了市场的潜在趋势和可能的风险。

资金进出和筹码分析如同探照灯，照亮了我们前行的道路。它们帮助我们洞察市场的资金流向，理解主力资金的意图，从而为我们制定投资策略提供了有力的支持。而主力净额更像是市场的晴雨表，它反映了主力资金的活跃度和市场的热度，为我们提供了宝贵的市场情报。

总之，道与术相辅相成，共同构成了我们理解和把握市场的完整框架。只有深谙天道，顺势而为，灵活运用技术，才能在投资的道路上越走越远，最终收获满满的果实，擒龙捉妖。

二、何为趋势？

趋势，趋即方向，势即能量。指的是事物在一定时间内所表现出来的、相对稳定的、持续变化的方向和态势。趋势通常具有不可逆转性，一旦形成，方向不会轻易改变，能量不会轻易消退。

在具体分析一个趋势时，我们通常会关注其起源、发展、高潮、衰退和结束等阶段。趋势的起源往往源于某些微小的、不易察觉的变化，随着时间的推移，这些变化逐渐积累，形成具有明显推动力的态势。在发展阶段，趋势会加速变化，影响范围也会不断扩大。到了高潮期，趋势的影响力达到最大，成为市场关注的焦点。随后，在衰退期，趋势的影响力逐渐减弱，直至被新的趋势所取代。在股市里对应的就是下跌、洗盘、建仓、启动、主升、见顶这六个阶段。

三、趋势的三种形式

请认真思考以下两个问题：在股市或者期货里，你为什么会亏钱？你为什么会赚钱？相信阅读完本书你就能找到答案！

大道至简，股市运行的趋势形式无非就是三种——下跌趋势、横盘趋势、上涨趋势。所有的股价波动都离不开这三种形式，我对其操作策略做个简述：

下跌趋势，最佳的交易策略是不交易，空仓；

横盘趋势，以观望或轻仓为主，不能重仓或满仓；

上涨趋势，买入持有，坚定做多，不轻易丢掉筹码。

这三种形式，可以归结为一句话：顺势者盈，逆势者损。

四、时、空、量、价四种因素

时、空、量、价，是单只股票与整个股市的四种因素。

时间周期的转换，无论是从宏观的年线、季线、月线，还是中观的周线、日线，再到微观的60分钟、30分钟、15分钟，乃至5分钟的分时线，这些都是股票所处的周期与时间节点。

空间就是股票当前所处的位置,以及整个股市和具体的板块所处的位置,无外乎是:遭遇绝望的下跌,处于震荡的建仓,面临残酷的洗盘,悄无声息的启动,强劲的主升,群体狂欢的顶部。

成交量是每天、每只股的交易量、成交金额,它有时呈现出巨量的暴增,有时带出巨量的砸盘,成交量的增减反映市场资金流动和情绪变化。

股价是股票在某一时间和空间节点的具体价格表现,它是动态的、波动的,一般我们较多关注开盘价、收盘价、最高价、最低价。

无论时间、空间、成交量这三个不同因素处于什么状态,它们最终都会体现在股价上,所以,时、空、量、价最后成为趋势的构成元素。股价的走势始终遵循下跌趋势、横盘趋势、上升趋势,这三种趋势为我们揭示了市场的内在逻辑和运行规律。如图 1-8 所示。

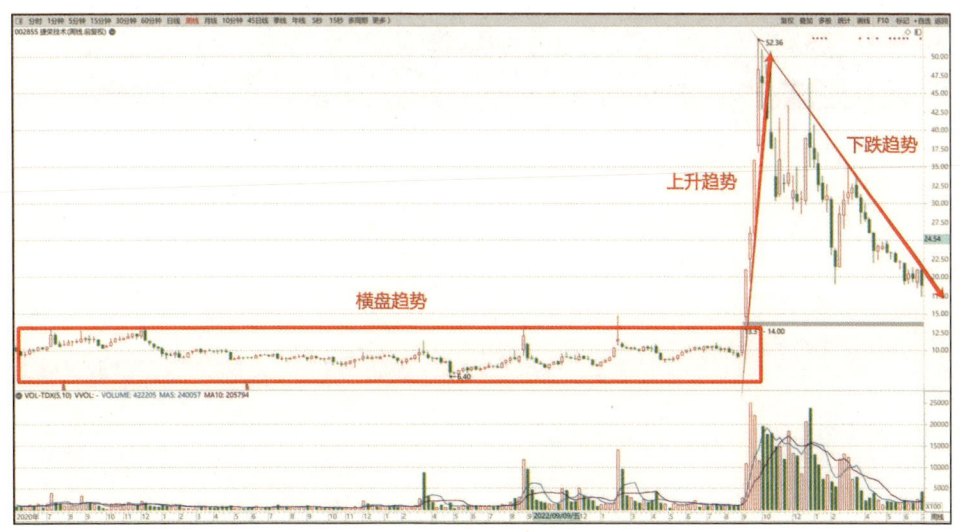

图 1-8　股市运行的三种趋势

五、逆势而为是亏损的根本原因

"韭菜"一词在投资领域通常指代那些在股市中频繁亏损的散户投资者，带有一定的贬义。如图1-9所示，列出了散户普遍会出现的表象特征，即"韭菜"的画像。

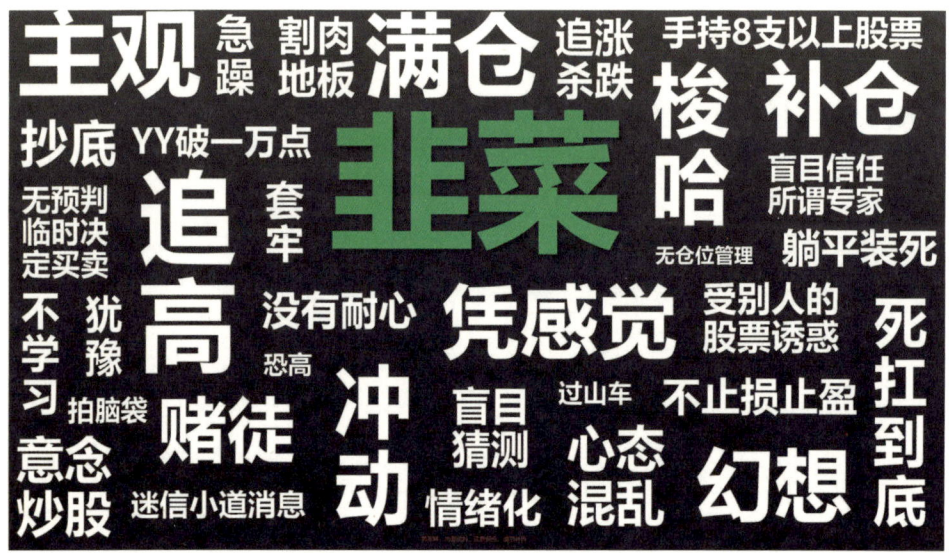

图1-9 "韭菜"画像——表象特征

在所有成功的投资案例中，成功者往往具备共通之处，而失败者的原因则各不相同。然而，深入分析可知，投资亏损的核心原因在于，投资者在下跌趋势中买入股票，即逆势操作，这必然导致亏损（注意，我们提倡顺势而为，逆人性操作，逆的是人性而非趋势）。具体而言，若投资者购入已明确步入下跌趋势的股票长期持有，其面临亏损的风险将显著增加，不卖就会被深深套牢。

从宏观趋势的视角来看，一旦市场进入下降通道，任何形式的反弹均应被视为减少亏损、实施止损并退出市场的契机，而非新的入场时机。以1912年泰坦尼克号航行为例，该船自英国南安普敦启航，横跨北大西洋驶向美国纽约，其航程5480公里。船首至船尾的距离为269米，与航程相比，船身几乎可以忽略不计。这一比喻生动揭示了市场趋势的强大力量：总的趋势与航向一旦被确定，其方向往往难以轻易改变，任何与趋势相悖的波动均难以撼动或逆转这一方向。

六、为什么抄底这么难？

如图1-10所展现的，岭南股份（002717）在2015年12月29日达到了其历史巅峰，股价飙升至13.59元的高点。然而，自那之后，该股票的走势却如江河日下，历经近十年的漫长岁月，至2024年6月25日，其股价已跌至历史低点0.77元。这一路的下行轨迹，无疑描绘了一幅令人沮丧的个股熊市图景。

图1-10　岭南股份九年熊途漫漫

倘若投资者在这段时间采取了盲目跟跌、越跌越买的策略，试图通过不断抄底来挽回损失，那么自己已深陷泥潭，无法自拔。这种投资方式非但不能带来期望中的收益，反而导致本金的大幅缩水，甚至全部亏损。

在下跌趋势中，100次、1000次甚至是10000次反弹只有最后一次才能真正地形成趋势反转，其余均为下跌趋势中的短暂插曲。新手因追高亏损，老手因抄底套牢，高手因杠杆爆仓，这句话应铭刻在心。在下跌趋势中只有最后一次是对的，其余的无数次都是错的，股价最终会不断地创新低，逆势而为进行抄底，亏损就是必然发生的事情，这就是抄底总是失败的根本原因。

当大盘、板块、个股均处于下跌趋势中，最佳操作策略就是空仓，不交易。利用这个时间段学习，提升认知，总结复盘梳理自己近期的操作，更新优化交易体系，为下一轮的牛市做好认知准备、技术准备、资金准备。

七、左侧交易和右侧交易

左侧交易策略虽能在市场相对低位或底部进行买入操作，但此策略带有一定的预测性，伴随着确定性的降低或继续下跌，可能引发难以预测的风险。

相较之下，右侧交易策略虽无法捕捉市场最低点附近的买入机会，且需要以相对较高的成本进行交易，但其确保了上涨趋势的明确性，从而显著降低了潜在的风险。

简而言之，左侧交易偏向逆势操作，难度较大；右侧交易属于顺势而为，难度小，成功概率较高。

八、顺势而为，擒龙捉妖

想要"擒龙捉妖"，只有一条路可走，就是顺势而为。

在股市的汹涌波涛中，若想捕捉那些潜力无限的龙头股和妖股，唯有遵循市场规律，顺势而为。企图在龙头股启动之初便精准买入，并抓住最低点，这几乎是不可能的，不过是空谈幻想而已。如图1-11所示，2024年2月6日大众交通（600611）连续6天下跌后，创阶段性新低2.27元，然后开启了98个交易日的横盘震荡，没有人能预判5个月后，它会放量开启波澜壮阔的行情，成为网约车概念的龙头股及整个市场的风向标。

图1-11 大众交通最低点后横盘震荡5个月后启动

在探讨大众交通的投资策略时，我们不禁思考，若你勇敢地选择左侧交易，并幸运地在市场的最低点买入这只潜力股。那么，接下来的问题是，你是否具备那份坚如磐石的信念与耐心，能够坚定不移地持有该股长达5个月，直至它蜕变为市场的大龙头，成为众人瞩目的龙头股？

这个过程无疑是对投资者心态与策略的极大考验。它要求你不仅要对市场趋势有敏锐的洞察力，更需拥有强大的心理承受力，能够抵御住市场短期波动的诱惑与压力，坚持自己的判断与选择。然而现实情况是，普通散户根本不知道大众交通未来会成为龙头，即便投资者幸运地在左侧买到了最低点，绝大多数的投资者最终也会在这窄幅震荡中交出自己的筹码。

因此，对于广大投资者来说，试图通过左侧交易低点捕捉龙头股几乎是不可能实现的。即便买到，你还没等到它成为龙头股时就抛了。

龙头股的形成，是市场自然选择的结果，它们经历了市场的考验，从5000多只股票中披荆斩棘，杀出层层重围，并积累了大量资金的认可与信任，才最终崭露头角成为龙头股。在它们未真正崛起之前，谁也无法预知它们将成为市场的大龙头。因此，唯有顺应市场趋势，灵活调整策略，才能在股市中立于不败之地，才能真正成为龙头股选手。

微信扫码，领取本书主题—视频资料

第二章 龙头
——强者恒强，只做最强

千军万马，马首是瞻

龙头基因，强者通吃

第一节 龙头股的特质

一、龙头股的"三最"

龙头股，即在市场中具有高识别度、显著的引导和示范效应，且同时满足涨幅最大、热度最高、人气最旺的个股，每个板块在特定阶段都有这样的龙头股。

"高识别度"，其核心是广为人知、深入人心，甚至达到投资界人人皆知、人人参与的理想状态。这种高识别度不仅体现了一种普遍认同，更体现了一种强大的影响力。

"引导和示范效应"，则如同灯塔一般，为市场参与者指明方向，引领其前行，起到了标杆带头的重要作用。它们不仅仅是简单的示范或引导，更是通过实际行动，激发更多人的共鸣参与其中，共同推动板块甚至整个市场向前发展。

"涨幅"是指价格的上涨幅度，是投资者最关心的指标。涨停股每天都是市场的明星，除上市首日外，个股的涨停幅度为：沪深主板10%、创业板与科创板20%，北交所30%，标注ST、*ST的则为5%，这些数字不是绝对的，因为价格因素在百分比上略有高低；跌停幅度则正好相反。

"热度"是指某只个股被提及或搜索的频率，强调的是同一只股票名字被反复搜索的次数，反映了该股的热门程度和股民搜索需求。"人气"则更关注于搜索人数，即参与或感兴趣的人数，而不是搜索的次数。这两项指标侧重于从流量的视角去分析和解读，常应用于电商、社交媒体等领域，帮助理解和分析用户行为和数据。

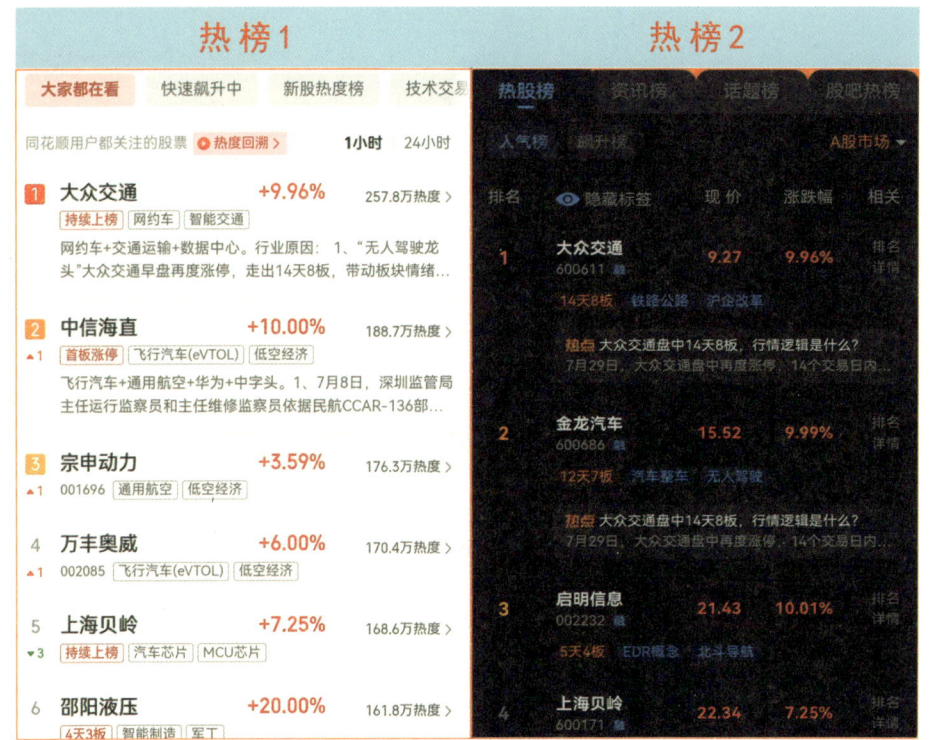

图 2-1　两个榜单龙头股热榜对比

龙头股的"三最"体现在涨幅最大、热度最高、人气最旺,用这三个指标检验最为有效。

在股市中,龙头股的作用和影响力更为显著。所谓"得散户者得市场",散户即流量,流量即散户。龙头股通常稳居各个炒股软件热股排行榜前三名,且多为榜首。如图 2-1 所示,在 2024 年 7 月 29 日,同花顺软件热榜的第一名是大众交通(600611),东方财富软件热榜的第一名也是大众交通,第二名之后的排序可以明显看出个股均不相同,唯一共性就是榜首都是大众交通。

如图 2-2 所示,截至 2024 年 7 月 29 日,市场龙头大众交通已成功实现连续 14 个交易日 8 次涨停。自 7 月 8 日首次放量启动,其股价已从初始的 2.78 元强劲攀升至当天的 9.27 元,在 16 个交易日内,区间涨幅高达 6.49 元,即实现了 233.45% 的显著增长。市场表现充分印证了大众交通作为龙头股的领先地位,其涨幅之巨、市场关注度之高及投资者热情之旺盛,均居市场首位,而且随后几天还走出两次涨停。

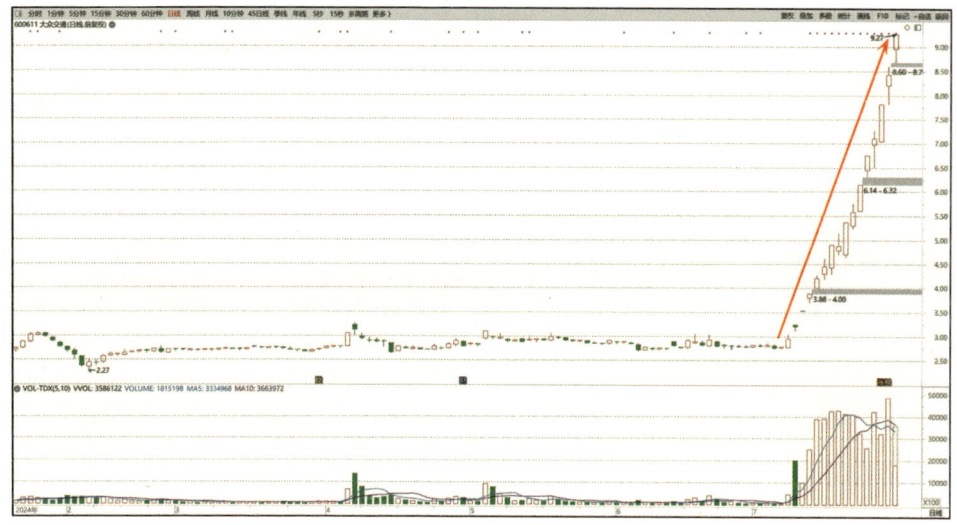

图 2-2　大众交通 2024 年 7 月破局领涨

二、连板启动

在 A 股现行的交易框架下，K 线图中最耀眼的表现无疑是涨停板。不论是在沪深主板上的 10% 涨停板（俗称 10 毫米涨幅），还是创业板、科创板的 20% 涨停板（俗称 20 毫米涨幅）和北交所的 30% 涨停板（俗称 30 毫米涨幅），涨停板始终是多头力量全面压制空头的直接体现。

若从市场情绪波动的细腻层面来审视，一字板的涨停是最为强烈且直接的信号，紧随其后的是 T 字板涨停，它们共同构成了市场情绪的高潮。再往下一层，则是高开高走的实体阳线，虽不及前两者那般强势，却也是多头力量的明确展现。至于低开高走的阳线，则多少显得有些力不从心，难以激起市场的广泛共鸣。而这一切的开端，早在集合竞价阶段，个股的涨跌幅度便已悄然揭示了其开盘后的强弱格局。

股价，作为市场信息的综合反映，包含了技术面、基本面和资金面三大维度。在实战中，真正的龙头股必然是涨停板。龙头股的诞生，总是与涨停板紧密相连，它们的起航，往往始于最强劲、最坚决的涨停。若一只个股在关键位置未能以涨停板的形式崛起，而是以普通阳线低调登场，那么往往预示着其后续动力不足，难以跻身龙头之列。

更为关键的是，真正的龙头股不仅要在启动时以涨停板亮相，更要能够持续这种强势表现，形成连板涨停的景象，图 2-3 是正丹股份（300641）的走势图，这便是连板启动、尝试确定龙头的深刻内涵。每日首板涨停的个股数量很多，但只有那些经受住市场考验、连续涨停的个股，才有机会脱颖而出，成为引领市场的龙头。

图 2-3　正丹股份连板启动走势

三、短线连板情绪高

龙头股代表市场最强的短线情绪，其连板高度决定短线炒作情绪的热烈程度。

当市场中缺乏显著的龙头股引领，且涨停连板的数量被严格限制在 3 连板以内时，表明整个市场短期内投机的热情已降至冰点，赚钱的机会微乎其微。在这样的环境下，进行高风险的短线交易并非明智之举，投资者应当采取更为保守的策略，如空仓观望，静待市场风向的转变。

若市场中龙头股连板高度达到 5 连板左右，则意味着市场的短线情绪尚属平稳，但资金流动更多是在现有存量中博弈。在此情境下，投资者需保持高度的敏锐与灵活性，采取"短平快"的套利策略，迅速进出市场，以捕捉稍纵即逝的盈利机会。

当龙头股的连板高度跃升至 7 板乃至更高时，这是市场短线情绪回暖的强烈信号，预示着赚钱效应的逐步提升。此时，投资者可以更加积极地参与市场，把握住这一波行情的脉搏，通过精准的操作实现资产的增值。

若龙头股能够一举突破 10 个涨停板乃至更高的巅峰，这不仅刷新了市场短线炒作的极限，更彰显出其作为当前市场"破冰者"的非凡地位，为后续的短线交易生态格局构筑了坚实的基石。此时，短线领域内的明星股如同雨后春笋般迅速涌现，为投资者编织出一幅幅激动人心的盈利画卷。

这一黄金期，是短线交易者的"蜜月盛宴"，短线交易者应当把握住这难得的机遇，果断地加大仓位，积极投身于做多的大潮之中。这是一个千载难逢的盈利窗口，唯有敏锐洞察市场动向，果敢行动，方能在这波浪潮中，收获满满。

四、股性活跃流动性强

股票的股性如同人的性格，各有其特点。当前市场上存在近 5300 家上市公司，每一家公司的股价形态与走势各异，有的稳健流畅，有的杂乱无章，有的一直在走下坡路。

如何判断一只股票具有好的股性？

首先，是波动平滑，无明显杂波，上涨、横盘、下跌的 K 线形态趋势都非常清晰明确，没有过多的毫无方向的上下震荡，K 线的上下影线相对较少。

其次，股票具备良好的市场弹性与较低的流动性负担，一旦启动上涨，便能迅速拓展空间，而非长期陷于每日 1% 至 3% 的狭窄波动区间内，分时图走势亦非微小波动的"心电图"形态，而是展现出更为显著的波动幅度。

最后，频繁出现涨停板（如图 2-4 所示的捷荣技术的趋势图），尤其在关键节点位置上，涨停板几乎成为常态。

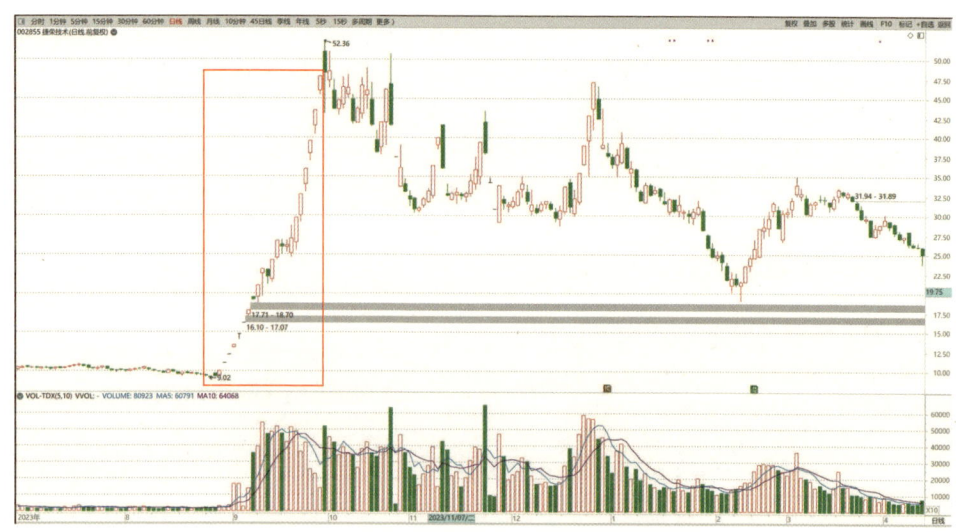

图 2-4　龙头股捷荣技术呈现多板涨停

主力资金的建仓与吸筹过程常伴随涨停板的出现，旨在迅速脱离成本区间；在突破重要压力位时，涨停板亦是常见的突破手段；在主升浪阶段，涨停板更是主导行情的推进；即便在出货诱多阶段，涨停板亦被用作重要的市场操作工具；甚至在见顶后的下跌反弹中也都会出现涨停板。

因此，方向明确、波动良好、流动性强都是龙头股的特性，表明龙头股的股性活跃，适合参与。当然，也要看主力的节奏与资金的参与程度，谨防在最高位成为接盘侠。

五、领涨带动板块

龙头股先于所在的概念板块上涨，并且对板块中的其他个股具有显著带头作用。龙头股都是最先启动，最先涨停，其余的助攻个股才会陆续跟涨，随后就是整体板块指数分时上涨，补涨股和中军股集体发力，推动整体板块上涨。

龙头股不在于盘子大小，而在于启动的时机，只要先于大盘连续上涨并能带动关联个股和所在概念板块上涨，才是龙头股。有的是板块龙头，有的是市场龙头。龙头不易抓住，次龙头也是可参与的好股，但次龙头力度较弱、持续时间较短。

六、龙头抗跌多命

龙头股总比其他个股更具韧性。

当股价拉升时，龙头股在所属概念板块中是涨幅最大的，板块往往是市场中的炒作主线，受到各路资金的疯狂追捧，板块指数的涨幅基本也是当天最大的，赚钱效应也是最好的。

当市场的短线炒作情绪开始退潮回调时，龙头股是最抗跌的，常常以上涨或横盘代替下跌，反而是身位略低于龙头股的中位股（4板和5板），以及跟随龙头股补涨的低位股（首板和2板）是最容易被砸盘的。当所有个股都被砸盘、泥沙俱下时，龙头股却可以扛住不跌，甚至还收盘翻红涨停（其尾盘也是高处逃顶最好的时机）。直到次日，龙头股才会开始释放风险下跌信号，这在节奏上要远远慢于板块指数和其他个股。

如图2-5所示，捷荣技术（002855）于2023年8月25日打出新低9.02元之后，用了25个交易日创出了52.36元的历史新高，区间涨幅为480.49%，涨幅4倍多，成为当年的破局者。捷荣技术用了15个交易日横盘震荡，构建了一个顶部平台，这样主力才能逐步完成所有筹码的交换出货。因此，绝大部分龙头股是不会出现断崖式的A杀狂泻行情，而是会反复震荡构筑顶部形态，一般会出现M头的双顶形态，再次诱多出货后才会逐步地退潮。

所以，龙头股你不仅可以买到，还可以走得非常从容和体面，这就是龙头股抗跌多命的特质。

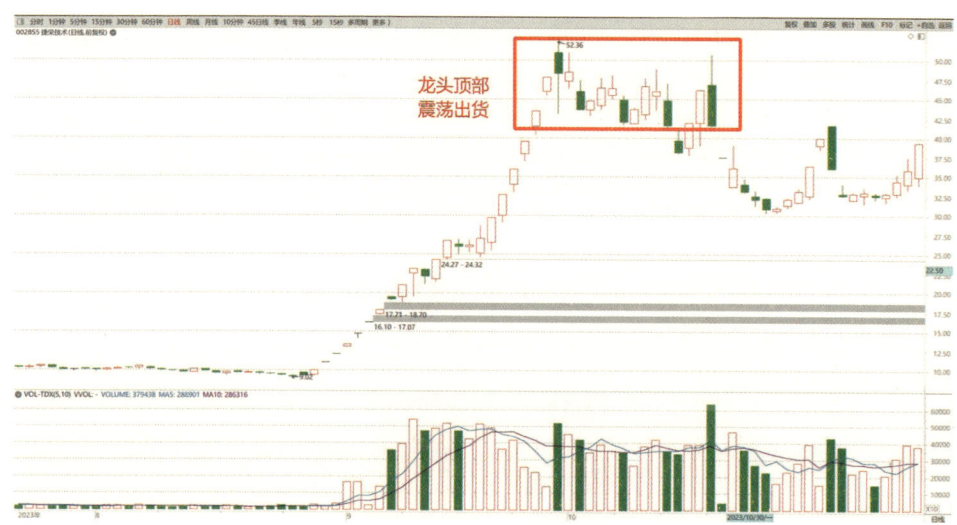

图 2-5　捷荣技术龙头顶部震荡出货形态

第二节　龙头的类型

龙头股主要分为两大类：第一，连板涨停龙头；第二，断板趋势龙头。在实际走势中可能存在多种变体，后文中会详细列举，方便读者对照。

一、连板涨停龙头

第一大类，连板涨停龙头，它是市场的王者。自启动之初至出货断板，全程均以气势恢宏的涨停连板姿态展现，完美诠释了市场对其高度的认可与热烈追捧。

连板涨停龙头的强度比断板趋势龙头更加强势，短期极速爆发力是其最大特质，它也是市场的人气核心标的，能够打出全新的市场高度，营造热烈的短线情绪氛围。

连板涨停龙头可细分为两小类：一字连板龙头和换手连板龙头。

（一）一字连板龙头

什么是一字连板龙头？即每一天都是顶一字板上行的龙头股，也叫人气龙头股，15个顶一字板即可以成为市场的总龙头。如图2-6所示，高新发展（000628）于2023年10月19日至2023年11月2日受重大利好预期的影响，走出波澜壮阔的11个一字连板涨停，之后走断板放量延续上涨并完成第一波行情的出货。

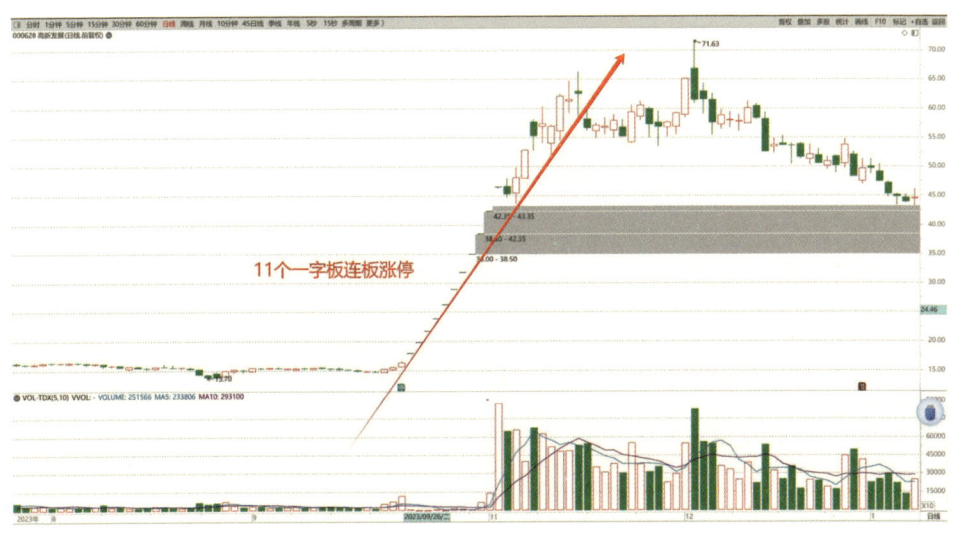

图2-6　高新发展11个一字连板涨停

一字连板的龙头股，通常源自公司发布的重大利好消息，这些消息远超市场的普遍预期，同时上市公司会确保在正式公告前没有任何风声走漏。对于广大投资者（尤其是散户）而言，要想购得此类股票难如登天，几乎没有参与的可能性。

真正能够把握住这一波机会的，往往是那些提前布局、潜伏其中的资金，或是那些对公司内部情况了如指掌的投资者。他们凭借敏锐的洞察力和深厚的市场经验，在众人之前捕捉到这一难得的机会，从而收获令人瞩目的财富。

因此，对于普通投资者而言，面对一字连板涨停的龙头股，应保持理性与谨慎，切勿盲目跟风。一字连板龙头可作为观察市场短线情绪涨潮退潮的风向标，投资者可以依托这样的人气标的去挖掘同板块中最具相关性且参与度高的换手龙头、补涨龙头。

如图 2-7 所示，中绿电（000537）于 2023 年 10 月 19 日启动，9 个一字连板涨停后，连续 4 个带量涨停，之后搭建了近两个月的平台交换筹码，然后再走出第二波拉升行情。

一字连板拉升一波后，如果超过 5 板，大概率会有惯性上冲的出货阶段，

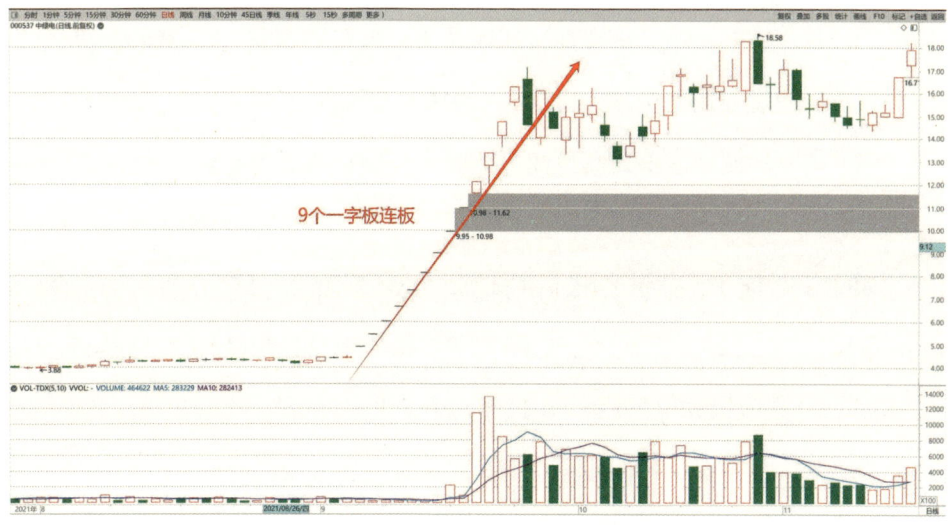

图 2-7　中绿电 9 个一字连板涨停

一字板的数量越多，说明越强势，上冲的惯性越大。无论后面有没有机会走出第二波行情，先把第一波的利润锁定是首要任务，趋势线提前画好，跌破就离场，就像我们平时开车的第一件事情就是先系上"安全带"，如果这个动作做不到位，连驾照考试都不能通过，更别说上路行驶。股市同理，永远将风险控制放在第一位，按风控计划操作，入市要先保证自己不亏大钱，可小亏止损，但是绝对不能伤了本金。趋势安全线在介入前就画好，阶梯止损位也提前设定好，只要不跌破就坚定持有，步步向上增加利润，一旦跌破不抱幻想，快速离场。

（二）换手连板龙头

换手连板龙头，是我们散户投资中的重中之重，是参与度极高的龙头股，是真正的龙头股！今天买它，就能赚钱；明天继续买它，依旧可以赚钱。进出自由，每天都有机会买入，也可以从容地卖出。

第一小类一字连板龙头有爆发力，但是对于绝大部分投资者并不友好，想参与进去很难；后面要讲的第二大类断板趋势龙头，有持续力，但是时间周期相对较长；然而，第二小类换手连板龙头，则兼具爆发力和持续力，是性价比高、可参与度强的龙头品种，这类品种在极短的时间内可以创造出极大的利润空间，资金的使用效率最高且回报率惊人，是投资者需要重点关注并积极参与的类型。

如图 2-8 所示，亚世光电（002952）2023 年 12 月 20 日启动首板，9 天 9 个板，前 4 天维持稳步温和放量，到第 5 板时成交量明显放大，分歧转一致。

图 2-9 是亚世光电 2023 年 12 月 26 日的分时图，该股在集合竞价接近涨停价高开，但开盘的瞬间股价呈 90 度垂直跳水，没有任何抵抗的跌到 0 轴以下，随后又快速收复拉起。资金放量进场，两波上涨快速回封涨停板，用

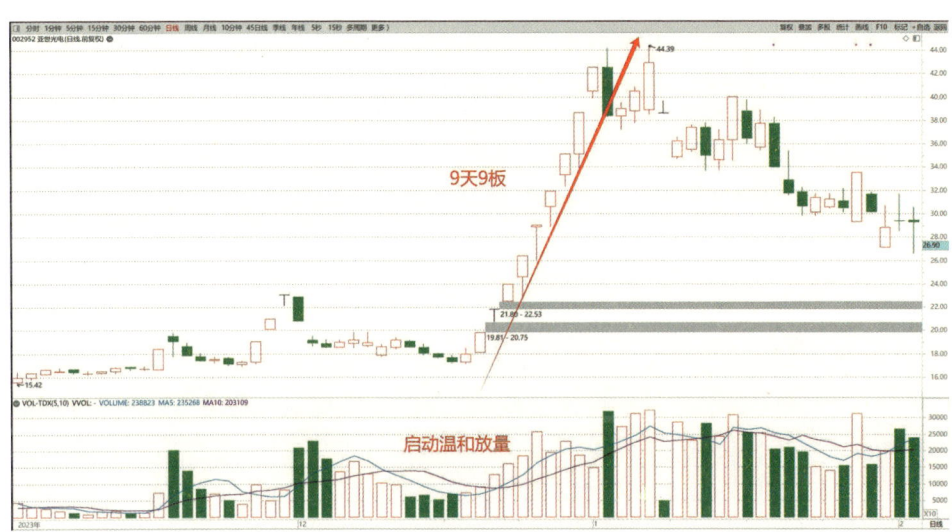

图 2-8 亚世光电 9 天 9 板

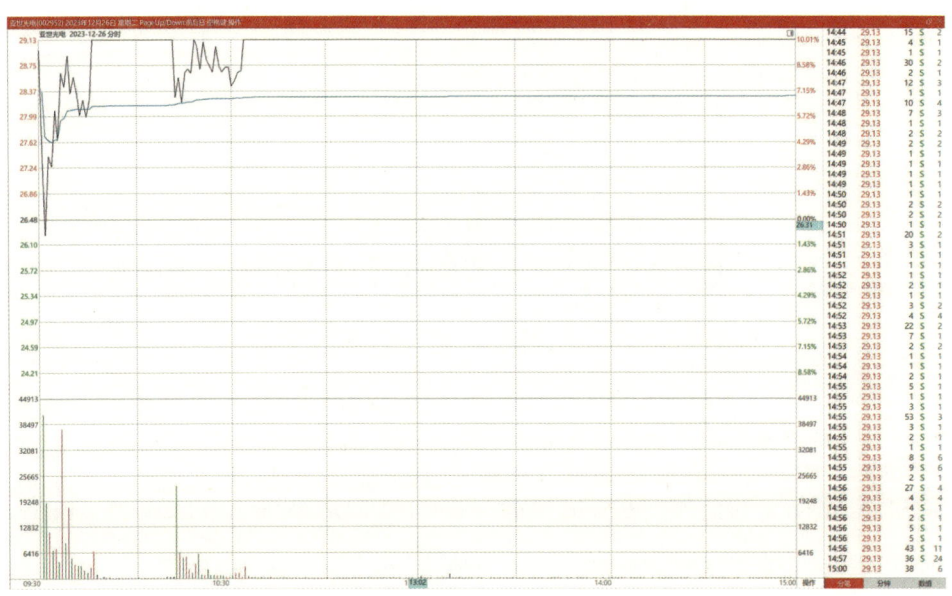

图 2-9 亚世光电 2023 年 12 月 26 日开盘分时图

时 17 分钟，虽然在 10:12 重新炸板，却是一个良性的换手补量动作，最终 10:35 准时封板。一般的涨停板是在开盘后 1 小时内完成的，这个时间段涨停代表个股比较强势，是一天 4 小时交易时段中最容易涨停的 1 小时。此后，亚世光电连续 4 天走出缩量加速，且全部都是当天 10:30 之前就涨停，为投资者提供了充足的时间和空间买入，并不像一字连板龙头吃独食。

如图 2-10 所示，宝塔实业（000595）2022 年 8 月 10 日启动首板，6 天 6 板，除了首板快速封板成交量没有明显放大，之后的 4 个交易日均是温和放量，直到第 6 天成交量才明显放大见顶。

图 2-10　宝塔实业 6 天 6 连板

图 2-11 是宝塔实业第 6 板的分时图，该股在开盘时产生巨大分歧，高开后快速下跌，一直到接近跌停的位置，然后止跌企稳震荡上行，直至收盘前才勉强封住涨停板。这种巨大的分歧转一致后，第二天应高举高打走加速，如前文提到的亚世光电的 6 板。但是，如图 2-12 所示，宝塔实业 6 板后次日（8 月 18 日）开盘低开低走，随后从 -5% 拉升至 10:10 的 7% 附近，冲高回落后，形成上升动能衰竭量价背离，随后开启全天震荡下行的出货模式，直到尾盘跌

图 2-11　宝塔实业 2022 年 8 月 17 日上涨分时图

图 2-12　宝塔实业 2022 年 8 月 18 日下跌分时图

幅超 -5%，收盘涨跌幅 -4.58%。

面对爆发力强悍的换手连板龙头股，只要断板放量就可止盈。本书后续章节将专门为大家分享如何在顶峰变现的实战技巧，在此不再赘述。因为换手连板龙头股是短线选手的主战场，是我们实现短时间内资产翻倍的载体，也是股市暴力美学的顶级呈现。

例如，捷荣技术在 2023 年 8 月 30 日从一字板启动，至 9 月 28 日的 22 个交易日里，股价创出了阶段性的 52.36 元的新高，涨幅达到惊人的 382.3%，振幅更是达到 413.6%，是当年不景气的市场里一道亮丽的风景线，也是 2023 年下半年短线题材炒作的真正破局者，为之后的龙头股打开了上涨的空间，同时给市场短线投机交易者注入了一针强心剂，对 2023 年下半年的短线炒作情绪起到了决定性的作用，这只股票的上涨具有里程碑意义。

就在捷荣技术 2023 年 9 月 28 日走出标志性的见顶 K 线后，如图 2-13 所示的圣龙股份（603178），行云流水般地接过了捷荣技术递过来的接力棒，走出波澜壮阔的 14 天 14 连板，成为傲视群雄的市场换手龙头股，迎来了短线交易的盈利黄金窗口期。

一字连板龙头股通常被主力资金用于塑造市场人气和开拓短期炒作空间，然而，这类股票对普通投资者而言，参与机会相对有限。相比之下，连板换手龙头股则提供了频繁的买卖机会。在市场进入短线炒作的黄金时期，我鼓励读者朋友勇敢地投身其中，多观察，多实践，因为这正是我们的主战场。如果连最活跃的换手连板龙头股都无法实现盈利，那么在其他股票中获利的难度，无疑会更大。

图 2-13　换手龙头圣龙股份 14 天 14 板

二、断板趋势龙头

第二大类是断板趋势龙头，这类龙头股属于稳健的趋势领航者，也是投资者重点参与的对象。它们在经历初期连板的强势启动后，转而依托 5 日均线或明确的上升趋势线，以一种不疾不徐、步步为营的姿态稳步向上攀登。在这一过程中，每一根阳线、阴线和涨停板，共同编织出一幅既稳健又充满生机的上涨趋势图，让人对其未来的表现充满期待。

前文提到的捷荣技术还是典型的断板趋势龙头股，如图 2-14 所示，2023 年 8 月 30 日，捷荣技术以连续两个一字板启动快速脱离主力建仓成本区，到 3 板时，成交量放大到启动前的 5 倍，除了 5 板时的一字板没有成交量外，其余交易日都进行了充分换手。

本例中，断板趋势可分为三个阶段：在第一波上涨中，经过 12 个交易日的连续上涨，实现了 167% 的涨幅；随后，该股经历了 3 个交易日的横盘震荡，

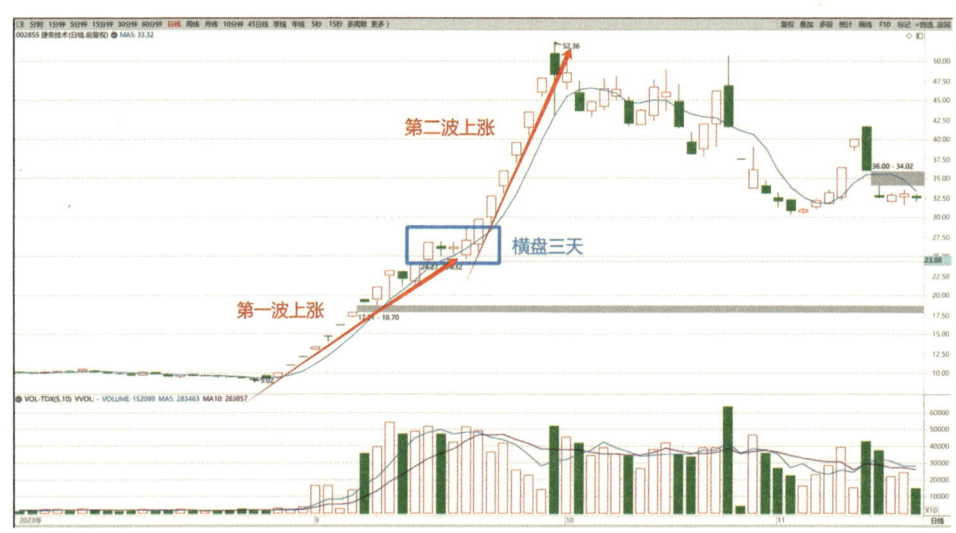

图 2-14　捷荣技术断板趋势龙头走势

以消化前期的获利盘,并整理筹码,为下一波上涨做准备;第二波上涨中,市场开启了更为猛烈的连续 6 个交易日上涨,股价马不停蹄地冲击历史最高点。第一波上涨呈现约 45 度的稳步上升趋势,第二波上涨则开启了最后的加速阶段,倾斜角度超过 60 度,这也是赚钱效应最为显著的阶段。

无论这三个阶段如何演变,真正的断板趋势龙头股通常不会有效跌破 5 日均线(蓝线)或趋势线这一安全防线。一旦股价跌破这一防线,往往标志着趋势的反转,发出明确的卖出信号。

相较于涨停连板的龙头股,断板趋势龙头的上涨可能不那么迅猛和剧烈,但它们展现出更为坚忍的耐力和更持久的上升周期。在操作上,断板趋势龙头的难度相对较低,因此它们是所有龙头股中参与度最高、对广大投资者最为友好的类型。

如图 2-15 所示,浙江建投(002761)于 2022 年 2 月 7 日至 2022 年 3 月 21 日,第一轮上涨仅仅用了 26 个交易日就实现了 461.51% 的涨幅,

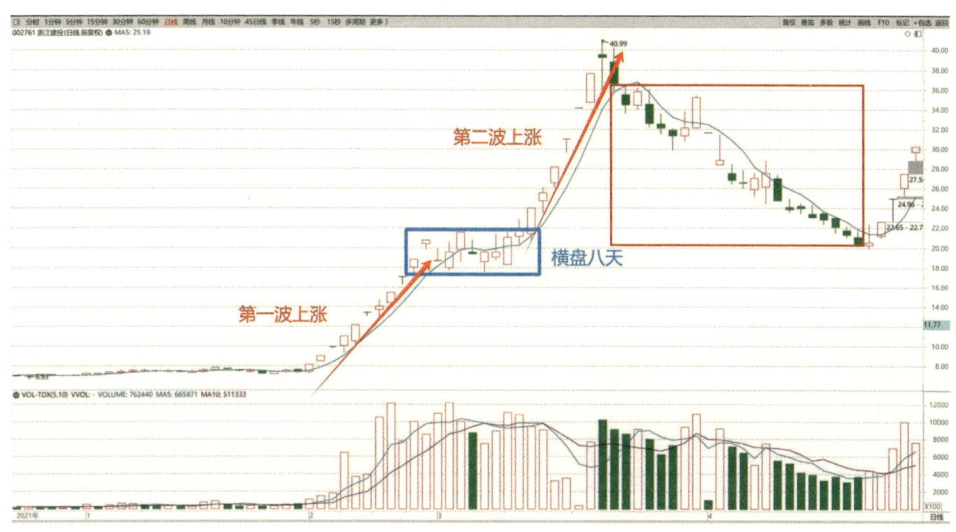

图 2-15　浙江建投断板趋势龙头（第一轮上涨）

从最低价 7.3 元一路高歌猛进涨到最高价 40.99 元。该股见顶之后，经过为期 24 个交易日的深度调整（红框处），回踩 MA60 止跌企稳后，开启了第二轮上涨，并在 5 月 11 日走出历史新高 47.04 元（此价未标，读者可自行查阅当天高点 K 线），然后开始了长期下跌的熊市行情。该股第一轮上涨符合上述三个阶段断板趋势龙头性质，下面具体分析。

上例中，我们重点关注第一轮上涨，它分为三个阶段：

如图 2-16 所示，第一波上涨在 11 个交易日内实现了 181.3% 的涨幅。2 月 15 日，该股尝试从 6 板晋级至 7 板未果，导致出现断板，当日涨幅仅为 4.62%。紧接着，市场连续走出 4 连板，完成了第一波的上涨。第二阶段，市场经历了 8 个交易日的横盘震荡（蓝框处），并对底部的获利筹码进行了清洗。通过构建这一箱体平台，我们可以观察到底部的筹码已全部转移到平台位置。新的主力通过迅速地洗盘震荡（空中加油）完成了吸筹，并在 2022 年 3 月 9 日获得足够的筹码后，蓄势待发。第三阶段，随着 3 月 10 日的微微高开并回踩 5 日均线确认支撑后，市场开启了第二波单边上涨行情。在第二波上涨中，有大阳线涨停和中字形 K 线的换手放量突破，还有 T 字形涨停和一字板涨停的缩量加速主升，以及光头光脚阳线等标志性 K 线。当成交量再次由缩量转为放量时，通常标志着见顶的信号，后续章节将详细阐述如何识别顶部信号。

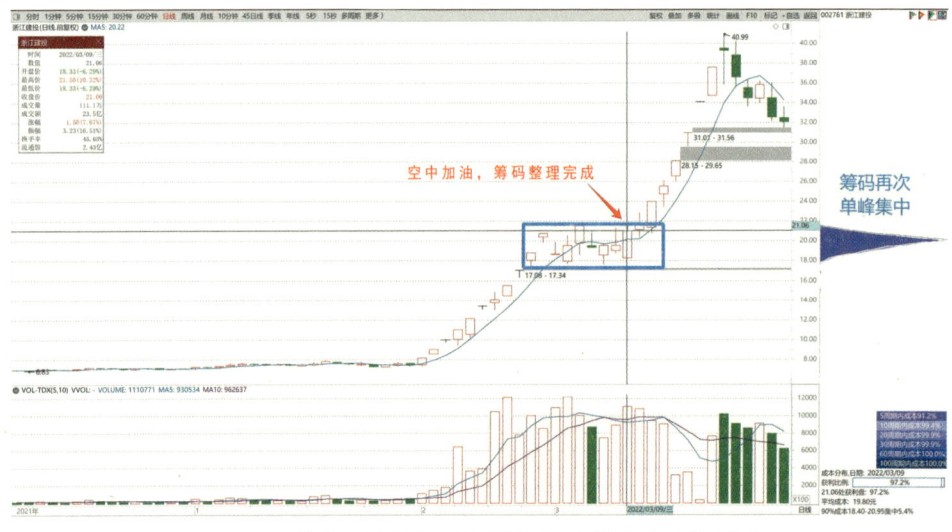

图 2-16　浙江建投第二阶段洗盘震荡（空中加油）

再如图 2-17，万丰奥威（002085）从 2024 年 2 月 6 日至 2024 年 3 月 29 日，在 33 个交易日内实现了 268.13% 的区间涨幅，引领整个低空经济概念板块经历了一段十分壮观的牛市行情。这一行情与大盘的共振效应一直持续到 5 月 20 日才逐渐减弱。万丰奥威通过连续两个交易日的缩量涨停迅速脱离了主力资金的建仓成本区间。然而，在 2 月 8 日尝试 3 连板时未能成功，下午 1:41 时股价炸板，最终以 5.9 元收盘，涨幅为 6.5%，成交量显著增加并突破了重要的压力位，从而引发了低空经济概念股的狂欢。

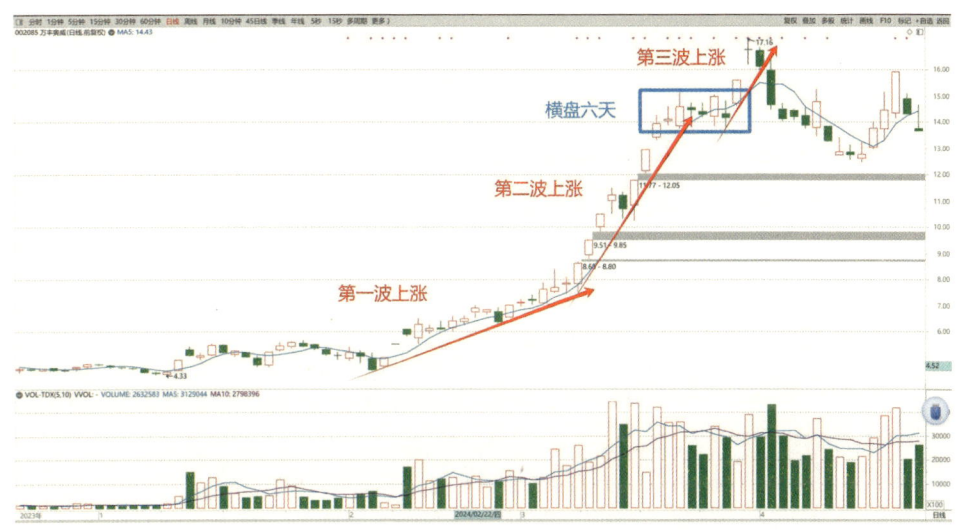

图 2-17　万丰奥威三波断板趋势龙头走势图

在这段盈利效应最佳的主升行情中，可以将其划分为四个阶段：第一阶段的上涨斜率相对平缓，大约为 30 度，从 2 连板启动后的第一波上涨过程中，仅有一个涨停板，其余均为普通 K 线，换手充分且量价关系稳健，这一形态类似于飞机即将起飞前的抬升阶段。第二阶段以涨停突破前期高点为标志，标志着行情的快速拉升和投资者盈利的加速，趋势线倾角接近 50 度。第三阶段是盘整和震荡，构建箱体平台（蓝框中）。底部的大量获利筹码需要兑现，场外未能及时上车的投资者渴望逢低买入，导致分歧和筹码的大量交换，横盘 6 日后，市场再次尝试向上突破。第四阶段是最后的拉升，通常最为激烈，也是风险最高、性价比最低的阶段，涨停突破高位平台后的次日放量见顶，随后短线开始调整下跌。

断板趋势龙头，尽管缺乏一字连板龙头那般力拔山兮的气势，也没有换手连板龙头那般强劲的爆发力，但它却拥有让每个人都能参与、自由进出的包容性以及更为持久的耐力和韧性。实操交易的难度相对较低，同时也为众多投资者提供了更长久的炒作周期，这无疑是普通投资者的一个重要战场。

第三节　龙头量化标准

一、2 板定不了龙头

我们经常听到一种声音："首板什么都看不出来，只有 2 板才能定龙头。"但 2 板涨停的个股真的可以定龙头吗？

仅凭 2 板就能识别出市场龙头无疑是不切实际的。即便在大盘表现不佳时，每天仍有几十只股票涨停，2 板股票的数量从五六只到十几只不等；而当大盘处于牛市，市场情绪高涨时，每天涨停的股票数量均超过百只，甚至达到数百只，2 板股票更是多到让人目不暇接。如何在众多 2 板股票中判断谁才是真正的市场领导者呢？

那么，2 板到底能不能定龙头？龙头到底应该在几板的时候介入成功率最高？是 2 板还是更高板？

通过对 2024 年 2 月和 7 月的涨停连板数据进行细致的统计与汇总，我计算出了各项指标的平均值（结果分别展示在图 2-18 和图 2-19 中）。选择这两个月份进行分析的原因在于，从 2022 年 1 月到 2024 年 2 月初，上证指数经历了长达两年的熊市，市场呈现震荡下跌的态势。特别是 2 月，恰逢国家队积极介入，抄底沪深 300ETF 的关键时刻，指数触底后开始反弹，这个月的市场表现相对强劲。相比之下，7 月市场正处于寻找并巩固底部的阶段，整体表现较为疲软。鉴于个人时间和资源的限制，我未能对历史上的所有数据进行全面统计，但通过对这两个具有代表性的月份进行抽样对比分析，我们仍能窥见市场趋势的某些关键特征。

项目	涨停全部	一板	二板		三板		四板		更高板	
时间	数量	数量	数量	晋级率	数量	晋级率	数量	晋级率	数量	晋级率
2024.2.1	30	24	4	18.0%	1	33.0%	0	0.0%	1	100.0%
2024.2.2	26	20	4	17.0%	1	25.0%	1	100.0%	0	0.0%
2024.2.5	17	13	1	5.0%	2	50.0%	1	100.0%	0	0.0%
2024.2.6	135	129	4	25.0%	0	0.0%	1	50.0%	0	100.0%
2024.2.7	93	59	30	24.0%	3	67.0%			1	50.0%
2024.2.8	505	486	9	14.0%	8	27.0%	1	0.0%	1	100.0%
2024.2.19	237	160	73	15.0%	2	25.0%	1	13.0%	1	100.0%
2024.2.20	104	53	35	22.0%	14	21.0%	1	50.0%	1	50.0%
2024.2.21	131	109	4	7.0%	11	32.0%	5	33.0%	1	100.0%
2024.2.22	78	58	7	5.0%	1	25.0%	7	55.0%	5	71.0%
2024.2.23	114	80	19	27.0%	4	40.0%	1	100.0%	10	82.0%
2024.2.26	106	72	12	13.0%	8	36.0%	4	100.0%	10	90.0%
2024.2.27	97	63	17	24.0%	6	40.0%	4	40.0%	7	55.0%
2024.2.28	31	18	5	8.0%	4	22.0%	2	50.0%	2	25.0%
2024.2.29	106	91	10	53.0%	3	60.0%	1	25.0%	1	25.0%
平均值	122	96	16	18.5%	5	33.5%	2	51.1%	3	63.2%
备注	1. 以上数据包含该月份所有交易日，周末、周日和节假日休市无数据；2. 空白处因前一日无晋级数据，故不作统计									

图 2-18　2024 年 2 月涨停连板数据汇总（涨停只数取整数）

如图 2-18 所示，2024 年 2 月 5 日上证指数触及了阶段性的低点 2635.09 点，经历了 6 天的急剧下跌后，市场情绪达到了恐慌的顶点。众多散户投资者彻底放弃抵抗，甚至卸载了炒股软件，一些人在绝望中选择退出股市，并发誓永不回归这个"巨大的赌场"。在当日仅有 17 只股票涨停，包括首板 13 只、2 板 1 只、3 板 2 只、4 板 1 只，这标志着市场情绪到达绝对冰点。

在极端恐慌和绝望的氛围中往往潜藏着转机，正如古人所说的"否极泰来"。2 月 6 日国家队开始介入，连续抄底，使市场情绪从绝望的深渊一跃而起，至 2 月 8 日达到高潮，涨停股票数量激增至 505 只，其中首板 486 只、2 板 9 只、3 板 8 只、4 板 1 只、4 板以上 1 只。这几天的市场表现出现极端化，涨停板数量一个在天上，一个在地下。我坚信，当牛市真正到来时，涨停股票的数量将远超 500 只，可能会达到 600 只、800 只，甚至上千只。

然而，极值的参考意义有限，平均值才更具价值。以2月的股票市场为例，每天涨停股票的平均数量约为122只，包括首板96只、2板16只、3板5只、4板2只、5板及以上3只。这些数据揭示出从首板到更高板次的股票是呈现金字塔式的筛选过程，最终能够脱颖而出、站在金字塔顶端的便是胜者。这个胜者，也被称作"剩者为王"，它代表了市场中的龙头股。就像千军万马过独木桥，只有历经挑战、勇往直前的股票，才能最终获得市场的认可。

鉴于龙头股往往起源于2板，许多投资者倾向于在2板阶段购入，期望能够捕捉到未来的龙头股。但是，这种策略的成功率究竟如何呢？晋级率，也就是我们通常所说的成功率，根据图2-18显示，从1板市场晋级至2板市场的成功率最低，平均只有18.5%；而从2板晋级至3板的成功率为33.5%；3板至4板则提升至51.1%；4板及以上晋级的成功率则更是高达63.2%。这组数据颠覆了许多人的"位置越低越安全"的传统认识。而真相却是：位置越低，成功率反而越低，特别是从首板晋级至2板的平均成功率不足20%。根据客观数据，2板之后购入股票的失败概率大约为70%。

如图2-19所示，在7月市场表现不佳的情况下，1板晋级至2板的成功率为18.8%，2板晋级至3板的成功率为24.5%，而3板晋级至4板的成功率则为48.0%，4板及以上晋级的成功率也仅为48.5%。由此可见，即使在大盘表现不佳的环境下，2板晋级至3板的成功率仍然只有3板晋级至4板以及4板晋级至更高板的一半左右。

项目 时间	全部 数量	一板 数量	二板 数量	二板 晋级率	三板 数量	三板 晋级率	四板 数量	四板 晋级率	更高板 数量	更高板 晋级率
2024.7.1	39	34	3	11.0%	0	0.0%	2	100.0%		
2024.7.2	50	39	9	26.0%	1	33.0%			1	50.0%
2024.7.3	34	20	12	31.0%	1	11.0%	1	100.0%		
2024.7.4	17	14	1	5.0%	2	17.0%	0	0.0%	0	0.0%
2024.7.5	36	31	3	21.0%	0	0.0%	2	100.0%		
2024.7.8	19	15	3	10.0%	1	33.0%				
2024.7.9	49	44	4	27.0%	0	0.0%	1	100.0%		
2024.7.10	41	35	4	9.0%	2	50.0%				
2024.7.11	77	67	6	17.0%	3	75.0%	1	50.0%		
2024.7.12	35	24	8	12.0%	1	17.0%	2	67.0%	0	0.0%
2024.7.15	29	24	3	13.0%	0	0.0%	0	0.0%	2	100.0%
2024.7.16	29	25	2	8.0%	1	33.0%			1	50.0%
2024.7.17	24	18	6	24.0%	0	0.0%	0	0.0%		
2024.7.18	38	33	3	17.0%	2	33.0%				
2024.7.19	42	32	9	27.0%	1	33.0%	0	0.0%		
2024.7.22	43	36	5	16.0%	1	11.0%	1	100.0%		
2024.7.23	41	31	9	25.0%	1	20.0%	0	0.0%	0	0.0%
2024.7.24	30	18	9	29.0%	3	33.0%	0	0.0%		
2024.7.25	42	34	2	11.0%	4	44.0%	2	67.0%		
2024.7.26	62	50	10	29.0%	0	0.0%			2	100.0%
2024.7.29	68	47	12	24.0%	7	70.0%			2	100.0%
2024.7.30	61	40	11	23.0%	4	33.0%	4	57.0%	2	100.0%
2024.7.31	84	70	7	18.0%	2	18.0%	3	75.0%	2	33.0%
平均值	43	34	6	18.8%	2	24.5%	1	48.0%	1	48.5%
备注	1. 以上数据包含该月份所有交易日，周末、周日和节假日休市无数据；2. 空白处因前一日无晋级数据，故不作统计									

图 2-19 2024 年 7 月涨停连板数据汇总（涨停只数取整数）

龙头股往往是从连续两个涨停板中脱颖而出的，然而，期望仅经历两个涨停板的阶段就能精准挑选出未来的龙头股是不现实的，须知从 2 板晋级至 3 板的成功率仅为 25% 至 35%。这一低概率事件意味着前 3 板中潜藏着更高的风险。

因此，我们得出结论：2 板不仅定不了龙头，反而蕴藏着巨大风险，亏损的概率也很大。

二、5 板以内强势股

连板股票的涨幅通常被划分为三个层次：低、中、高。其中，首板、2 板、3 板被归类为低位；4 板、5 板、6 板为中位；7 板及以上则属于高位。

在低位区域，股票正处于主升浪的萌芽阶段，也是同级别股票间竞争最为激烈的时期。由于 3 板内的股票基数相对较大，但能够脱颖而出成功晋级至下一阶段的个股数量却寥寥无几。特别是从首板晋级至 2 板的成功率仅为 18%（参见图 2-19），如此高的淘汰率凸显了资本市场的严酷性。这就像电子游戏的闯关，必须不断击败每一关的阻拦者才能进入下一环节。许多股票在首板之后的次日便会出现冲高回落的走势，导致追高买入的投资者遭受重大损失，对大多数投资者而言，这是一个极具挑战性的阶段。

低位区与中位区的主要区别在于风险程度的不同。即使在低位区未能成功启动，未能晋级至下一阶段，但由于其相对较低的位置，调整幅度和下跌空间都有限。只要周线趋势保持向上，短暂的浮亏或被套的情况，最终还可能回本甚至实现盈利。

中位区指的是那些连续 4 至 6 个交易日涨停的股票。这个区间至关重要，因为它标志着潜在龙头股的分水岭。若能成功突破并穿越这一区间，股票便有机会成为市场上真正的大龙头。若晋级失败，则通常会面临剧烈的价格调整，

图 2-20　华体科技 5 连板后遭遇 A 杀

即所谓的 A 杀，蕴含着巨大的亏损风险。

如图 2-20 所示，华体科技（603679）5 板晋级失败后，则开启瀑布式 A 杀。如果没有第一时间离场，那么损失会十分惨重。尤其是一字板加速后，5 板高位成交量放大形成天量，一旦次日集合竞价形成低开格局，大概率将迎来踩踏式的暴跌。如图 2-21 所示，索菱股份（002766）5 连板后，同样遭遇 A 杀。

图 2-21　索菱股份 5 连板后遭遇 A 杀

在中位区中，5 板是一个关键门槛，它决定了股票是否具备成为龙头的潜力。低于 5 板的股票通常不被视为市场龙头，而是被归类为板块内的领涨强势股。简而言之，5 板以下的股票虽然表现强势，但尚未达到龙头的标准。

无论是连续一字涨停，还是通过换手实现的涨停，5 连板往往是大多数股票难以逾越的障碍。如图 2-22 所示，亚世光电在经历了 5 次换手涨停后，并没有形成突破，随后却迎来了长期的下跌趋势。正如那句老话所言，真金不怕火炼。只有那些经受住了 5 连板的严峻考验，并在市场中披荆斩棘脱颖而出的

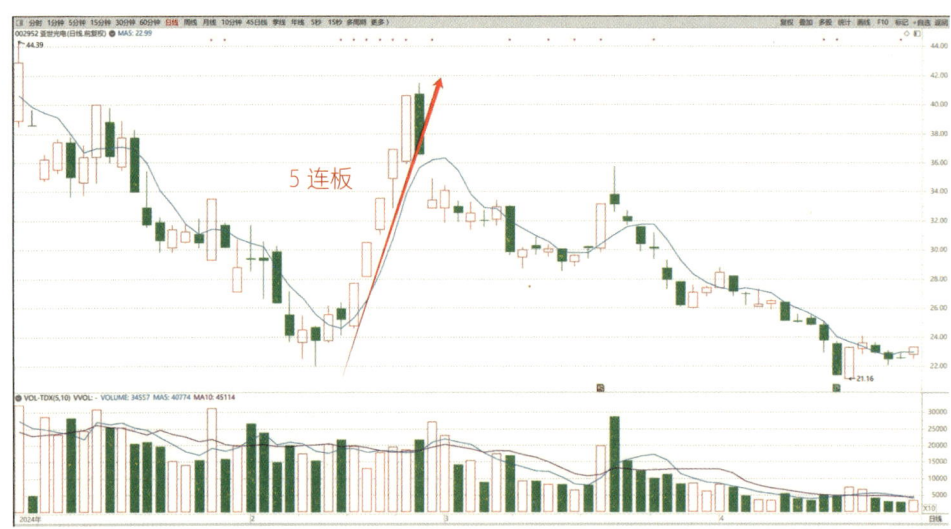

图 2-22　亚世光电 5 连板后遭遇 A 杀

股票，才有潜力成为真正的市场龙头。

三、6 板以上定龙头

如何识别真正的龙头股？

量化与人气的标准：5 板以下的股票通常属于概念板块强势股，而 6 板及以上最高身位的股票则被视为市场公认的龙头股。

连板股票可能并非总是龙头股，关键在于连板股票的涨幅和市场表现。真正的龙头股往往能实现翻倍甚至 3 至 5 倍的显著涨幅。因此，5 板仅仅是一个精彩故事的开端，而非终点。然而，对于许多投资者而言，5 板以上的股票买入行为是难以接受的，他们认为这是极度不理性的追高行为，类似于"击鼓传花"的游戏，甚至是一种赌博，令人难以理解。谨慎是一方面，同时也反映了投资者对龙头股认知的局限。

如图 2-23 所示，中通客车（000957）于 2022 年 5 月 13 日迎来了具有里程碑式的首次涨停，这标志着一段令人振奋的上升行情的序幕正式拉开。在随后的 32 个交易日内，股价经历了两波单边上涨，实现了令人瞩目的 430.39% 的涨幅，振幅更是达到了 547.61%。股价从最初的 4.31 元，一路飙升至 22.86 元。2022 年 7 月 19 日，在经历三四个交易日的调整后，该股更是创下了历史最高价 27.94 元，随后市场转入熊市，股价经历了近两年的连续下跌。

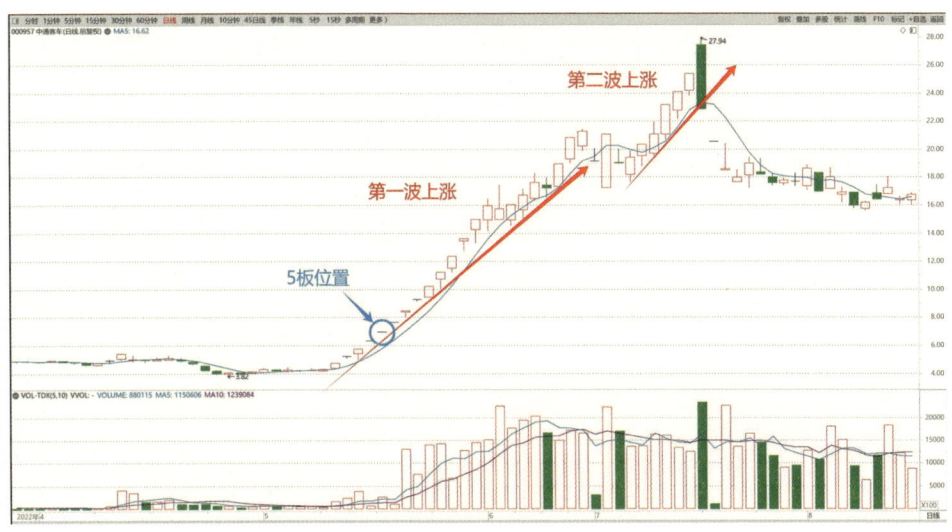

图 2-23　中通客车 5 板后迎来了暴涨

在 5 板后，如何判断中通客车是否为市场龙头股呢？

股价在实现 5 连板后，出现了强势的一字板形态，且封板异常坚决，这标志着关键的龙头股门槛已被成功跨越。经过市场的检验，股价晋级至高位区域。在 7 连板时，成交量显著放大，充分换手后分歧转为一致；到了 8 连板，股价再次以 T 字板形态加速上涨，之后股价稳步向上推进，龙头位置确定。

回顾过去，我们会发现，5 连板的位置实际上只是中通客车这一波大行情的起点。对于2022年5月19日的投资者而言，5连板后的股价无疑显得高不可攀，市场普遍存在着"高处不胜寒"的心理，投资者不敢轻易进场，担心追高被套。然而，对于经验丰富的游资高手和操盘大师来说，正是在5连板后，才真正确认了中通客车是市场总龙头的地位，并开始积极参与做多。根据统计数据，随着股价的不断攀升，连板晋级的概率也随之增加。一旦确立了龙头地位，便获得了市场的广泛认可和资金的高度关注，成为全网瞩目的焦点，引领短线投机者纷纷参与。

如图2-24所示，克来机电（603960）在2024年2月1日领先于大盘3个交易日率先实现涨停启动，这标志着上涨行情的开始。随后，大盘指数在2月5日触及阶段性的低点2635点后，在2月6日开启了一轮3个月539点的反弹，指数一路上扬至3174.27点。在这波穿越牛熊周期的关键转折点中，克来机电扮演了打开短期上涨空间的"破局者"角色。截至2月27日，克来机电实现了令人瞩目的13连板，累计涨幅达到247.58%。次日，该股

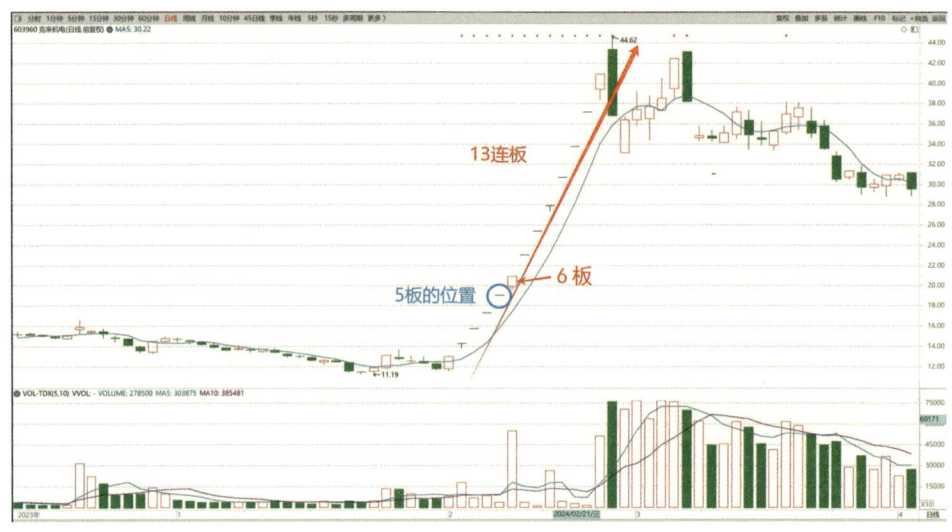

图2-24　克来机电5连板只是龙头的开始

高开6%，股价冲高至44.51元达到峰值，之后便进入了长期的调整阶段。

2024年2月7日的5板位置相较于13板的位置，只能被视作山腰甚至山脚，5板呈现缩量一字板形态，未提供进场机会。然而，在2024年2月8日，6板开盘后迅速封板，如图2-25所示，分时图上两次开板均提供了买入的时间窗口。当日涨停板经过充分换手后，成交量显著放大。次日，股价继续以缩量的方式加速封于一字板。

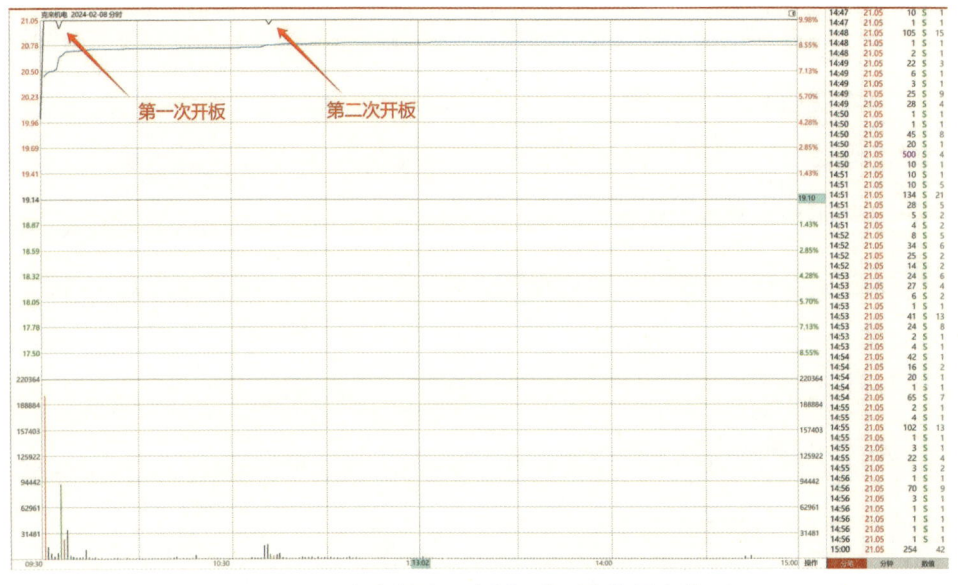

图2-25　克来机电6板分时图涨停板上换手

5板之内无真龙头，6板及以上最高身位的晋升龙头，万众瞩目，人气高涨。

真正的领涨龙头势必会引领翻倍行情，5板是成为领涨龙头的门槛，也是确认其地位的起点。

第四节　龙头的基因

龙头股浪潮迭起，生生不息，一浪接一浪。每只龙头股都有其独特的个性，但它们是否有共性特质？它们背后的底层逻辑是什么？是否存在共通的基因？

正如那些所谓的成功人士，成功背后必有共通之处，而失败则各有各的原因。成功者通常是那些遵循自然法则、掌握万物规律的人。无论是作家、教师、医生、画家、运动员、企业家、艺术家、科学家、政治家还是投资家，尽管行业迥异，但我坚信大道至简，每个领域中的顶尖人才都拥有一个共同的成功模式：清晰的目标、正确的方法论和坚定的执行力。虽然行业之间存在差异，但只要能够融会贯通，便能触类旁通，一通百通。

万事万物的运行规律就是天道，它是开启成功之门的钥匙。在股市中，那些通过龙头股实现财务自由的人，已经掌握了这把钥匙。那么，这把钥匙究竟是什么？它又具备哪些特征？

尽管龙头股各具特色，它们却拥有着某些相同基因。作为龙头掘金理论的创始人，我将首次公开通往股市的财富密码——龙头股的八大基因，我将在下文一一解读。

一、长期横盘，建仓平台

先讲一个毛竹生长定律：毛竹用了 4 年时间，仅仅长了 3 厘米，但从第 5 年开始，它以每天 30 厘米的速度疯狂生长，仅仅用了 6 周，就长到 15 米。

其实在前面 4 年，毛竹的根已在土壤里延伸了数百平方米。

在宇宙中，万事万物都存在着相互联系，股票市场亦是如此。常言道，"横有多长，竖有多高"，这正是对厚积薄发原理的阐释。龙头股的主力资金建仓周期越长，意味着其筹码的积累越充分，洗盘过程也更为彻底，因此一旦启动，其爆发力将更为强劲。

如图 2-26 所示，深中华 A（000017）自 2022 年 6 月至 2024 年 1 月，周线长期横盘震荡达 80 周，箱体下边沿 3.5 元，上边沿 5.75 元，窄幅震荡区间维持在 2.25 元的空间内，始终没有突破。直到 2024 年 1 月真正突破箱体上边沿，彻底启动爆发主升行情。

图 2-26　深中华 A 周线横盘 80 周

继续看深中华 A 的案例，如图 2-27 所示，它在 2024 年 1 月 9 日至 1 月 26 日，14 个交易日实现 12 个涨停板，区间涨幅 186.35%，振幅高达 232.44%，14 天股价从 4.47 元一路狂飙至 14.88 元，盈利 2 倍多，收获颇丰。

图 2-27　深中华 A 启动主升，14 天 12 板

如图 2-28 所示，浙江建投（002761）自 2018 年 12 月至 2022 年 2 月，横盘时间长达 160 周约 3 年的时间，股价一直在 3 元至 13 元之间反复震荡。特别是 2020 年 12 月至 2022 年 2 月期间，股价的波动范围进一步缩小至 6.5 元至 7.8 元之间，形成窄幅震荡。如图 2-29 所示，在这仅有的 1 元区间波动，主力资金能够进行洗盘、吸筹和震荡长达一年，这充分展示了主力资金的耐心和远见，是普通散户投资者难以做到的。

一旦突破这个极度压缩的箱体，浙江建设股价便如脱缰的野马，一往无前，迅速从 8 元飙升至近 20 元。图 2-29 中，在空中加油平台的支撑下，维持了 8 天之后，股价再次启动第二波主升浪，直至创下 40.99 元的阶段性新高。在 26 个交易日内，股价区间涨幅高达 431.84%，振幅更是达到 456.5%，成为市场上的绝对龙头。

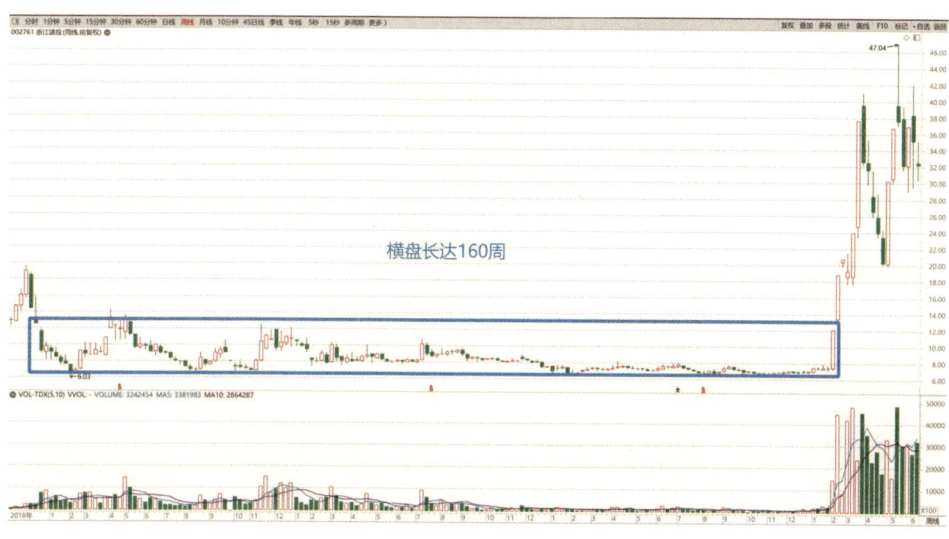

图 2-28　浙江建投周线启动前横盘 160 周

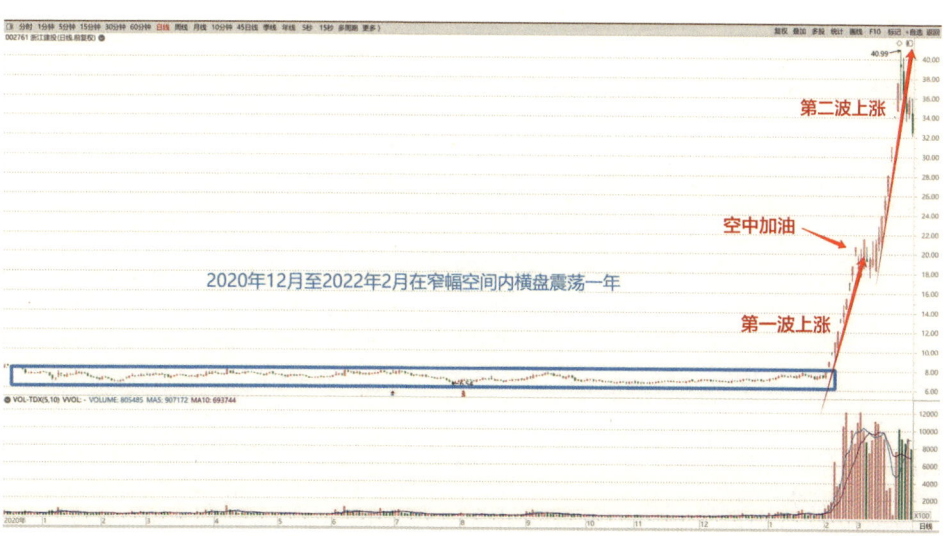

图 2-29　浙江建投日线启动前窄幅震荡长达一年多

长期的压制一旦被突破，便势如破竹，正如弹簧一般，压缩得越极致，释放的动能越大，上涨的速度越快，爆发力越强。因此，真正的龙头股一定是历经九九八十一难，卧薪尝胆，十年磨一剑，不计较一时的得失，而是用时间去沉淀，积蓄能量。一旦时机成熟，则万箭齐发，千军万马，以雷霆万钧之势开疆拓土。投资者要有耐心，等待突破箱体的上沿，尤其有大阳线出现后，此时介入建仓一定不迟。

二、突破 MA60，趋势反转

众所周知，MA60 是指股票在市场上 60 个交易日的平均收盘价格。反映的是中长期的走势，是主力平均持仓成本价，即牛熊分界线。MA60 是衡量股价趋势方向的重要参考指标：股价跌破 MA60，后市看跌；股价站上 MA60，后市看涨。对于投资者来说，股价在 MA60 之下，所有的上涨皆是反弹，要趁机跑；只有当 MA60 的走势斜向上，且股价在 MA60 之上，才能真正地展开反转上升趋势。

如图 2-30 所示，清源股份（603628）在 2023 年 7 月 28 日跌破 MA60，股价开始震荡下行。在此期间，每次反弹尝试接近 MA60 时均遭遇阻力而回落，导致股价持续刷新低点。然而，这一趋势在 12 月 21 日发生了转变，当日该股放量涨停，一举驱散了之前的阴霾。紧接着，在第 2 个交易日，股价再次以实体涨停的形式强势突破 MA60，成功扭转了 MA60 的下行趋势，使其走平。随后，在第 3 和第 4 个交易日，清源股份继续发力，实现了 MA60 拐头向上，趋势真正反转。

第二章 龙头
——强者恒强，只做最强 63

图 2-30　清源股份突破 MA60，实现趋势反转

如图 2-31 所示，万丰奥威（002085）在 2023 年 8 月 3 日跌破 MA60 后，持续走低。在此期间，每当股价试图触及 MA60 时，均遭遇阻力并回落，始终未能有效站稳并突破该均线。直至 2024 年 1 月 10 日，股价触及阶段性低点 4.33 元。此后，股价在 MA60 附近反复震荡，并在 1 月 23 日和 2 月 6 日两次跌破该均线后，均以涨停板的方式迅速收复失地，显示出主力资金刻意维护 MA60 作为关键支撑位的意图，并将 MA60 从缓慢下降的趋势拉平，甚至呈现出趋势拐点向上的迹象。随着 2 月 6 日和 7 日连续两天的涨停板，万丰奥威启动了连续两波上涨行情。第一波上涨趋势呈现约 45 度的斜率稳步上升，而第二波则以超过 60 度的斜率加速上升，展现出强烈的主升浪攻势。

图 2-31 万丰奥威三次突破 MA60，实现趋势反转

龙头股的崛起首先需要股价稳固在 MA60 上，随后是将 MA60 的趋势由下降转为平缓，直至出现转折点，并展现出向上的发展态势。如图 2-32 所示，一般情况下，当股价位于 MA60 以下，且 MA60 斜率向下，即便出现连板涨

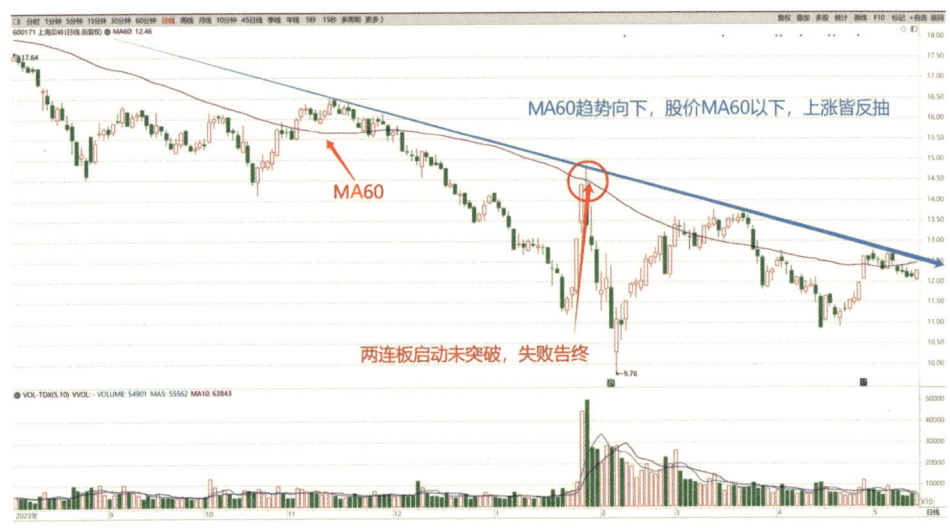

图 2-32 上海贝岭 MA60 趋势向下，股价上涨皆为反弹

停也仅仅是超跌反弹，很难诞生真正的市场总龙头。这种模型不建议参与，风险远大于机会，仅能当短线反抽看待。

如图 2-33 所示，东易日盛（002713）的 MA60 趋势向下，股价分别于 2024 年 2 月 28 日和 7 月 2 日涨停连板启动。尽管左侧 2 月 28 日第一次突破 MA60，但股价 3 天后便重回 MA60 以下，这一个诱多的假动作骗了众多追高进场的投资者。右侧股价在 7 月 2 日首板启动，2 板放量，3 板和 4 板一字板走加速，碰到 MA60 附近后止步，随后仿佛被一种神秘的力量操控，直接两个一字板跌停，股价从 3.25 元跌到 1.96 元后才止跌企稳，亏损依然很大。

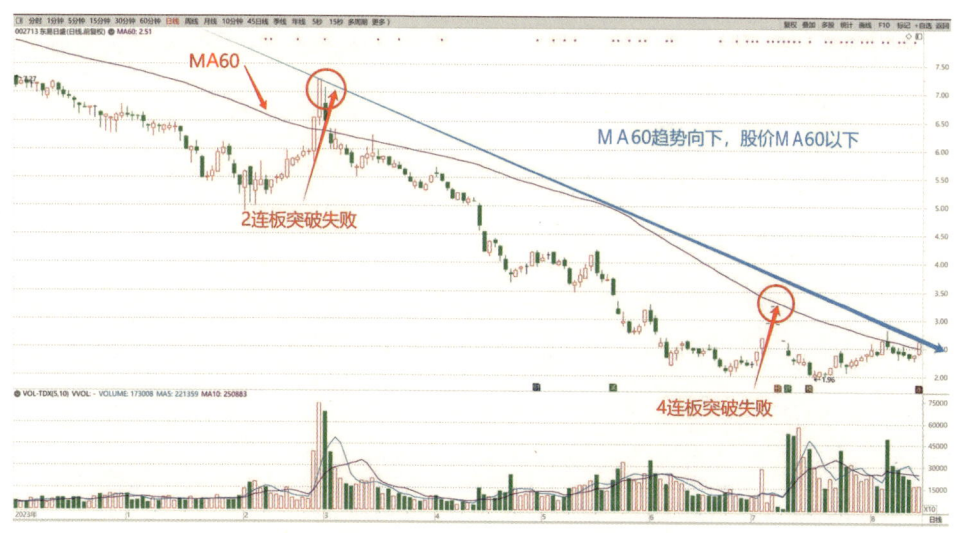

图 2-33　东易日盛 MA60 趋势向下，股价上涨皆为反抽

当 MA60 趋势呈现下行态势，并且股价位于 MA60 下方时，任何的上涨都应被视为反弹。即便是连续的几个涨停板，如果突破不了 MA60，那也极有可能以失败而告终，更不用说孕育出市场龙头股。只有当股价稳定在 MA60 上方持续运行，出现趋势向上反转时，才具备了市场龙头股形成的必要条件。

三、爆量启动，缩量启动

成交量的显著增加揭示的本质是什么？为什么关键的阻力位总是伴随着成交量的放大？

成交量的放大反映了市场上众多投资者对未来的悲观预期，急于卖出，同时也有众多投资者对未来的乐观预期，积极买入。这种情况下，市场交易变得异常活跃，买卖双方的对立情绪加剧，正是这种对立情绪的存在促进了交易的发生，对立情绪越强烈，成交量也就越大。当成交量达到前5日平均成交量的2倍以上时，就表明市场上的分歧非常巨大，筹码和资金正在大规模地交换，市场流动性得到了充分的激活，每一次显著的分歧都预示着市场可能迎来新的转折点。

对于龙头股的启动而言，成交量和价格的完美配合是不可或缺的。通常情况下，龙头股的启动伴随着涨停，而涨停时的成交量通常可以分为两种情况：一种是成交量激增，即当日成交量是过去5日平均成交量的2倍以上；另一种则是缩量涨停，即以极小的成交量实现一字涨停。

如图2-34所示，天威视讯（002238）在2023年11月2日迎来了首个涨停板，成功突破了MA60，当日成交量是启动前5日平均成交量的5倍。紧接着，在下一个交易日，成交量进一步激增至启动前5日平均成交量的9倍。经过连续两个涨停板后，主力资金完成了洗盘和筹码的收集。因此，从11月6日开始，股价连续出现了5个缩量的一字板涨停，并在11月13日出现断板，形成了一个见顶或震荡洗盘的走势。

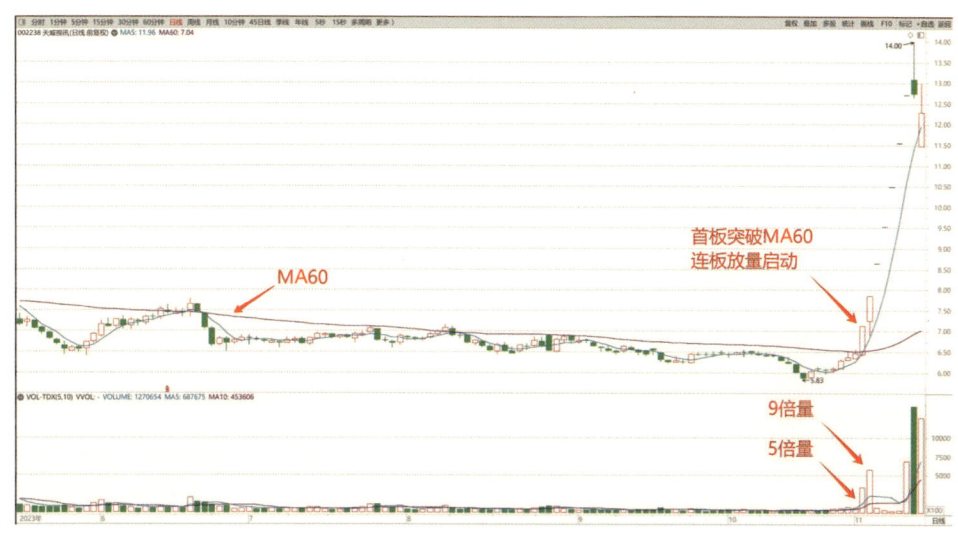

图 2-34　天威视讯倍量启动走势

如图 2-35 所示，正丹股份（300641）于 2024 年 4 月 11 日迎来了首个涨停板，标志着其启动行情。当日成交量激增至启动前 5 日平均成交量的 3 倍，同时以 14% 的跳空高开突破了前期的关键阻力位。紧接着在次日，该股再次以 12% 的高开，迅速拉升并以缩量的方式封住涨停板，两天累计涨幅达到 40% 以上。两连板的强势表现，尤其是第 3 板突破前期的压力位，确立了正丹股份在创业板中作为潜在龙头股的地位，后势持续走强。

如图 2-36 所示，正丹股份不负众望，首板突破 MA60，经过三波上涨，创下了新的高度。股价从 5.44 元飙升至 27.14 元，26 个交易日内涨幅高达 398.9%，振幅达到 517.1%。随后经过 5 天的震荡调整，股价再次刷新高点至 36.65 元。整个过程形成了一个复杂的顶部结构，为参与该股的投资者提供了充足的离场机会和空间。这正是龙头股给予投资者的尊重，通常不会出现剧烈的 A 杀行情，而是倾向于形成 M 头双顶、头肩顶或复合顶等形态。

图 2-35　正丹股份 4 月倍量启动及突破压力位

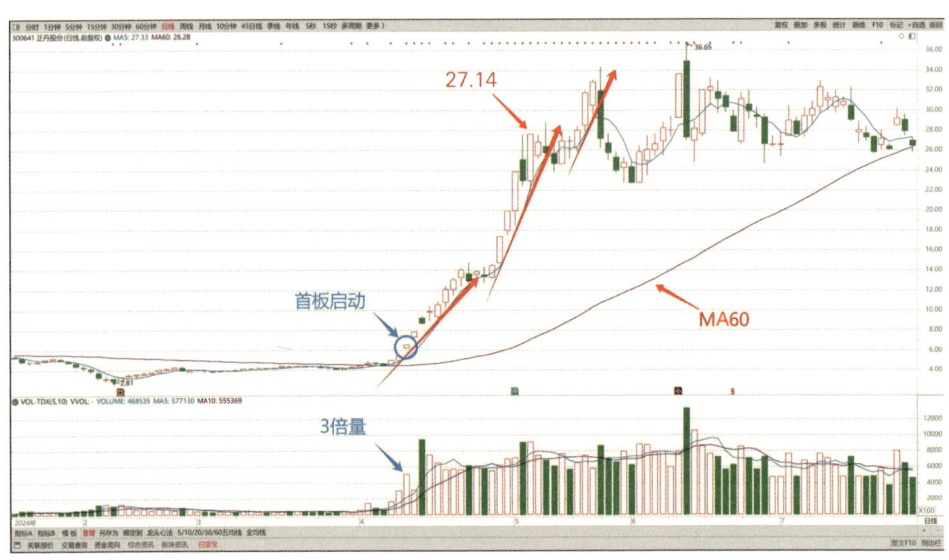

图 2-36　正丹股份突破 4 月压力位后的主升行情

上述启动模式常常通过成交量的急剧放大，达到 2 倍以上后触发主升阶段的启动，这已经成为成交量变化中的一个核心启动机制。

另一种启动模式是缩量启动，通常被视为股价更强势的标志。缩量启动通常发生在以下两种情况：首先，主力在经过长时间的横盘震荡和洗盘吸筹后，已经积累了足够的筹码。在市场成交量低迷、股价日线和分时波动幅度较小的情况下，主力无需在启动时再次收集筹码。因此，一旦启动，股价往往以一字板的形式迅速脱离主力建仓的成本区间，达到一定高度后才开始放量，使市场上的资金形成合力，共同推动股价上涨。其次，上市公司可能突发重大利好消息。由于公司内部的保密措施得当，在消息公布之前，市场上并没有任何消息泄露，也没有资金的提前布局。因此，公告一旦发布，便会立即引发市场资金的激烈抢购。持有筹码的投资者纷纷锁仓，不愿出售，导致市场出现极端的供求失衡，几乎没有卖盘，只有买盘，从而引发连续的一字板启动主升行情。

如图 2-37 所示，捷荣技术（002855）在 2023 年 8 月 30 日迎来一字

图 2-37　捷荣技术缩量启动上涨

板缩量涨停，标志着一个全新周期的开始。随后的 2 板也是一字板缩量，直至 3 板和 4 板才开始出现成交量的显著放大，达到 6 倍的放量。在此之后的 22 个交易日内，股价实现了 382.3% 的涨幅和 413.6% 的振幅。

如图 2-38 所示，在 2017 年 11 月至 2023 年 9 月期间，捷荣技术的股价在 15 元的上边沿和 6.4 元的下边沿之间形成了一个窄幅箱体，横盘震荡持续了 297 周近 6 年的时间。一字连板的启动揭示了主力资金经过长时间的震荡调整，已经做好了充分的准备（启动前有 3 次突破 MA60），只需一个触发点和导火索，便能实现猛烈的暴力拉升。

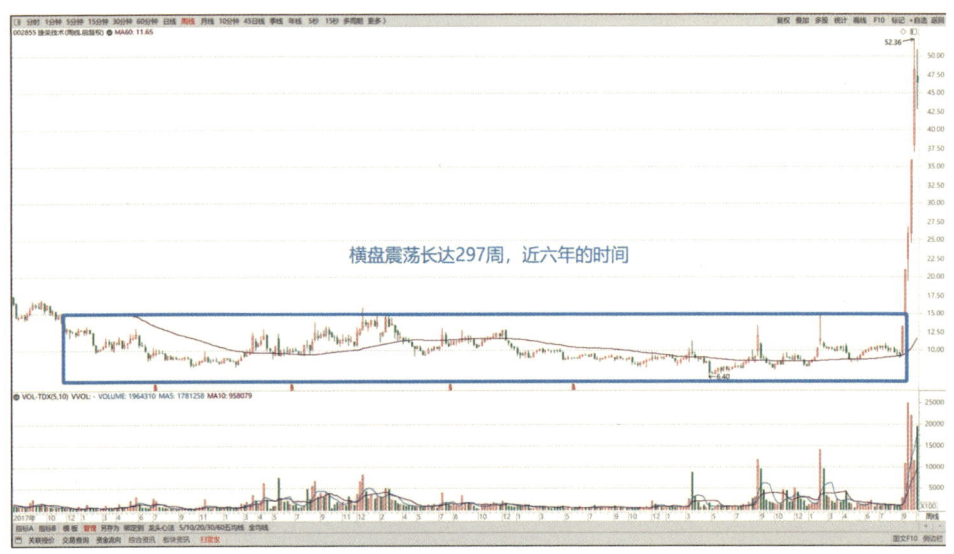

图 2-38　捷荣技术横盘震荡近 6 年

因此，龙头股的连续涨停启动，其核心评估标准是成交量的动态变化。成交量主要通过两大特征来体现：一是成交量的急剧放大至前 5 日均量的 2 倍以上，象征着市场上买卖双方的巨大分歧产生激烈交锋，换手频繁，这往往是主力资金在拉升股价前最后一次深度吸纳筹码的迹象；二是成交量的缩减，它意味着主力资金已经完成了充分的建仓布局，随时可以启动上涨，或者是由于某些突发的重大利好消息，导致股票在启动后就呈现出连续一字涨停的强劲走势。

四、最先连板，起爆突破

龙头股的启动，总是伴随着连续的涨停板，并且突破了关键的市场位置。

真正的龙头股从启动之初，便显出其非凡的特质。它不仅以最强势的涨停板拉开主升行情的序幕，而且通过连续的涨停板巩固其在板块中的领导地位。这样的股票总是最先实现涨停封板，无论是首板还是随后的2板，都是板块内率先封板的。在上涨的空间幅度和封涨停的时间维度上，龙头股均居于整个板块之首，这正是其核心特质所在。

尽管从内部来看，龙头股的自身起爆条件已经明确，但要全面理解其潜力，还需回顾历史，审视外部条件，即过往行情中的重要压力关卡。正如战争中关键战役往往能扭转整个战争的战略格局，例如第二次世界大战欧洲战场上的斯大林格勒① 保卫战，它是战争的转折点。这场战役不仅改变了苏德战场的形势，而且对整个第二次世界大战的局势产生了深远的影响。

在股市中，关键价位的争夺战激烈程度堪比战争中起决定作用的重大战役，这无疑会引发巨大的分歧，而分歧又会促使成交量的急剧增加，形成阶段性的"天量高点"，这一关键价位的争夺直接决定了多空双方的未来走势。一旦多方成功突破了前期天量天价的关键价位，那它就像苏军在斯大林格勒保卫战中取得重大胜利一样，具有扭转战略格局的决定性意义，也为多头的向上进攻开辟了战略纵深的空间。

---

① 这个城市现名为"伏尔加格勒"，本书沿用旧称，以示对这场经典战役的纪念。

如图所示，宝塔实业（000595）在2022年5月24日迎来了首个涨停板，紧接着在次日以T字板（最右侧红圈）形态开盘，开盘价直接跳空高开，突破了前期4元附近的关键压力位。随后，该股连续走出8个涨停板，创下了阶段性的新高点7.9元，累计涨幅达到114.67%，轻松实现了翻倍。

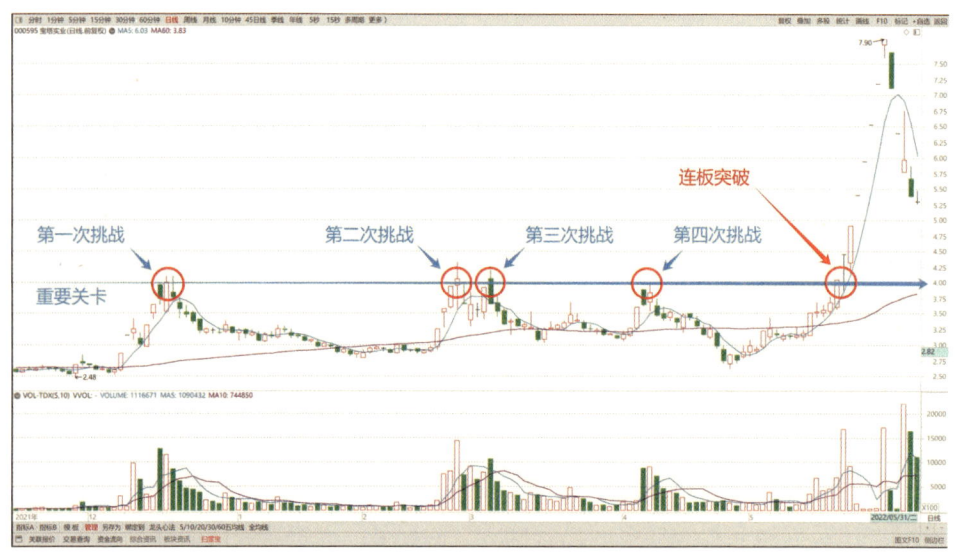

图2-39　宝塔实业连板起爆突破重要关卡

宝塔实业在前四次尝试中均未能突破4元的重要压力位，且每次接近该价位时成交量都显著放大，表明多空双方在此时分歧巨大，争夺激烈，难分胜负。这四次挑战均未能成功，多方再积蓄能量，空方表现了寸步不让的决心，凸显了这一价位攻防转换的重要性。类似于上文所描述的斯大林格勒保卫战，苏德双方均投入了重兵进行拉锯战，损失惨重。多方连续四次进攻均以失败告终，空方取得了胜利，压制住了进攻。直到多方第五次尝试突破，才真正战胜了空方，实现了战略上的重大突破，改变了股价运行的方向和趋势。

如图 2-40 所示，高新发展（000628）于复牌后的 2023 年 10 月 19 日（最右侧红圈）迎来了一字连板启动，一举突破了前期 16.5 元的压力位，这里是前四次挑战均以失败告终的重要位置。随后发起连涨，该股第一波涨幅达到 285.39%，振幅更是达到 298.99%。

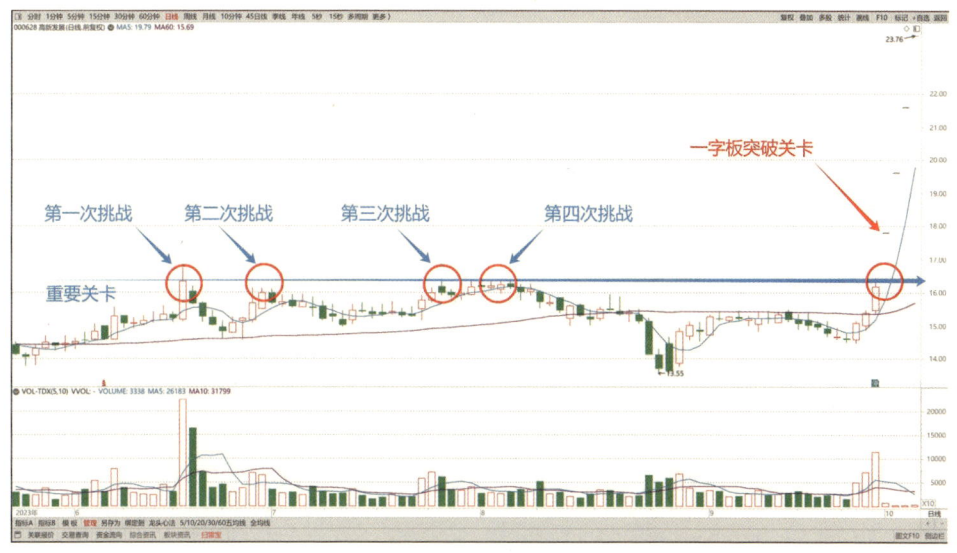

图 2-40　高新发展一字连板突破重要压力位

连板启动象征着多方力量的迅猛爆发，突破核心关卡是转变战局的决定性步骤，具有深远的战略意义。在股价运行的时间和空间里，80% 的走势往往都是无效且缺乏意义的，唯有 20% 的走势是至关重要的决战时刻，突破前端上沿压力位，且有重大放量，才能决定趋势的逆转。

五、想象空间，无法改变

常言道，"心有多大，舞台就有多大"，人生如此，股票同样如此："想象空间有多大，龙头的涨幅就有多大！"

股票投资着眼于未来，而非过去。任何一家公司过去的表现无论有多么出色，也仅代表历史，历史上的辉煌并不能保证未来的成功。事实上，唯一不变的正是变化本身。世间万物皆处于不断变化之中，股市亦遵循其固有的规律演变。对未来的不确定性和未知既是股市的挑战，也是其令人着迷之处。

龙头股通常孕育于市场尚处在混沌状态的萌芽期，当投资者对市场趋势感到迷茫时，就是这些龙头股开始崛起的时刻。龙头股诞生于龙卷风风口，而龙卷风的威力，往往与该题材所激发的想象空间成正比。该题材如同龙卷风般横扫整个市场，一旦开始，便不会轻易改变，且不受任何组织或势力主观意愿的影响。

人类的进步深深植根于我们与生俱来的想象力和探索欲，这股力量是推动社会不断前行、技术持续革新的源泉。股市中亦是如此，一个缺乏想象力的题材概念，其成长空间往往受到严重限制，因为投资者无法看到其未来的潜力和可能性。那么，如何敏锐地捕捉并把握龙卷风般迅猛而至的投资机会，并深入剖析其背后的深刻逻辑呢？在此，我只是抛砖引玉，具体的战略与实战技巧将在本书后续篇章中详细阐述。

六、小微市值，易于拉升

小微市值股票在八大龙头基因的构成中占据着基石般的地位。其小巧的市值与轻盈的流通盘使得主力资金在推动股价上涨时，所需的资金成本相对较低，从而更容易塑造出市场的大龙头角色。

值得注意的是，众多投资者在投资理念上存在一个常见的误区，将上市公司的市值未加区分，总是等同于其总市值。诚然，这种理解在广义上并无不妥，但在股票投资的精细考虑中，流通市值才是更具决定性的因素。

总市值是指一家公司所有已发行股票（包括流通股和非流通股）的市场价值总和。总市值是将公司所有股票的数量乘以相应的股价来计算的。它代表了市场对公司的整体估值，是衡量公司规模的关键指标。

流通市值指的是在特定时间段内，一家公司所有可自由流通与交易的股票数量与其当时股价的乘积得出的价值。这些股票通常被称为流通股，它们不受交易限制，投资者可以随时进行买卖。流通市值是评估公司市场价值的关键指标，同时体现了公司股票的流动性。

具体来说：

· 总市值 = 总股本 × 股价（其中，总股本 = 流通股本 + 限售股本）

· 流通市值 = 流通股本 × 股价

总市值提供了一个更全面的视角，反映了公司的整体市场价值，包括那些因限售、内部持股等原因暂时无法在市场上流通的股票。而流通市值主要揭示了市场上投资者对公司价值的评估以及交易的活跃程度，因为它仅涉及那些可以自由交易的股票。对于公司管理层和战略投资者而言，总市值显得尤为重要，因为它体现了公司的整体市场地位和潜在价值。对于中小投资者和短线交易者而言，则重点关注个股的流通市值。

截至 2024 年 12 月，A 股市场中流通市值超过 10000 亿元的上市公司共有五家，它们分别是贵州茅台（600519）、工商银行（601398）、农业银行（601288）、中国石油（601857）和中国银行（601988）。这五家市值巨大的公司是否有可能成为市场的大龙头，并在短期内实现股价翻倍的壮观行情？显然不能。如果期望在短时间内获得高额回报，那么远离这些超级大盘股是明智之举，特别是在市场进入存量博弈时。这类大盘股并不适合短线投资者。除非投资者愿意耐心等待，长期持有那些能够持续上升的股票，或许能在一年或更长时间内获得几个百分点的收益，但不能通过投资大市值股票来迅速积累财富。长期持有是价值投资的策略，本质上是一种投资行为，是可以考虑这种大盘股。而跟随市场短期主线，追逐龙头股，则本质上属于投机行为，两者之间有着明显的区别。

对于投机者而言，探寻龙头股的精髓，离不开对股票承载量的深刻理解。核心的判断标尺，是流通市值而不是总市值。具体地说，那些拥有较小市值的股票，其资本规模较小，主力资金操作起来成本也相对较低，所以其流动性更有可能跃居市场前列，引领潮流。

综上所述，均是从定性的层面进行阐述的。从定量的维度审视，我们不禁要问：小微市值的界定标准是什么？同时，对于那些在启动初期的龙头股，其流通市值通常会处于哪个具体的数值区间？

回顾过往，我们可以发现，龙头股在正式启动前，其流通市值大多被严格控制在 100 亿元以内。更为理想的情况是，这些股票的流通市值会落在 10 亿至 50 亿元的区间内，这样的资金盘子更有利于其后续稳健的爆发式增长。仅凭这一关键的龙头基因，便能轻松筛选并过滤掉大多数流通市值较大的中大型公司，显著提高捕捉市场龙头股的概率。

七、股价便宜，人人可买

投资股市时，究竟是选择股价较高的股票还是股价较低的股票？许多投资者常常对此感到困惑。

在日常生活中，我们经常听到这样的话——"便宜没好货，好货不便宜""贵重物品，自有其价值所在"。的确，商品的价格往往反映了其价值。商品的成本在很大程度上决定了其售价。然而在股市中，我们不能简单地应用这一逻辑。

难道价格高的就一定是优质的投资标的吗？如果仅凭这一逻辑来理解市场，那么投资股市似乎变得轻而易举，只需购买那些股价最高的股票即可。以贵州茅台为例，其股价曾一度创出历史新高2489.11元，成为迄今为止唯一一家股价突破千元大关的上市公司。从"价格高即代表优质"的角度来看，其股价无疑是独一无二的。但是，你真的敢买茅台股票吗？你能确定投资它就一定能盈利吗？高股价的上市公司能成为市场的龙头股吗？

近年来我对表现突出的55只龙头股进行了全面的搜集与统计。分析结果如图2-41所示，这些龙头股在首次涨停时的最低股价为3.21元，最高达到17.81元，平均股价为9.01元；在次日或第2板时，股价的平均值上升至9.96元。从启动之日起至本轮周期的最高点，平均股价达到30.22元，平均数值达到了3倍多。数据显示，龙头股在启动主升浪的首板和2板阶段，平均股价基本维持在10元以下，而周期内最高点的平均股价则为30元，这意味着平均涨幅大约为200%。

项目 日期	龙头 公司名	股价 首板(元)	股价 二板(元)	股价 最高价(元)	龙头类型	备注
2016.8.22	四川双马	6.65	7.42	40.94	断板趋势	三波单边上涨
2018.11.26	东方通信	4.61	5.10	41.58	断板趋势	三波单边上涨
2019.10.8	诚迈科技	15.11	16.64	139.11	断板趋势	一字连板启动
2020.1.20	泰达股份	3.88	4.28	14.56	断板趋势	二波单边上涨
2020.2.3	道恩股份	11.85	13.11	61.74	断板趋势	二波单边上涨
2021.11.15	九安医疗	3.98	4.73	85.38	断板趋势	三波单边上涨
2021.6.21	众兴菌业	8.94	9.90	16.54	一字连板	一波流+M头
2022.2.7	浙江建投	8.16	9.02	47.04	断板趋势	二波单边上涨
2022.3.16	天保基建	3.21	3.54	11.42	断板趋势	一波流
2022.3.23	中交地产	8.60	8.72	31.70	断板趋势	二波单边上涨
2022.5.13	中通客车	4.74	5.22	27.94	断板趋势	二波单边上涨
2022.5.18	中成股份	8.47	9.32	22.50	断板趋势	一波流
2022.5.24	宝塔实业	4.05	4.46	10.80	换手连板	二段上涨
2022.5.25	特力A	13.38	14.73	35.24	断板趋势	M头
2022.6.28	赣能股份	6.35	7.00	16.85	换手连板	一波流
2022.7.6	山西高速	4.43	4.88	8.84	换手连板	一波流+M头
2022.8.19	德龙汇能	7.04	7.74	12.41	换手连板	一波流
2023.10.16	真视通	16.72	18.39	39.39	换手连板	一波流
2023.10.19	高新发展	17.81	19.61	71.48	一字连板	M头
2023.10.20	龙州股份	4.62	5.08	9.25	换手连板	二段上涨
2023.11.10	三柏硕	13.23	14.55	31.13	换手连板	一波流
2023.11.10	银宝山新	8.34	9.17	21.68	断板趋势	三波单边上涨
2023.11.2	天威视讯	7.13	7.85	19.44	断板趋势	二波单边上涨
2023.11.23	东安动力	8.58	9.44	20.23	换手连板	一波流+M头
2023.11.24	惠发食品	9.41	10.35	20.20	换手连板	一波流
2023.11.28	南京商旅	8.00	8.80	17.59	换手连板	一波流
2023.11.8	西陇科学	6.59	7.25	14.28	断板趋势	一波流
2023.12.20	亚世光电	19.81	21.80	44.39	换手连板	一波流
2023.12.21	清源股份	11.73	12.92	28.28	换手连板	M头
2023.2.7	鸿博股份	8.95	9.85	41.98	断板趋势	五段上涨
2023.8.30	捷荣技术	11.00	12.10	52.36	断板趋势	二波单边上涨
2023.8.30	通化金马	6.79	7.47	24.51	断板趋势	两波上涨
2023.9.28	圣龙股份	11.99	13.20	55.90	换手连板	二波+复合顶
2024.1.2	长白山	16.40	18.05	40.37	断板趋势	一波流
2024.1.23	中视传媒	14.83	16.32	31.83	断板趋势	一波流
2024.1.9	深中华A	4.92	5.41	14.88	换手连板	一波流
2024.2.1	克来机电	12.96	14.27	44.62	断板趋势	一波流+M头
2024.2.23	东方精工	4.96	5.46	9.28	断板趋势	一波流+M头
2024.2.6	万丰奥威	5.02	5.54	18.73	断板趋势	二波+M头
2024.2.8	维海德	15.82	19.02	48.31	换手连板	一波流+创业板破局者
2024.3.21	华生科技	11.55	12.71	24.85	一字连板	一波流
2024.3.29	莱绅通灵	4.99	5.50	10.82	换手连板	一波流
2024.3.5	艾艾精工	10.32	11.36	32.93	换手连板	一波流
2024.4.11	正丹股份	6.53	7.84	36.65	断板趋势	复合顶
2024.5.10	南京化纤	4.70	5.17	8.34	换手连板	一波流
2024.6.12	东晶电子	5.21	5.73	10.00	换手连板	一波流
2024.6.17	索菱股份	4.49	4.94	7.09	换手连板	一波流
2024.6.21	飞天诚信	7.90	9.48	13.66	换手连板	一波流
2024.7.10	大众交通	3.48	3.83	11.17	断板趋势	一波流+M头
2024.7.12	金龙汽车	9.11	8.95	19.79	换手连板	M头
2024.7.22	腾达科技	13.89	15.28	39.64	换手连板	一波流
2024.7.26	航天晨光	14.33	15.76	25.39	换手连板	一波流
2024.7.31	香雪制药	4.06	4.87	11.79	断板趋势	一波流
2024.7.9	锦江在线	7.71	8.49	17.60	一字连板	M头
平均值		8.84	9.77	29.90		
备注	1、以龙头启动爆发的首板股价为主要研究对象；2、首板、二板股价均以收盘价为准；3、最高价是指本周期内的阶段性高点。					

图 2-41 龙头股首板启动股价汇总

尽管这些数据仅仅反映平均值，但它们对于实战具有重要的指导意义。龙头股的股价起步时通常较低，通常在 5 ~ 15 元区间，便于广大投资者参与。相反，贵州茅台的股价高达 1500 元，购买一手的最低资金要求达到 15 万元，对于大多数散户投资者而言，这无疑是一道难以逾越的障碍，从而将许多潜在投资者排除在外。所以说，大市值、超高价股票，市场参与度较低，很难成为市场龙头，更有可能成为机构间相互博弈的场所。

了解散户心理，便能把握整个市场。龙头股往往价格亲民，便于广大投资者参与交易。优质产品必然拥有广泛的受众基础，且被大众所熟知和接纳。无论社会阶层、行业背景，抑或性别年龄，消费者都能轻松购买，不会有任何心理压力。以共享单车为例，该项目为何能迅速风靡全国？作为一个新兴事物，在初期阶段，它往往难以突破圈层，需要巨额的广告投入提升知名度。然而，除了在商业模式上解决用户回家或上班最后 1 公里的问题外，其成功的关键在于极低的使用门槛——仅需 1 元或者免费便可骑行，200 元的押金几乎人人都能承担，毕竟单独购买一辆自行车动辄数百甚至数千元，两相比就知道选择了。

商业如此，股市同样如此。对于那些股价超过 20 元的上市公司，无论其财务报表多么亮眼，技术 K 线图多么吸引人，主力资金流入多么显著，市场消息多么利好，但它们成为龙头股的可能性较低，特别是在当前的存量市场中。随着 A 股市场规模的不断扩大和新资金的不断涌入，龙头股的首板价格可能会逐渐上升，但一个不变的原则是：只有小盘股、低价股才有可能成为市场龙头。

八、名字简单，通俗易懂

从广告传播学的角度来说，起一个好名字成功一半。

1927 年，可口可乐刚刚进入中国时，"Coca-Cola"有个拗口的中文译名"蝌蚪啃蜡"。独特的口味和古怪的名字,产品销量可想而知。到了1930年之后,负责拓展全球业务的可口可乐出口公司在英国登报,以350英镑的奖金征集中文译名。旅英学者蒋彝从《泰晤士报》得知消息后,以译名"可口可乐"应征,被评委一眼看中。

"可口可乐"是广告界公认最好的品牌中文译名——它不仅保持了英文的音节,而且体现了品牌核心概念"美味与快乐";更重要的是,它简单明了,朗朗上口,易于传诵。

中文的可口可乐是在全球所有译名中,唯一一个在音译的基础上具有实际含义的名称。在2008年中国首次举办奥运会期间,作为"向世界展示中国"项目的一部分,奥运会全球合作伙伴可口可乐公司将中文的"可口可乐"印到了全球100多个国家的可口可乐产品上。这个项目的名称就叫:美味与快乐(Delicious Happiness)。

对于上市公司而言,一个简洁悦耳、易于理解且富含深意的简称对其能否成为龙头股至关重要,这就是龙头名字的重要性。

上市公司的名称如果包含以下特点:笔画繁复;发音拗口;使用生僻字等,那么它成为行业领导者的可能性将大幅降低,甚至可能直接丧失竞争龙头的资格。比如:蠡湖(lǐ hú)股份、翱(áo)捷科技、芯碁(qí)微装、琏(liǎn)升科技、濮(pú)耐股份、霍莱沃、盛德鑫泰等,这些公司并不是它们的业务不佳,而是这样的名字与龙头地位不相称。当然,这仅是举例,并不代表他们在实践中不能成为龙头。

首先,若上市公司的名称笔画繁多,从远处观看时难以辨认,这将给视力欠佳的中老年投资者带来极大的不便;其次,即便每个字都认识,但组合在一起读并不流畅,缺乏内涵,这样的公司名称将严重阻碍股票的传播;再次,如果公司名称包含不常见的生僻字，导致人们在日常交流中难以正确读写，需要借助字典或拼音才能正确发音，这无疑为公司的广泛传播设置了难以逾越的障碍。上述三点均与龙头股的特质背道而驰，所以，要想日后成为龙头股，定名上市前，应好好琢磨一番。

根据这个逻辑反推，龙头股一般是被大众所接受、有识别性、易于被广大投资者口口相传的。所以，用易叫易记顺口的名字，给上市公司做简称，是比较容易成为龙头股的。

通常来说，上市公司好的简称有以下特性：一是笔画尽可能少，字形清晰，并且是常用字，无论投资者是什么学历，看过多少书，这些字大众都认识；二是发音简单，不拗口，无论是来自哪里的投资者都能准确发音，读出来不会产生误解，容易形成记忆点；三是寓意要好，公司名字不单只是由一个个的字组成，重要的是表象背后的引申含义和寓意，充满正能量；四是有知名度，如大众所熟知的地名、人名、物品名或相关的；五是一目了然所属行业，仅仅从名字就能判断出是该公司属于什么行业，会有什么概念题材。

下面我们举例说明：

· 深中华A：这个名称让人联想到对中华的深情，以及深圳这个充满活力和潜力的中国一线城市。"中华"一词代表了我们华夏各族人民的统称，传递出积极向上的力量。

· 长白山：作为全国知名的旅游胜地，长白山象征着北方的冰雪世界。

· 大众交通：顾名思义，"大众"指的是普通民众，"交通"则明确指出这是与交通行业相关的公司，一听便知其业务范围。

· 东方通信：前缀"东方"带有全球视野的宏大格局，后缀"通信"则清晰地表明了公司的行业属性，易于理解。

- 浙江建投：结合地域名称与主营业务的命名方式，无需深入研究公司的概况，便能迅速把握其核心业务，有效降低信息传播的成本。
- 圣龙股份："圣"字在封建时代是对在位皇帝的尊称，它自然带有崇高和庄严的含义；"龙"作为中华民族的图腾，两者结合，寓意倍增，让人想到神圣的龙头等词汇。
- 艾艾精工：叠字"艾艾"传递出一种温馨感，宛如亲昵的昵称，而"精工"二字则精准地反映了公司的行业属性。
- 天龙股份：正如其名，天龙让人联想到天空中翱翔的巨龙，象征着无限的想象与力量，这样的名字想不成为龙头股都困难。

以上仅是几个例子，旨在启发大家对名字的思考，不作为指导建议。龙头股的名称与公司的全称有密切联系，同时还有其固有的特点，一旦确定将难以更改。通过细致观察和数据收集，我们可以总结出其中的规律。

让我为大家揭示一个引人入胜的市场现象：

2023 年 8 月 30 日，捷荣技术首次涨停；之后在 2023 年 9 月 28 日，圣龙股份也首次涨停；随后在 2023 年 10 月 25 日，天龙股份同样首次涨停。

这三家龙头股的启动时间相隔大约一个月，而且都成了市场龙头。当捷荣技术达到峰值并结束其上涨趋势后，圣龙股份迅速接过领涨的接力棒，继续推进新一轮的攻势。而当圣龙股份的涨势告一段落时，天龙股份随即登场，再次引领了一轮新的小周期上涨。这些股票相继涨停并成为龙头，或许是巧合，抑或所谓的股市"玄学"。不过，这并不重要，关键在于这一现象启发我们从公司名称的角度，去探索和思考市场龙头股的潜在规律。

股票投资表面上看似是资金与筹码的较量，实则，操纵这一切的都是人。因此，炒股的实质是人与人之间的心理战。只要是由人参与的活动，人性的缺陷和固有的弱点就会在"随波逐流"的市场中被放大，导致群体行为的出现。这就是为何在深中华A这只龙头股炒作结束后，资金会转向其他带有"华"字的股票，即所谓的"华字辈"概念。在"华"字辈的炒作热潮退去后，市场又会去寻找"龙"字辈、"凤"字辈等概念，2024年11月有一波"东方"字辈的概念，这些炒作往往缺乏任何实质性的逻辑基础和业绩支撑，仅仅是因为股票名称中的某些字眼。这正是我们A股市场的现状，也是人性在市场中的一种体现。

在市场中，几乎所有人都忽略了上市公司名称的重要性。实际上，它不仅能作为寻找潜在龙头股的关键线索，还能帮助投资者排除那些不太可能成为市场龙头的公司名称。因此，我将它视为构成龙头股基因的最后一个关键因素。

前述龙头掘金的八大基因，是衡量一只股票能否成为市场龙头的重要因素，自身的特质条件如果全部满足，则会大大提高成为龙头股的概率。在这个世界上没有百分之百绝对的事情，在股市里，我们唯一能做的就是通过提升自我对股市的认知，不断学习精进，无限接近这个世界的真相，即股市自身运行的规律，让自己每一次的交易操作都符合大概率事件，立于不败之地，积小胜为大胜。

胜兵先胜，而后求战；败兵先战，而后求胜。

在战争中，取得最终胜利的军队总是先运筹帷幄，让自己拥有胜利的把握才寻求同敌人开战；反观失败的军队，总是上来就打，没有章法，先同对手交战一番，再去寻找获胜之策，这是相当被动的。龙头掘金的八大基因，就是寻找龙头风口、擒龙捉妖的制胜法宝，希望大家能熟记于心，灵活运用，知行合一。

微信扫码,领取本书主题二视频资料

第三章 建仓
——龙头股如何买入

始于微末，发于华枝

买在底部，基础稳固

第一节 小阳建仓

小阳建仓是一种较为隐蔽的主力建仓手法，通常出现在长期下跌趋势的末期，连续的下跌之后，标志着主力资金的悄然进场，如图 3-1 所示，在一连排小阳之后，遇有成交量放大，此时可以建仓。

那么，小阳建仓具备哪些技术特征呢？我从以下几个方面进行分析：

一、成交量方面

成交量需要在连续 7 天以上保持在一个相对较低且稳定的水平，避免出现异常的单日巨量或波动不一的情况。这种成交量的稳定性，就像 7 个小矮人一

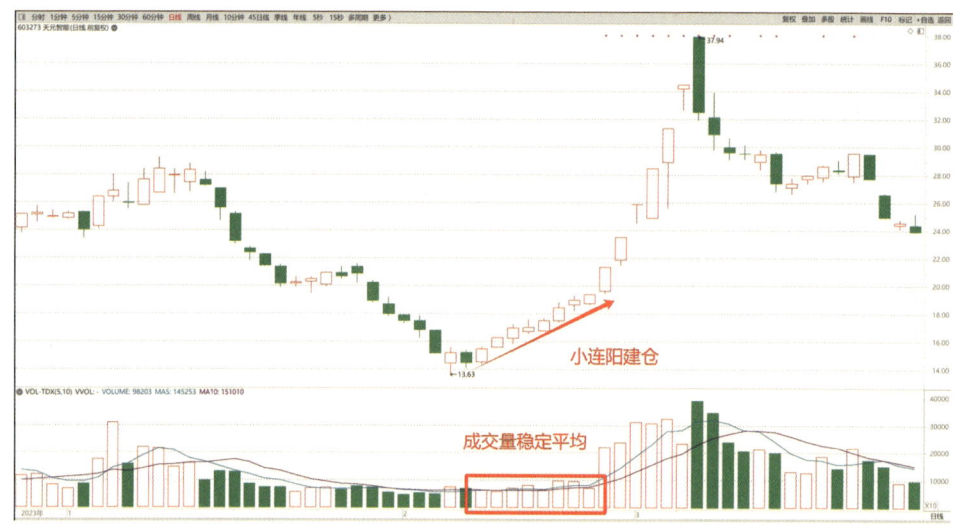

图 3-1 小连阳建仓形态

样，均匀而一致。

二、形态方面

在形态上，连续 7 天以上的小阳线稳步攀升，上涨角度通常控制在 45 度以内。股价往往依托 5 日均线，呈现出平缓的单边上涨趋势，形态流畅且有序，宛如阅兵式方阵的整齐划一。

三、K 线方面

K 线实体相对较小，且大小较为平均，很少出现特别长的上下引线。有时会出现绿色的假阴线，但实际上是真阳线。

四、位置方面

小阳建仓通常发生在长期下跌趋势的最后阶段，经过连续的阴线单边下跌后，主力资金开始悄然进场建仓。为了不引起投资者尤其是广大散户的注意，主力往往采取这种隐蔽的方式进行筹码收集，对市场波动的影响较小，不易被散户察觉。

主力进行筹码收集往往需要一个过程，不是一次完成的，可能需要通过多种形式来完成建仓动作，也可能用同一种方式连续多次出现，小连阳就是他们建仓的实质反映，如图3-2所示。

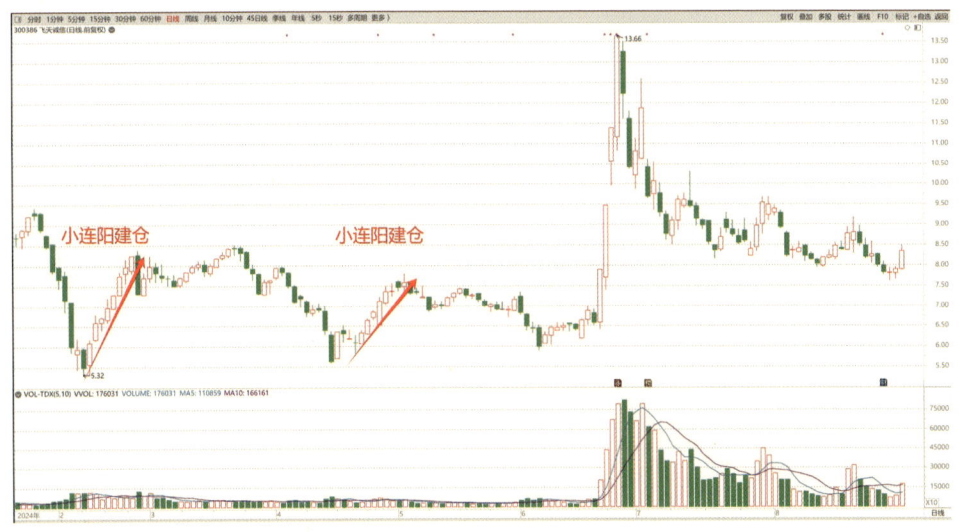

图3-2　连续小连阳建仓形态

一般情况下，小连阳建仓动作完成后，股价会被推高，此时如果主力继续吸筹则建仓的成本价就会大幅提升，容易引起散户投资者的察觉，导致散户跟主力抢夺底部的筹码。因此，如果主力酝酿的是一波周线以上的大级别行情，小连阳建仓之后往往伴随的就是洗盘动作，成交量减少，股价震荡下行，回到小连阳建仓的起点位置，周而复始开始第二轮吸筹建仓的动作，如果一次不够，主力会进行两次、三次、四次……最终形成一个长期的横向窄幅震荡的箱体平台，这个平台就是主力的成本价格区间。主力建仓周期越长，吸筹周期就越长，越有可能爆发大级别行情。

如图3-3所示，正丹股份（300641）自2022年3月18日起至2024年2月2日，经历了长达96周的窄幅横盘震荡，完成了建仓过程。随后，主力资金故意制造了拉升前的最后一次洗盘，跌破了原有的箱体，形成了一个黄金坑。在此之后，通过一系列小阳周线的建仓，股价被拉回到前期箱体下沿附近，并在此处进行了震荡横盘整理，直至成交量激增，标志着史诗级别的主升行情的启动。

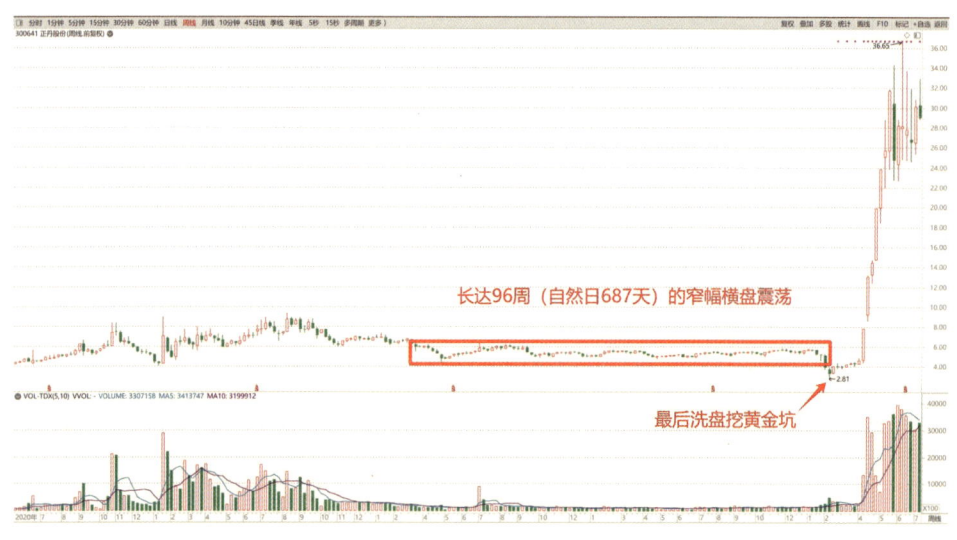

图3-3　正丹股份周线长期横盘后形成小连阳

如图3-4所示，通过日线级别的分析，我们可以清晰地观察到正丹股份（300641）经历了连续的单边下跌，形成了洗盘的"挖坑"形态。随后，股价走出了一波8连小阳的建仓走势。在此之后，主力资金高度控盘，并进行了主升浪前的最后横盘整理，以清洗浮动筹码。

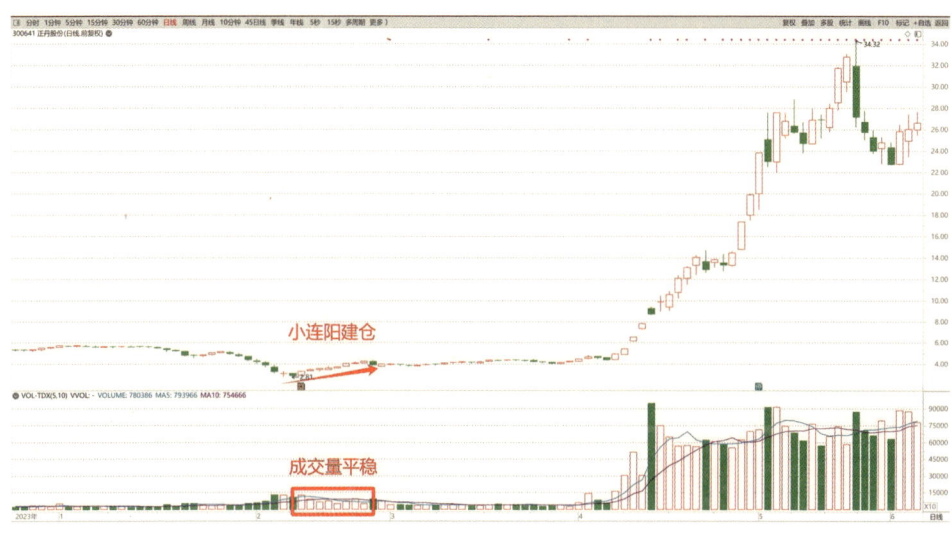

图 3-4　正丹股份日线拉升前的小连阳建仓

小连阳建仓通常被视为主力资金介入的信号，它往往出现在一段持续单边下跌之后的局部低点，是构成"黄金坑"的关键要素。当日线图上出现小连阳建仓形态时，预示着可能迎来日线级别的主要上升行情。类似地，周线图上的小连阳建仓则暗示着未来可能会有更为壮观的主升浪，此时可以等一等，等到主力彻底砸盘洗筹后，有放量拉升时再介入。

第二节　青龙建仓

青龙建仓与小连阳建仓形成了鲜明的对比。小阳线建仓宛如春雨般润物无声，其过程缓慢而柔和，体现了以时间换空间；而青龙建仓则如同狂风暴雨般猛烈迅速，代表了以空间换时间。如图 3-5 所示的圣龙股份（603178）。

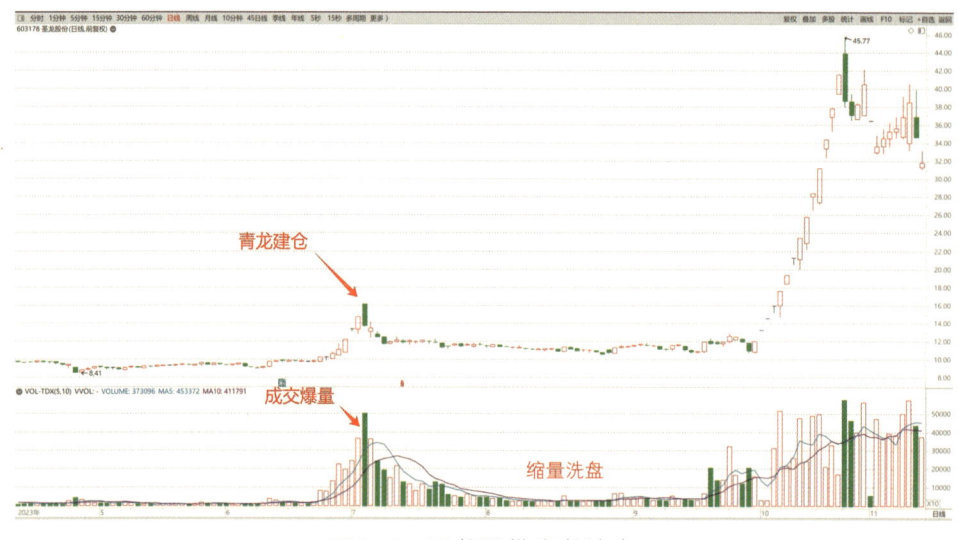

图 3-5　圣龙股份青龙建仓

青龙建仓通常发生在前期的重要压力位附近，通过成交量激增的大阴线或大阳线迅速完成震仓、吸筹和洗盘等操作。这种手法利用了假突破和真跌破的策略，制造出主力资金已经撤离的错觉，迫使散户投资者交出手中的筹码。这种建仓方式往往伴随着大幅高开，随后市场震荡走低，日 K 线图上出现光头光脚的大阴线，本书将其命名为"青龙建仓"。当然，青龙建仓并不局限于阴线，阳线同样适用，关键在于是否在短线波段的阶段性高点出现了成交量的急剧放大。之后，市场将进入下一轮缩量洗盘和吸筹的调整阶段，这个调整时间长短不一。

如图 3-6 所示，博士眼镜（300622）在 2024 年 7 月 30 日以 19% 的涨幅接近涨停开盘，随后迅速封板。然而，上午 10:18 开始，该股多次出现炸板现象，具体见分时图 3-7，接近上午 11:30 收盘时，股价断板。下午股价持续震荡下行，最终收出一根几乎光头光脚的青龙建仓 K 线。同时，成交量放出近期天量，随后成交量逐步缩小，如同下台阶一般，直至出现地量，这表明短线低点可能已经形成。只要成交量随后能够再度放大，走出一根大阳线，股价便有望开启迅猛的快速拉升。后面的走势验证了这一点。

图 3-6　博士眼镜青龙建仓形态

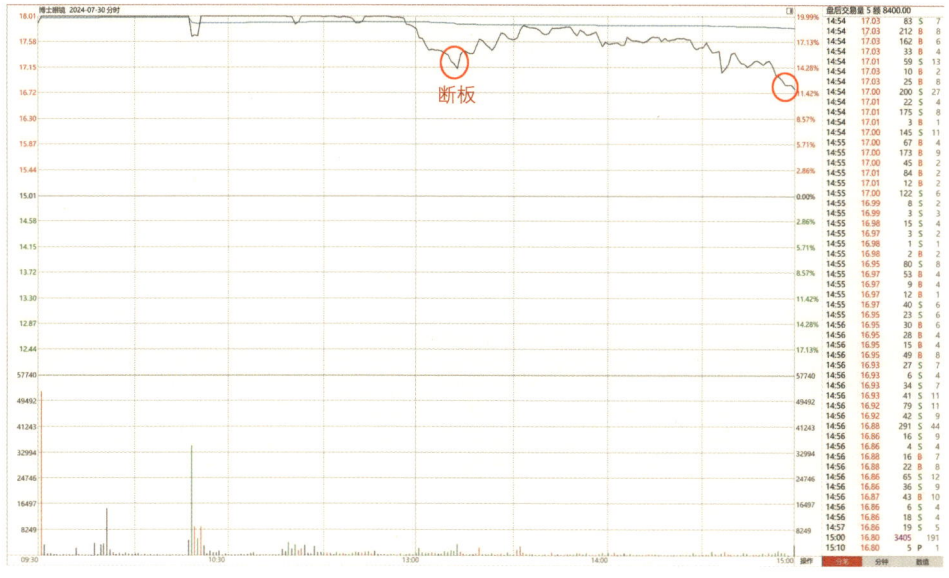

图 3-7　博士眼镜青龙 K 线分时断板形态

如图 3-8 所示，银宝山新（002786）在主升浪启动之前，完成了四次青龙建仓的动作。2023 年 6 月 26 日，首次出现了青龙建仓的迹象，尽管这根 K 线并不符合标准的青龙形态，但只要伴随着成交量的放大，并形成了清晰的单峰形态，无论是阳线还是阴线，都可以视为"青龙" K 线。随后的三次青龙建仓均表现为实体较大的标准阴 K 线。

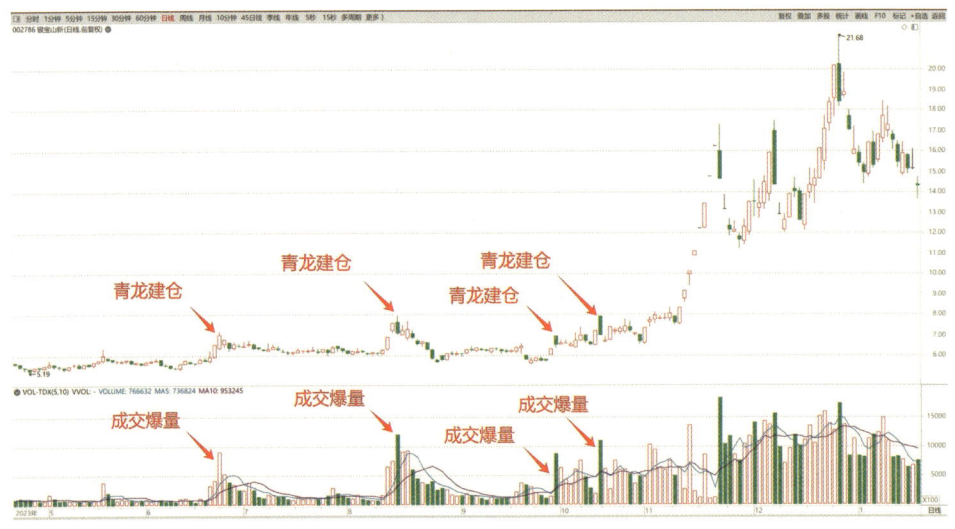

图 3-8　银宝山新四次青龙建仓形态

青龙建仓的频现，意味着主力资金在筹码收集方面更为充分，建仓周期的延长表明主力准备更为周全。一旦股价突破青龙 K 线并真正启动，那么上涨的幅度将十分可观。

如图 3-9 所示，东方精工（002611）在 2024 年 1 月 9 日尾盘强势拉升至涨停板，在次日开盘集合竞价时直接以一字板开盘。在上午 9:30 开盘后，股价瞬间遭遇大额卖单打压，全天呈震荡下行趋势，并最终以一根典型的青龙 K 线收盘，当日成交量显著增加。这次股价看似即将突破前期的重要压力位，实则是一个虚假的突破信号，导致追高买入的投资者遭受重大损失，股价当天即被套牢。随后，成交量呈阶梯式下降，价格和成交量同步下跌，并跌破支撑位，主力采取了极为激进的洗盘策略，深度打压股价。当成交量缩小至极低水平后，一旦出现成交量的大幅增加，即意味着主力可能开始拉升股价，这通常是主力行动的信号。

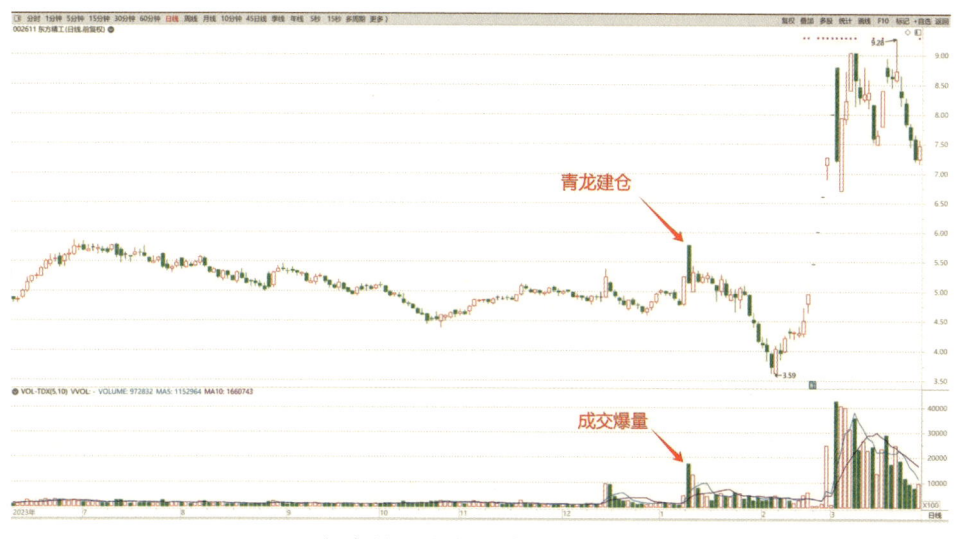

图3-9　东方精工青龙建仓形态（1月10日）

如图3-10所示，中视传媒（600088）在2024年1月2日于60日均线附近迎来首个涨停板，成交量有所减少。紧接着在次日，股价继续保持强势，再次以缩量形式实现T字板涨停。直至1月4日，集合竞价阶段股价依然保持涨停状态，且涨停价格已完全超越前期的高点。然而，开盘瞬间遭遇大量抛单打压，导致股价回落。当天成交量显著放大，最终股价收出一根光头的阴线。此后，股价连续调整10天，在60日均线附近止跌企稳，随后开启了真正的主升浪行情。

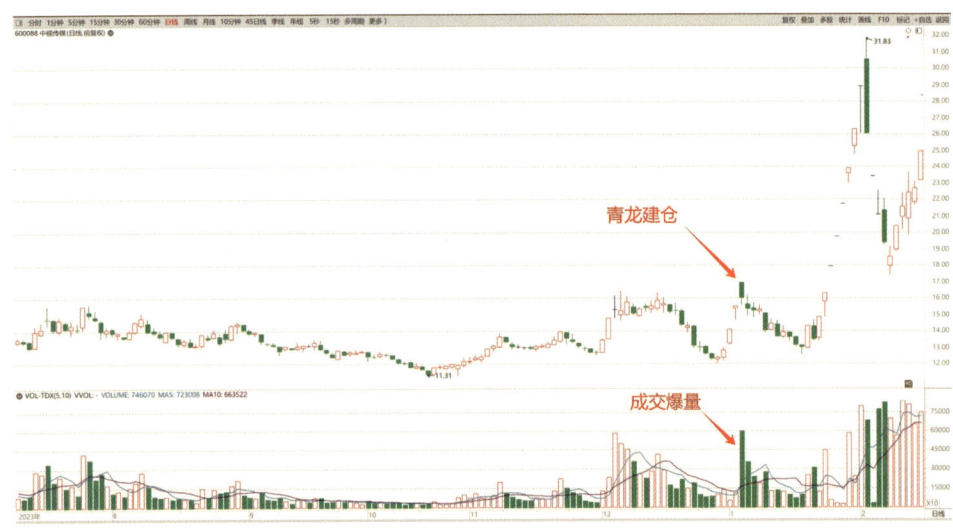

图 3-10　中视传媒青龙建仓形态

为何青龙建仓的 K 线形态通常出现在前期高点的关键压力区域附近？小连阳建仓模式却往往出现在一段持续单边下跌之后的低点位置？

当股价经历了一段时间的上涨并接近前期高点时，往往会遭遇大量之前被套牢的投资者抛售股票以求解套的压力，导致这一关键价位出现明显的市场分歧。这种分歧通常伴随着成交量的显著增加而增加。许多之前被套牢的投资者一心只想在股价回本时卖出，因此，当股价触及这个价位时，实际上为主力资金提供了一个快速吸纳筹码的良机。在这个时刻，那些对市场前景持怀疑态度的散户投资者可能会选择抛售手中的股票，而主力资金则趁机接手这些筹码。在一天之内，主力资金便能迅速积累大量筹码，这是一种极为高效的建仓策略。

特别是在集合竞价阶段，股价往往高开数个百分点，甚至触及涨停板。然而，开盘后不久，股价便急剧下跌，形成所谓的"瀑布式杀跌"。对于那些之前被套牢的投资者来说，他们好不容易看到成本回收甚至略有盈利，却在转瞬之间化为乌有。这种剧烈的波动会在投资者心中激起巨大的恐惧。在极短的时间内，投资者的心态从失而复得的喜悦转变为得而复失的失望。在这种心理压力下，那些立场不坚定、看多情绪不强烈的投资者很可能会选择抛售手中的股票。如图 3-11 所示，金龙汽车（600686）在 2024 年 5 月 15 日的分时图中，我们可以看到股价高开后迅速冲高，但很快便急剧回落，整个交易日呈现出震荡下行的态势。

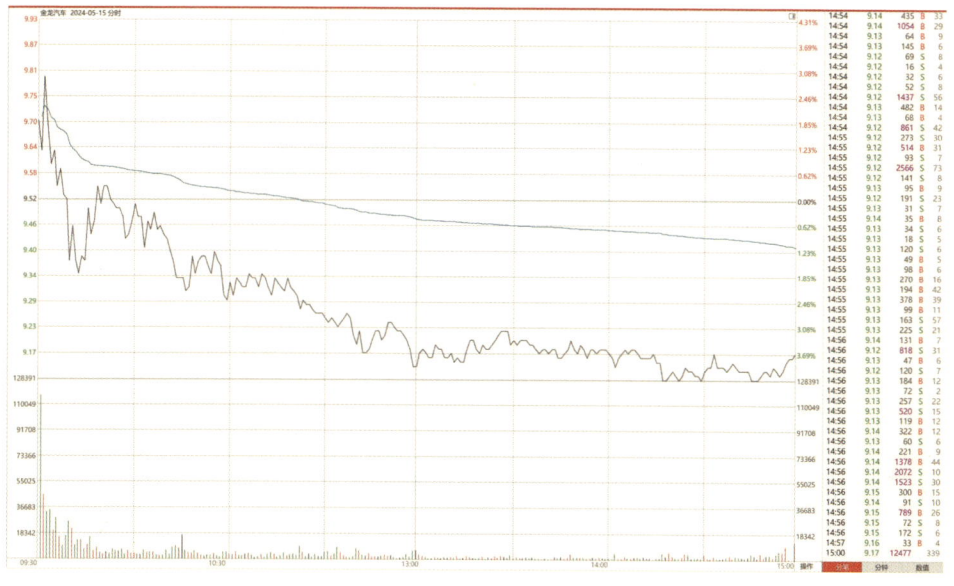

图 3-11 金龙汽车冲高回落 K 线分时图

主力随后将采取缓慢下跌的策略进行洗盘，使得那些在青龙 K 线当日未能及时离场的投资者再次陷入无尽的痛苦与煎熬中。当股价触及低点时，那些本应割肉离场的投资者已在下跌过程中无奈地交出了他们的筹码。

部分投资者选择静待股价回升至成本价后卖出。当股价从低谷反弹，接近先前的青龙 K 线位置时，那些经历过市场波动、拥有丰富投资经验的投资者往往会选择抛售。在这种情况下，主力资金可能才真的开始推动股价上涨。如图 3-12 所示，金龙汽车（600686）在 2024 年 7 月 15 日（右侧蓝圈）形成了青龙 K 线形态，紧接着在 7 月 16 日高开并迅速封涨停，标志着主升浪的启动。这就解释了许多投资者抱怨"为什么我一卖出股价就上涨？"的现象。随后，股价持续飙升，许多投资者在低位将筹码交给了主力，只能无奈地目睹股价一路攀升，再未回头。

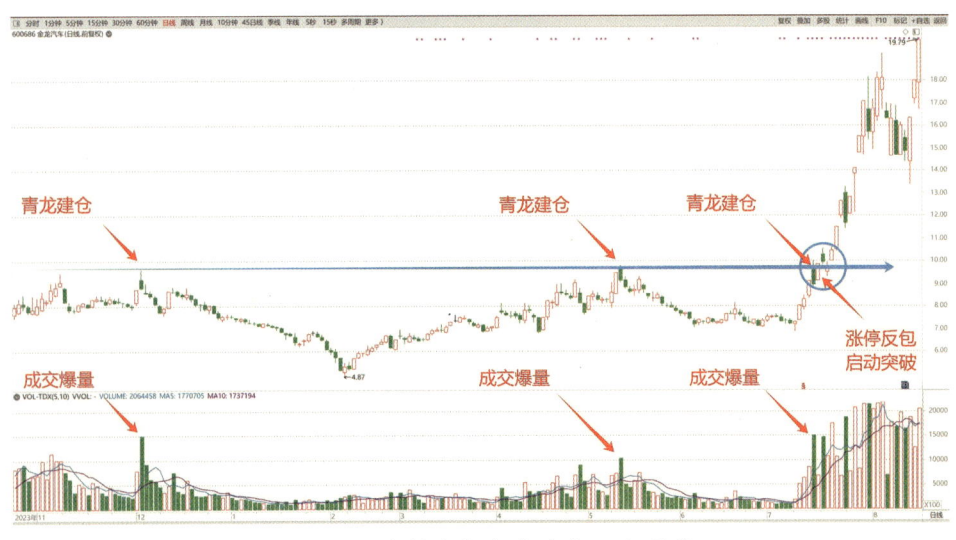

图 3-12　金龙汽车青龙建仓开启反弹

青龙建仓 K 线图显示，由于其位置的独特性，当接近前期高点区域时，会遭遇显著的抛售压力，从而导致市场出现巨大的分歧。在这种情况下，成交量往往会急剧放大。

观察小阳建仓的情况，市场经历了持续的单边下跌，导致市场情绪降至冰点，交易量也显得萎靡不振。众多投资者深陷困境，选择采取鸵鸟策略，不愿抛售手中筹码。因此，在主力资金建仓期间，成交量保持了温和、稳定和平均的状态。主力如同推土机一般，缓慢而坚定地吸纳筹码，股价随之逐渐上升，最终形成了小连阳建仓的模式。

第三节　箱体建仓

龙头股通常经历较长时间的箱体建仓期，周期往往被拉得很长，尤其是那些表现异常活跃的股票，往往会在一个价格区间内横盘整理更久。常言道："横有多长，竖有多高。"箱体的形成是因为主力资金在特定的价格区间内反复进行建仓操作。由于建仓周期较长，仅凭日线K线图很难洞察主力的布局和意图，因此，观察周线图能更准确地判断当前市场所处的阶段。

箱体建仓，意味着股价被限定在一个特定的范围内波动。在这一过程中，股价上涨时成交量放大，下跌时成交量缩小，形成一个循环往复的模式。成交量不分红绿，只看大小。当股价最终有效突破这一箱体的上边沿时，标志着股价进入了一个新的阶段——主升浪的开始。

如图3-13所示，通化金马（000766）经历了长时间的周线级别的箱体建仓，成功完成了筹码的收集。在此过程中，我们可以清晰地观察到主力资金反复进行吸筹和洗盘的操作。主力在收集筹码时，通常会伴随着成交量的放大。当股价触及6元附近时，主力选择停止建仓，成交量随之减少，股价走势也相应疲软，回落至约3元区间。此时，主力再次介入建仓，成交量再次放大。这一过程循环往复，直至主力手中的筹码收集得足够充分，随后便会选择合适的时机启动行情。

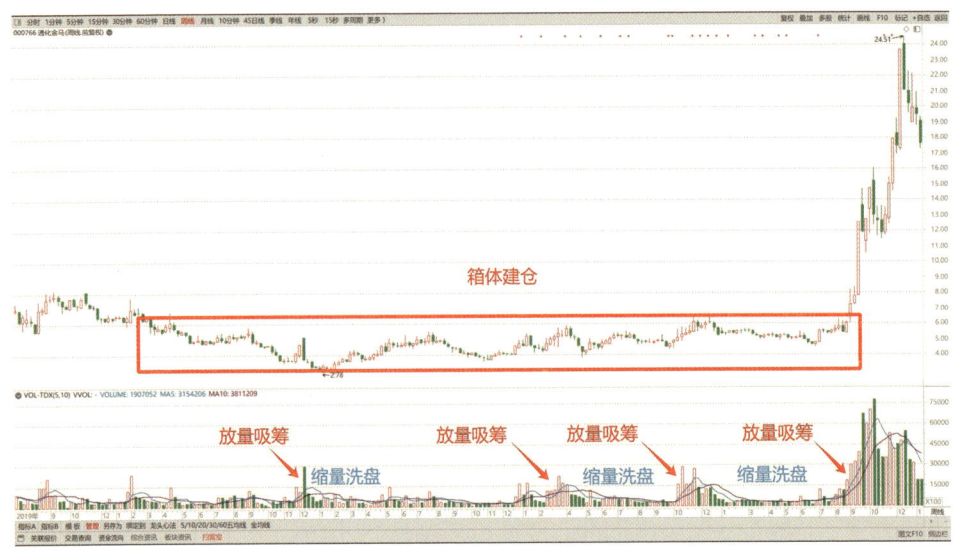

图 3-13　通化金马箱体建仓形态

在这一过程中，每当价格回落至箱体下边沿附近并构筑底部低点时，我们就可以观察到每个低点都呈现出逐步上升的形态。这表明市场对箱体底部的支撑抱有强烈的预期。因此，市场资金更倾向于在箱体下边沿处布局，吸筹等待。一旦市场共识形成，由于低位缺乏足够的筹码供应，主力资金不得不以更高的成本进行吸筹建仓。这一行为进一步推动了股价低点的逐步上升。

如图 3-14 所示，翠微股份（603123）在 5.8 ~ 8.8 元的区间内构筑了一个箱体建仓区域，这个区间代表了主力资金的成本范围。箱体的中位线 7.3 元基本反映了主力资金的平均建仓成本。

通常情况下，主力资金的建仓行为发生在长期下跌趋势的末期。通过主力资金的积极介入，股价的运行趋势从之前的下行逐渐转变为横向波动，并形成箱体建仓模式。这一过程，即为筑底阶段。

为何底部形态通常由"W 底""头肩底""三重底""复合多重底"等构成？

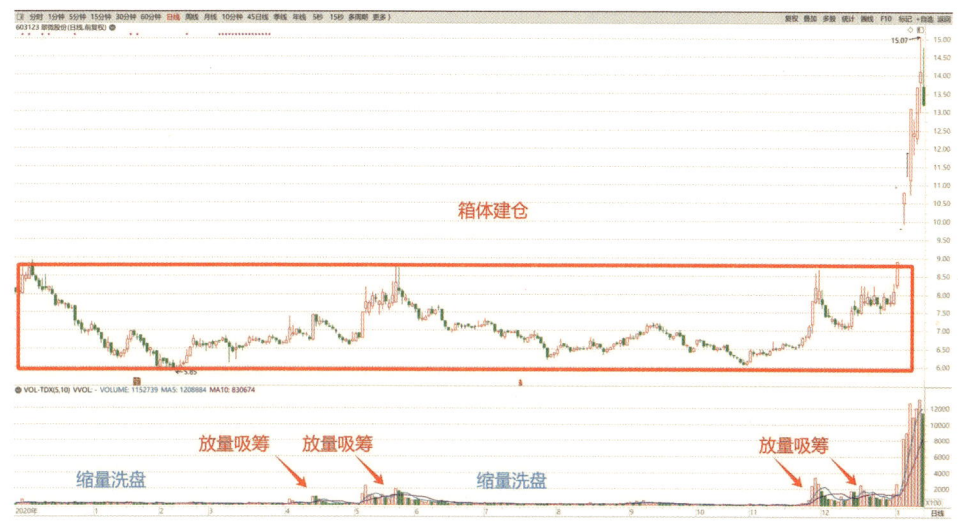

图 3-14　翠微股份箱体建仓

这是因为市场参与者需要对先前的低点进行回测以确认其有效性。如果股价未能跌破先前的低点，这表明市场普遍认同该点位为阶段性低点，从而使后续跌破该点位变得较为困难。每当股价回落至前低时，都会有资金介入，试图推动反弹行情。当这样的低点多次出现并得到验证后，两点确定一条直线，多个这样的点最终会形成一个矩形的箱体，即主力资金的建仓成本区间。

　　箱体的下边沿发挥支撑作用，而上边沿则施加相应的压力。每当价格接近这一区间，主力资金便停止吸筹，因为价格已经超出了他们建仓的成本区间。一旦某日股价放量突破箱体上边沿，这标志着市场已进入新的阶段——主升浪，这正是我们迅速获利的良机，也是我们参与市场的关键时刻。如图 3-15 所示，圣龙股份（603178）的股价一旦突破箱体上沿，并伴随成交量的显著增加，这就预示着市场真正启动了新一轮的上涨周期，此时我们应当积极介入。

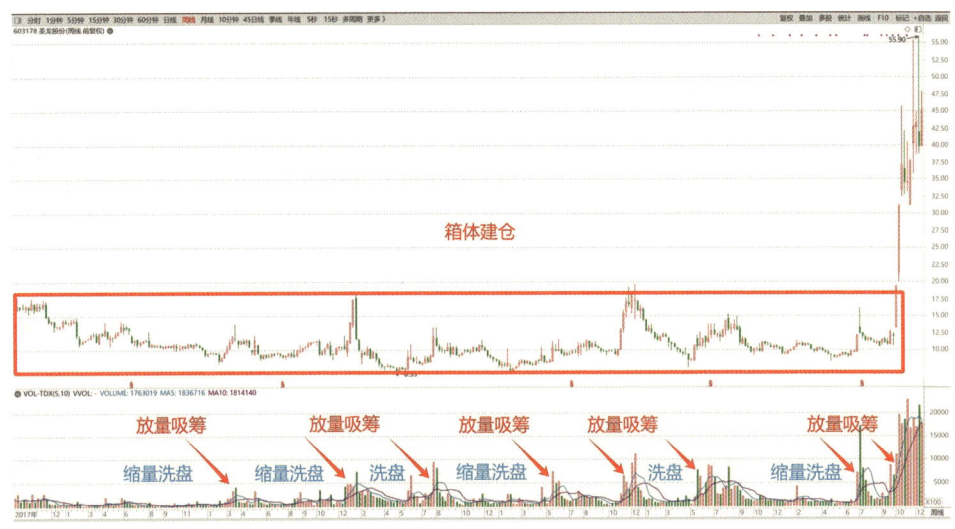

图 3-15 圣龙股份箱体建仓形态

箱体建仓的持续时间越长,未来启动时爆发的能量就越大。如图 3-16 所示,大众交通(600611)经历了近 5 年的箱体建仓,为 2024 年 7 月大众交通引领无人驾驶概念奠定了基础,堪称十年磨一剑、厚积薄发的典范。

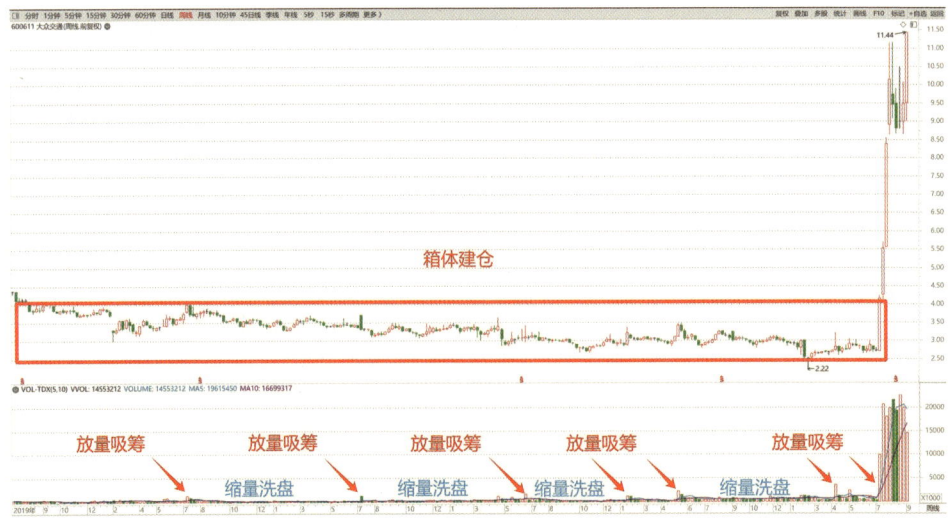

图 3-16 大众交通长达 5 年的箱体建仓

并非所有的龙头股都仅经历一次上涨行情，它们有时会呈现两波、三波甚至多波的单边上涨趋势。如图 3-17 中，宝塔实业（000595）经历了五轮放量吸筹，形成了五个显著的成交量峰值，这些都标志着主力资金在建仓阶段的活动迹象。

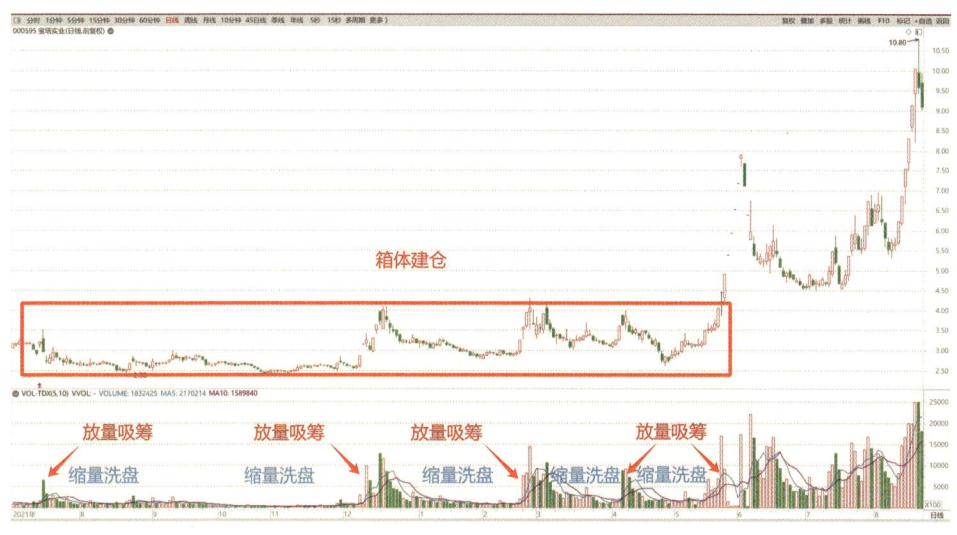

图 3-17　宝塔实业箱体建仓

在第一波主升浪达到顶峰后，通常会进入调整周期。在大多数情况下，建仓阶段形成的箱体上沿会提供强有力的支撑。当股价缩量下跌至箱体上沿附近时，是一个理想的低吸介入点，也是加仓的绝佳时机。如果你未能抓住一只股票的第一波行情，那么当股价回踩箱体时，你绝对不应该再次错过这个机会。

箱体建仓指的是在特定的时间周期内，主力资金在有限的价格区间内通过大量买入（放量吸筹）和减少交易量（缩量洗盘）的方式，操控股价呈现波浪式的波动，为后续的股价拉升做好准备。

对于那些偏好短线操作的投资者，目前阶段并不推荐参与。由于主力资金的建仓周期难以预测，可能在数月内迅速完成，也可能需要数年完成。在这种情况下，投资者可能会发现自己耗费大量的时间和精力，仅仅是在一个横盘整理的市场中等待，这不仅效率低下，而且机会成本高昂，资金的使用效率也相对较低。

对于中长期投资者而言，他们有机会站在巨人的肩膀上，跟随市场主力的步伐进行建仓。当股价跌至箱体底部支撑位附近，并且成交量缩减至极低水平时，投资者可以分批进场，逐步吸纳筹码；反之，当股价上扬接近箱体顶部的压力位时，应逐步分批抛出手中的筹码。通过这种在箱体内反复进行高抛低吸的策略，投资者能够显著降低持仓成本。若投资者能够保持足够的耐心并严格执行策略，操作得当，持仓成本还可能降至负值，远低于市场主力的成本，从而获得丰厚的利润，这将成为极强的竞争优势。当市场主力开始推动主升浪时，投资者可以安心持有，让利润增长，享受主升浪带来的喜悦。

第四节　堆量建仓

堆量建仓、小阳建仓、青龙建仓均为微观层面的技术形态，适用于日线或周线。本质上，这些形态反映了主力资金的战术性操作。相对而言，箱体建仓则更倾向于宏观层面。它由小阳建仓、青龙建仓等多种战术形态组合而成，并不是每一种战术形式都会出现，但总是会呈现出一种复合多模态的建仓策略。因此，无论是日线还是周线的箱体建仓，都代表了主力更为宏观的战略性行动。

若将堆量建仓、小阳建仓、青龙建仓比作一场规模有限的战斗或战役，那么箱体建仓则相当于一场规模宏大、集中所有力量有组织进行的战争。

尽管都属于战术级别的建仓方式，堆量建仓与其他建仓方式有何不同？它通常出现在哪些特定场景和位置？

如图3-18所示，万丰奥威（002085）在2023年7月3日达到阶段性高点7.16元。随后，经过长达半年的连续震荡下行，至2024年1月10日，股价触及阶段性低点4.33元。从那时起，下跌趋势随着次日的涨停而悄然转变。2024年1月11日至3月1日期间，对万丰奥威未来的走势起到了决定性的作用。从成交量可以发现，在短短的31个交易日内，平均成交量与1月11日之前相比发生了根本性的变化，上涨时成交量成倍增长。在两次下跌调整期间，成交量均呈现缩量态势。随后，股价以一字板形式快速脱离底部区域，突破后成交量进一步增长，至少是见底前的5倍。此外，每日成交量保持相对平均，没有出现明显的缩小波动。

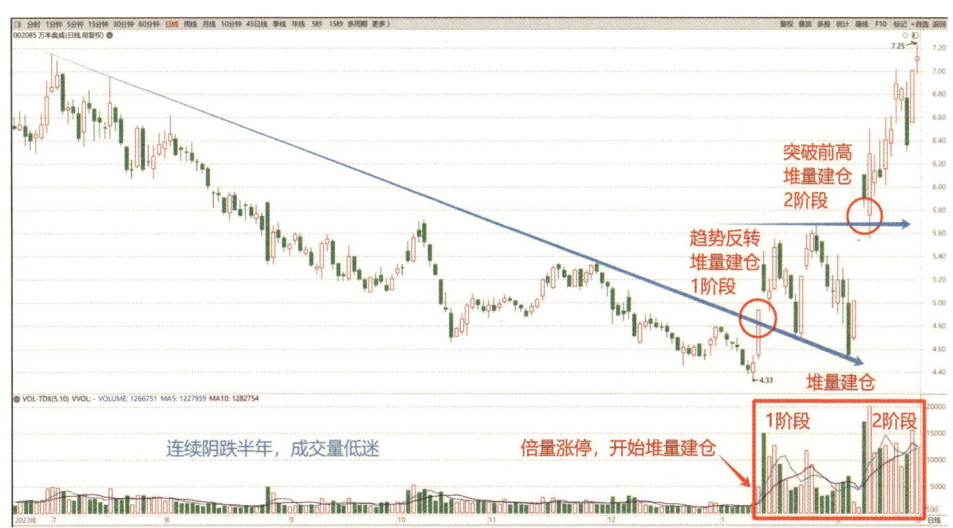

图3-18　万丰奥威分阶段堆量建仓

堆量建仓通常发生在主力资金缺乏足够时间吸纳大量筹码时，他们采取一种以空间换取时间的策略，在极短时间内大量收集市场上的流通筹码，有时甚至不考虑建仓成本的高低，而是持续买入。在这一过程中，市场上筹码的供应量减少，需求量增加，自然推动股价稳步上升。如果在建仓期间不进行洗盘，股价可能会迅速飙升，使得主力的建仓成本变得难以控制。因此，主力往往会依托5日均线进行洗盘，通过分时级别的波动，一边清洗浮动筹码，一边继续建仓，同时保持每日成交量的稳定。这一系列操作构成了堆量建仓的过程。

如图3-19所示，主力资金在完成堆量建仓后，万丰奥威的表现犹如一匹脱缰的野马，遥遥领先，令人难以企及。股价从最低点4.33元飙升至18.73元，实现了312.22%的惊人涨幅，这正是堆量建仓策略成功的典型例证。在经历了一阶段和二阶段的堆量建仓之后，万丰奥威突破了自2020年12月以来的所有高点，正式步入主升浪行情。当股价突破了第二阶段末尾7.16元的高点后，各类资金开始加速流入，市场形成了强大的合力，使得万丰奥威成了低空经济

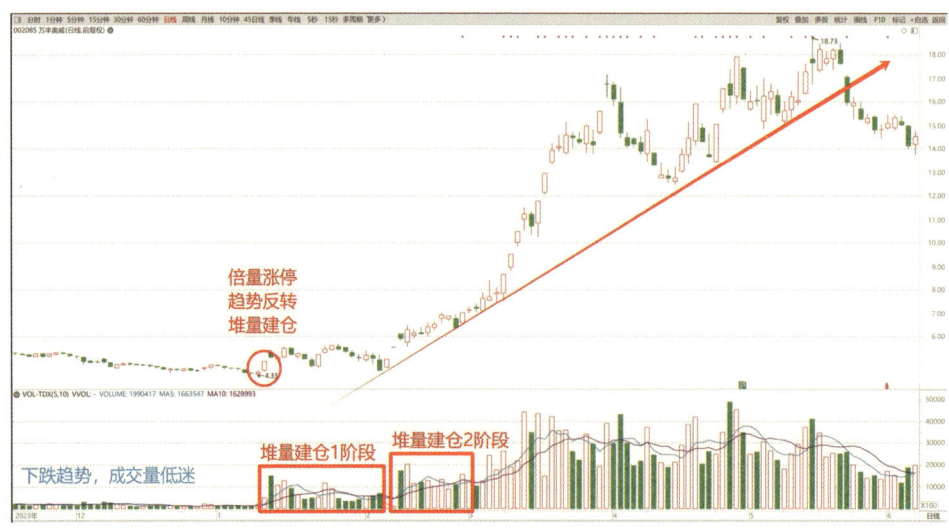

图3-19　万丰奥威堆量建仓后开启主升行情

和飞行汽车等概念的大龙头。

如图 3-20 所示,腾达科技(001379)作为一只次新股,自上市以来经历了持续的震荡下行态势。然而,到 2024 年 7 月 22 日,该股成交量出现了 2 倍的涨停,标志着建仓阶段的开始。随后,该股连续 4 天强势涨停,成交量呈现出阶梯状的增长态势。11 个连续涨停板的强势表现,使其在众多股票中脱颖而出。

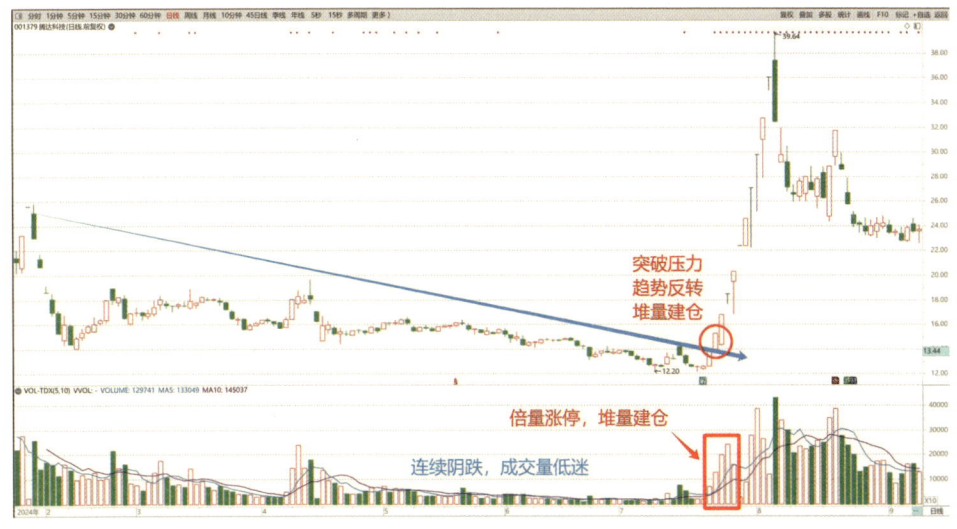

图 3-20　腾达科技堆量建仓后开启主升行情

针对 2024 年 1 月 19 日上市的腾达科技,主力资金缺乏充分的时间以传统方式建立仓位,从而实现股价翻倍的行情。在 6 个月之后,市场热点即将到来时,主力资金为了迅速积累筹码,似乎唯有堆量建仓这一途径,这也是短线快速建仓的最主要方式。

如何界定堆量的标准?

若成交量仅在某一日显著放大,而次日迅速回落至前一日的一半甚至更少,导致首日的成交量显得异常孤立，形成一根突兀的单日量柱，那么这并不构成堆量。

堆量建仓通常需要同时满足以下五个条件：

第一，在建仓初期，首日成交量应达到近五日平均成交量的 2 倍以上，成交量的增加幅度越大越理想。

第二，次日成交量应与首日保持相当水平，若出现成交量减少的情况，则减少的幅度不得超过三分之一；若成交量有所增加，在股价相对低位时，成交量的增加幅度越大越好。

第三，第三日成交量若减少，则不得低于前两日中最高成交量的一半；若成交量增加，则越大越好。

第四，成交量的增加应至少连续维持 3 天，并且随后的成交量应至少达到前 3 天中最低一天的水平。持续时间越长，其确定性就越高。

第五，在建仓的前两日，K 线形态应为阳线，以涨停板为最佳，其他 K 线无论阴阳，总体原则是上涨时成交量放大，下跌时成交量缩小。

以上五个条件构成了堆量建仓的量化指标。

如图 3-21 所示，中通客车（000957）在 2020 年 12 月 24 日触及 10.13 元的阶段性高点（最左侧），随后经历了震荡下行，直至 2022 年 4 月 27 日触及 3.82 元的最低点（右侧），这一过程持续了 324 个交易日。在此期间，无论投资者在哪个价位介入，似乎都难以避免亏损，主力资金深谙此道。然而，市场在 2021 年 5 月 13 日出现转折，成交量显著放大，达到 5 日平均成交量的 3 倍，且股价涨停，市场情绪开始悄然转变。

图 3-21 中通客车堆量建仓启动上涨

通常情况下，单日涨停难以确认主力资金的介入。回顾 2021 年 11 月 4 日，股价也曾涨停，但次日放量后股价冲高回落，第三日成交量大幅减少至前一日的一半以下，表明这并非主力资金的建仓行为。尽管随后股价缓慢上升，但似乎有诱多的迹象，果不其然，在 2022 年 1 月 7 日后该股股价开始下跌，不断刷新低点。

如图 3-22 所示，中通客车 2021 年 5 月 13 日股价首次涨停后，次日继续温和放量涨停，第三日再次放量涨停，成交量较前一日增加了约 40%，连续三日的成交量符合主力资金建仓的量化标准，从而确认了主力资金的介入。第四日股价加速缩量，以一字板涨停收盘，进一步验证了主力资金的进场。随后开启的主升浪令人惊叹，投资者只需稳定持股，便可以尽情享受利润增长的快感。

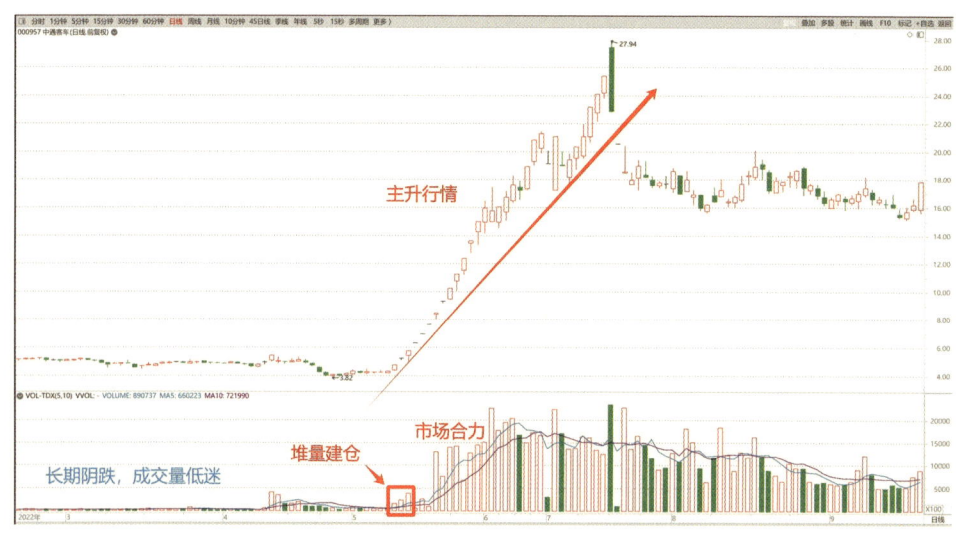

图 3-22　中通客车堆量建仓后开启主升行情

该股自 2022 年 5 月 13 日至 2022 年 7 月 19 日，区间涨幅达到 430.79%，振幅为 547.61%。若投资者能够熟练地辨识主力资金的堆量建仓行为，则有可能在较低价位介入，从而实现真正的投资快乐。

微信扫码，领取本书主题三视频资料

第四章 洗盘

——防守质量决定资产曲线高度

打破定势，重新洗牌

慌者割肉，忍者搭车

第一节 黄金坑洗盘

洗盘是指那些在市场中拥有主导地位和操控能力的所谓庄家或主力所采取的一种策略。它是一种主动性的市场下行操作。通过营造市场下跌的错觉，庄家或主力能够误导投资者，引发他们情绪上的剧烈波动，例如恐惧、惊慌、绝望、悔恨、无助和愤怒等。这种策略的目的是迫使散户投资者在市场底部放弃他们手中亏损的股票，从而让主力资金能够以较低的成本收集到启动前大量廉价的股票，完成其建仓过程的最后一次低位吸筹。如图4-1所示，维海德（301318）主力资金刻意击穿关键支撑位，成交量缩小伴随快速下跌，制造恐慌情绪，随后迅速涨停并反转，展开主升浪行情。

图 4-1 维海德黄金坑缩量洗盘（最右侧）

建仓过程涉及两个主要步骤：首先是通过增加成交量来吸筹，其次是通过洗盘来打压股价。这一过程需要反复进行多次，因此建仓是一个持续的过程。

洗盘分为缩量洗盘和爆量洗盘两种类型。通常情况下，洗盘主要以缩量为主，不温不火。而在青龙建仓模式中，主力资金在完成洗盘的同时也完成建仓，其成交量表现为爆量，洗盘方式猛烈。

黄金坑洗盘是一种大幅缩量方式，是指主力故意使股价跌破前期箱体的下沿关键支撑位，并在缩量的情况下进一步杀跌，从而在市场中形成股价已经破位的普遍看法。特别是那些依赖技术分析的投资者，往往会在股价跌破支撑位后选择止损离场。对于公司前景持悲观态度的投资者，也会纷纷抛售手中的股票。在此背景下，主力资金可以把握此次下跌的契机，实施终极的低点吸纳与仓位构建。一般而言，股价走势会呈现出"V"形或"圆弧底"的态势，这标志着一个极其有利的低位买入时机，如同在低谷中拾得瑰宝，随后股价将迅猛回升，重返前期震荡箱体，并冲破箱体顶部的压制，故箱体下方区域被冠以黄金坑洗盘之名。此举旨在将那些对公司未来股价持悲观预期的投资者尽数淘汰出局。

如图4-2所示,莱绅通灵(603900)在周线级别上经历了长期的横向整理,形成了一道坚实的支撑线。每当股价回落至该支撑线附近时,均会出现反弹。这表明市场对这一价位已形成共识。然而,股价一旦跌破这一关键支撑线,投资者普遍会选择抛售手中持股,以避免潜在的快速下跌风险。

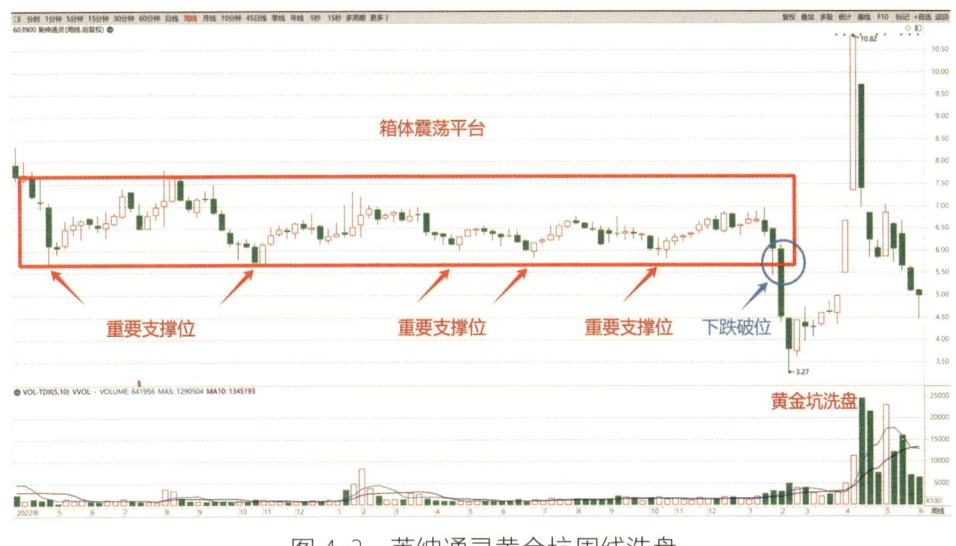

图4-2 莱绅通灵黄金坑周线洗盘

当股价跌破支撑线,其下跌趋势往往会加速,直至主力资金认为股价已达到绝对低位,可以开始进场吸纳廉价筹码。例如,莱绅通灵股价从箱体上沿的6.98元阶段性高点跌至3.27元,主力资金便在市场恐慌之际开始贪婪地进行低位建仓。

如图4-3所示,在日线级别上,可以清晰地观察到前一章所提及的小连阳建仓模式。随后,主力资金在震荡洗盘的同时,隐蔽地进行筹码收集。当主力资金积累到足够的筹码,满足其拉升标准后,于2024年3月29日实现首板涨停，突破了底部颈线位，从而脱离了所谓的黄金坑，并开启了加速上升的主升浪。股价从首板的 4.53 元连续涨停，直至达到最高点 10.82 元，区间涨幅达到 138.85%。

图 4-3 莱绅通灵黄金坑日线洗盘

若投资者能够深入理解并吸收前一章关于建仓的分析，便能清晰地识别出莱绅通灵跌到底部后，开启小连阳建仓模式，并有充足的时间和空间与主力资金同步完成底部建仓。

对于那些缺乏足够认识的投资者而言，黄金坑往往成为绝望的深渊，导致他们不得不割肉、退出市场。然而，我要告诉广大追随者、学员以及喜欢《龙头掘金》系列图书的读者朋友们，黄金坑实际上提供了一个与主力资金同步建仓的绝佳时机。一旦错失这一关键时期，便难以再现，投资者可能不得不在更高的价位追加投资。

第二节　芝麻地量洗盘

所谓芝麻地量洗盘，指的是成交量极度缩小，宛如芝麻般微小，不引人注目。无论是在周线还是日线级别上，都标志着股价近期成交量的最低区间。

通常情况下，股价调整过程中成交量会呈现缩减态势，直至出现极低的成交量，此时股价往往达到底部。然而，成交量的极度缩小并不必然意味着价格的最低点，这一现象存在特定的前提条件。在下跌趋势中，成交量往往持续减少，偶尔出现的单日成交量的异常并不能从根本改变这一趋势。在下跌过程中，成交量会持续缩小，地量之后往往还会出现更低的成交量，价格的下跌似乎没有最低点，只有更低点。

如图4-4所示，华映科技（000536）在持续下跌的过程中，成交量始终保持在较低水平。这种现象并非我所指的芝麻地量洗盘，而是反映了市场情绪的低迷和下跌趋势的持续。在下跌趋势中，虽然偶尔会出现微弱的反弹，但成交量并不能持续放大，这通常是一种诱多行为，随后市场将继续下跌。只有当主力资金开始积极介入并建仓时，出现的极低成交量才是真正的芝麻地量洗盘。洗盘通常发生在市场趋势即将转折的阶段，并伴随着主力资金的建仓行为。其目的在于让主力资金在较低价位吸筹，或者在拉升前清除市场中不坚定的筹码。华映科技在经历了一段时间的堆量建仓后，主力资金进行了两次芝麻地量洗盘，成交量缩减至极低水平，几乎与下跌趋势中的最低成交量持平。随后，该公司股价走出了一波连续五个交易日涨停的主升行情，涨幅达到69.63%。

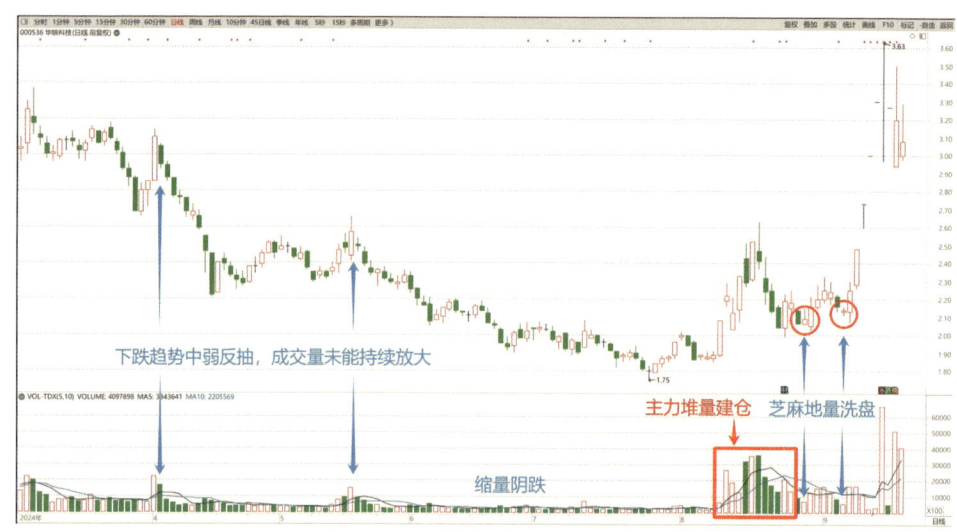

图 4-4 华映科技芝麻地量洗盘（右侧）

因此，认为地量见地价的观点，已成为许多投资者所踏入的误区。这一认知上的偏差导致不少投资者在下跌趋势中陷入无法自拔的套牢困境，反复尝试抄底却未能触及真正的底部，最终导致股票深度套牢，甚至面临退市和销户离场的不幸结局。

在技术分析中，芝麻地量洗盘属于"术"的层面，而趋势方向和周期位置则属于"道"的层面。地量洗盘属于左侧交易，而连续放量的大阳线则属于右侧交易。左侧交易充满不确定性，尽管存在买到最低点的可能性，但这种概率极低；右侧交易则顺应趋势，虽然不能保证买到最低点，但其成功率相对较高。

在实际操作过程中，必须审慎观察洗盘行为所处的周期及位置。若无法在宏观层面上做出准确判断，那么在微观层面的任何努力都可能徒劳无功，甚至导致偏离正确路径。只有当市场趋势发生反转，从下跌趋势转变为横盘震荡，或者主力资金明确介入后，成交量缩减至极低水平，即出现芝麻地量洗盘，这

才标志着真正的底部形成。

如图 4-5 所示，保变电气（600550）的股价在前期经历了持续的震荡下行，成交量也缩减至极低水平。尽管成交量减少，但鉴于其处于下跌趋势之中，这种缩量并非意味着底部的洗盘，而是反映了熊市中投资者情绪的低迷。

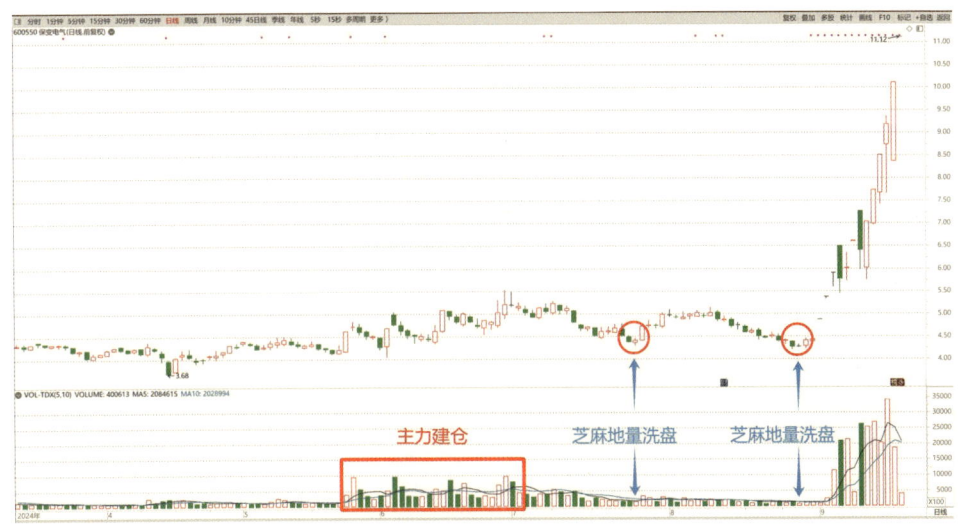

图 4-5　保变电气多个芝麻地量洗盘

当股价呈现中大阳线形态，并伴随成交量显著提高至倍数水平时，这通常意味着主力资金开始逐步介入并吸纳筹码。此时，关键在于观察量价关系是否能够持续保持放量并收出阳线。若平均成交量呈现出阶梯式的增长，随后成交量缩减至极低水平，且未跌破主力资金建仓的最低点，这表明市场正处于所谓的芝麻地量洗盘阶段。在这个阶段，股价往往处于一个极佳的买入时机。

如图 4-6 所示，道恩股份（002838）呈现出非常典型的底部结构形态。随着连续的单边下跌，该股在 2019 年 11 月 18 日收出一根爆量的大阴线，这标志着市场恐慌情绪达到极端，大量投资者选择割肉抛售，离场观望。与此

图 4-6　道恩股份大阴之后芝麻地量洗盘

同时，也有大量资金涌入市场，承接这些抛售的筹码。市场对未来走势的巨大分歧导致成交量激增，达到了阶段性高点。

那么，如此巨大的成交量背后，究竟是哪些人在买卖呢？

在股价低位时，通常情况下，广大散户投资者在卖出股票，而主力资金则在进场吸纳股票。随着主力资金首次建仓的完成，股价停止下跌，并开始横盘震荡。图 4-6 中，主力资金在 2019 年 12 月 23 日和 24 日这两天再次大规模行动，成交量激增至前 5 日均量的 7 倍以上。随后，主力资金开始洗盘，成交量缩减至极低水平，然后再次大量建仓。之后，市场再次经历了一次洗盘，以回踩并确认 23 日和 24 日主力建仓位置的支撑力度。确认支撑有效后，市场形成共识，成交量再次放大，主力资金完成了拉升前的最后建仓动作。

如图 4-7 所示，随着主力资金在 11.5 元以下完成底部建仓，随后市场走出两波强劲的主升行情，创下了 61.74 元的历史最高价。若能熟练掌握芝麻地量的低吸技巧，投资者几乎可以与主力资金的建仓成本持平，甚至有可能将成本进一步降低。从技术分析的角度来看，芝麻地量洗盘阶段的低吸策略风险较低，止损空间有限，而潜在盈利空间较大，是一种性价比较高的投资方法，特别适合那些性格沉稳、谨慎以及风险承受能力较低的投资者。

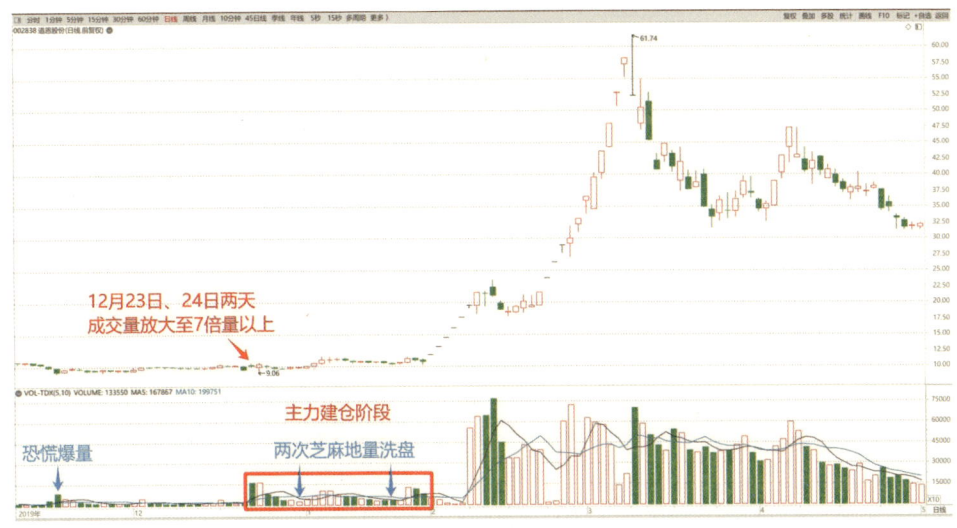

图 4-7　道恩股份两次芝麻地量洗盘后启动主升

如图 4-8 所示，中视传媒（600088）在经历首轮大量建仓后，市场进入震荡下行阶段，成交量逐步缩减至极端低量水平，形成芝麻地量形态，此阶段为洗盘过程。随后，该股以小连阳形态再度进行建仓，接着再次芝麻地量洗盘，紧接着是新一轮的堆量建仓，并伴随着又一次的洗盘动作。最终，该股采用青龙建仓模式，通过假突破高开低走的策略，以大成交量完成筹码收集，并在最后一次芝麻地量洗盘后，于 2024 年 1 月 19 日首次涨停，标志着主升浪行情的正式启动。此后，该股势如破竹，价格从 13 元攀升至最高点的 31.83 元，实现了 100.32% 的涨幅，振幅更是高达 145.56%。

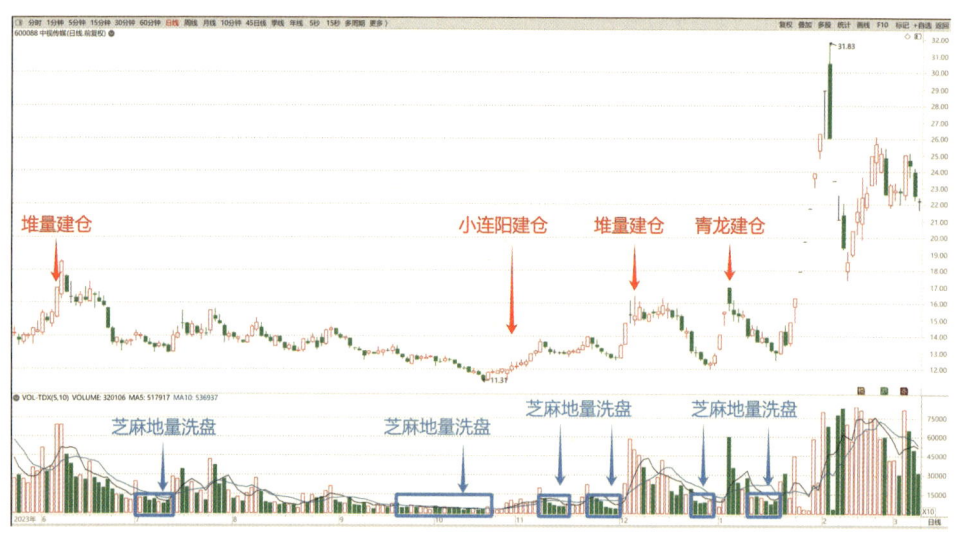

图 4-8 中视传媒芝麻地量洗盘后启动主升行情

芝麻地量洗盘作为一种普遍的洗盘策略，广泛应用于各类建仓模型中，以确保筹码的有效收集。其量化标准通常设定为成交量缩减至建仓前近 5 日平均成交量的水平，这一标准体现了市场交易的活跃度显著降低，从而达到洗盘的目的。从技术分析的视角来审视，建仓与洗盘的过程在图表上呈现出山峰般的起伏形态，连续不断的波动犹如海浪在时间轴上缓缓推进，清晰地展示了市场力量的变化与调整。这一过程不仅反映了市场情绪的波动，也为投资者提供了宝贵的参考信息。

第三节 汉堡N字洗盘

汉堡N字洗盘,正如其名,其形态巧妙地模仿了汉堡包的外观,由两片类似面包的涨停板,中间夹杂着生菜、肉类、鸡蛋、芝士、西红柿及酸黄瓜等丰富多样的K线"配菜"所构成。从技术K线形态的深入剖析来看,这种独特的形态显著地体现在两个涨停板之间,通常会嵌入1至6根K线,这些K线上下波动,共同勾勒出一个形似"N"字的图案,由此得名汉堡N字洗盘。

如何通过汉堡N字洗盘的独特形态特征来精准评估该上市公司的实力强弱?

关键在于中间的"配菜"种类,即K线的数量。K线数量越多,往往暗示着该公司的股价走势较为疲软;相反,若K线数量稀少,则反映出该公司股价走势较为强劲。投资者经常会看到这种K线组合,但并非所有这种技术形态都是汉堡N字洗盘模型,要观察这种K线组合出现的位置,是需要特别强调的要点。

一般情况下汉堡N字形会出现在以下三种位置,不同的位置传递出不同的市场信息。

一、底部低位

在底部启动阶段,个股往往处于较低价位,此时成交量会显著扩大至倍量级别,并以涨停板的方式强势进攻或有效突破前期形成的重要压力位。在遭遇市场分歧时，成交量会进一步放大，随后可能伴随洗盘动作。若个股在3天内重新以涨停板形式反包前期高点，这通常被视为较为强势的市场表现；若此过程延长3至6天，则显示其强度相对较弱；而若超过6天仍未实现反包，则不符合汉堡N字洗盘模式的典型特征。

如图4-9所示，龙版传媒（605577）在2023年10月10日的表现即为一例。当日，该股开盘即跳空高开，成功脱离底部的黄金坑区域，并以涨停板的形式启动行情。次日，该股继续高开，随后短暂回踩日线5日均线后迅速拉升并再次封于涨停，同时成交量急剧放大，成功突破前期在11.8元附近形成的窄幅震荡箱体上边沿。随后，在第3天，该股出现低开低走的放量洗盘走势。然而，在第4天，该股直接高开并再次走出涨停反包行情，从而完成了第一个汉堡N字洗盘过程。

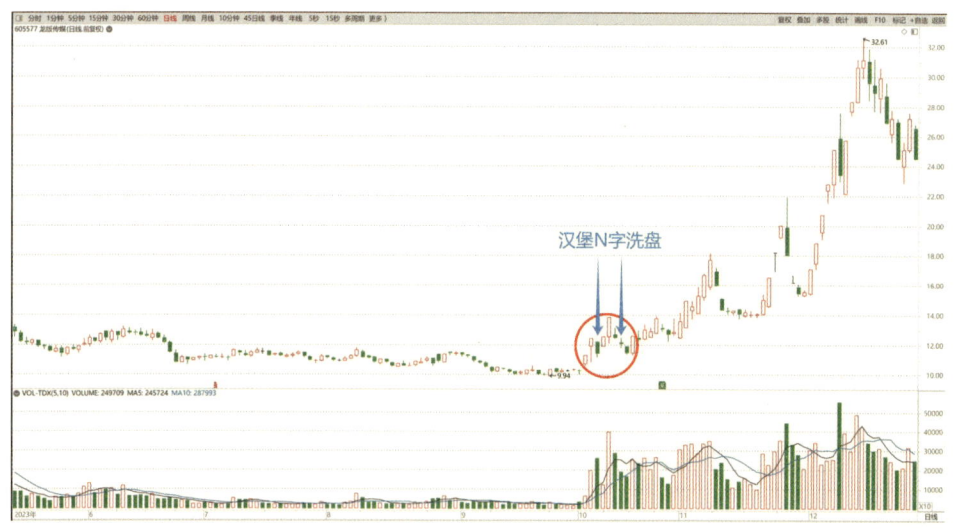

图4-9　龙版传媒汉堡N字洗盘形态

紧接着，在10月17日，主力资金再次对该股进行了一次为期3天的汉堡N字洗盘操作。通过连续2次在底部区间关键位置的汉堡N字洗盘，主力不仅有效收集了筹码，还完成了对浮筹的清洗工作。至此，该股的上涨基础已得到夯实，后续行情将呈现震荡上涨的态势。

如图4-10所示，银宝山新（002786）在2023年10月18日成功触及涨停板，之后的交易日以涨停价高开，但随后呈现低开低走的态势，最终收盘形成了一条光头光脚的大阴线，成交量显著放大。次日，成交量缩减，股价低开并收出一根小K线。紧接着的交易日，股价再次涨停，完成了第一个汉堡N字洗盘形态，其中两个涨停板之间穿插了两根K线。

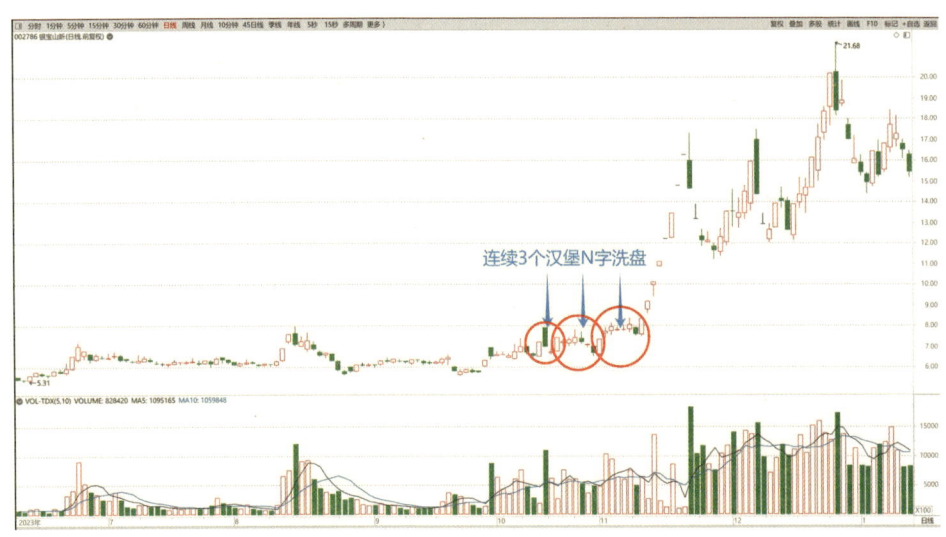

图4-10　银宝山新汉堡N字洗盘

随后，股价在10月23日这根涨停K线的实体范围内进行了为期6天的震荡整理，其间回踩MA60并确认了支撑的有效性。11月1日，股价再次涨停，实现了对前期震荡区间的反包，从而完成了第二个汉堡N字洗盘形态。

进入 11 月后，股价在 11 月 2 日高开放量并收出红盘，随后在涨停板上方开启了强势的横盘震荡走势，这一震荡期同样持续了 6 天。最终，在 11 月 10 日，股价再次以涨停的方式实现了对前期震荡区间的反包，完成了第三个汉堡 N 字洗盘形态。

有个《狼来了》的故事，描绘了一个无聊的放羊娃如何屡次欺骗善良的村民们。他出于寻乐的心理，首次向山下辛勤劳作的村民们呼喊："狼来了，救命啊！"村民们闻讯，手持锄头镰刀，心急如焚地奔向山顶，高喊着要保护孩子，对抗恶狼。然而，当他们气喘吁吁地抵达时，却只见放羊娃的嬉笑，狼的影子无迹可寻。放羊娃的恶作剧让村民们愤怒离去。次日，放羊娃故技重施，村民们虽心存疑虑，但仍迅速响应，结果再次被戏耍。放羊娃的狂笑让村民们对他的信任彻底崩溃，他们决定不再轻信他的呼喊。数日后，悲剧降临。真正的狼出现了，放羊娃惊恐万分，他拼尽全力向村民们呼救，但村民们因前车之鉴，对他的呼喊置若罔闻。最终，放羊娃的羊群惨遭恶运。

那么，为何我们要重提这个孩童时期耳熟能详的故事呢？

因为在资本市场的舞台上，每一天都上演着"狼来了"的戏码，日复一日，年复一年，未曾停歇，也未曾改变。在主力资金正式拉升股价之前，它们会频繁地制造即将上涨的假象，即狼来了，诱使投资者盲目追涨买入。然而，当投资者发现这不过是一场假突破，自己被套牢后，不得不在低位忍痛割肉离场。但令人啼笑皆非的是，刚刚清仓，股价却又一次拉升涨停，再次追入却又重蹈覆辙，如此循环往复多次，便让众多短线投资者身心俱疲，对涨停后的主升行情失去了信心。当真正的主升浪来临时，那些曾经参与过的投资者大多已麻木。图 4-10 银宝山新的股价连拉 8 天涨停，只能让那些曾经历过汉堡 N 字洗盘的投资者懊悔不已。

如图 4-11 所示，克来机电（603960）自 2022 年 7 月 15 日涨停以来，历经 373 个交易日的洗礼，终于在 2024 年 1 月 25 日以其历史低位迎来了放量涨停。随后的 1 日，股价虽短暂冲高后回落，且连续 4 日进行调整。2 月 1 日，克来机电再度以涨停之势宣告归来，成功演绎了汉堡 N 字洗盘的经典形态。这一信号准确无误地指向了主力资金的深度参与，其背后的力量绝非一般散户所能比拟。因此，投资者在面对类似的技术形态时，应提高警惕，密切关注。而克来机电随后拉出 13 连板走势，更是成为市场热议的焦点。

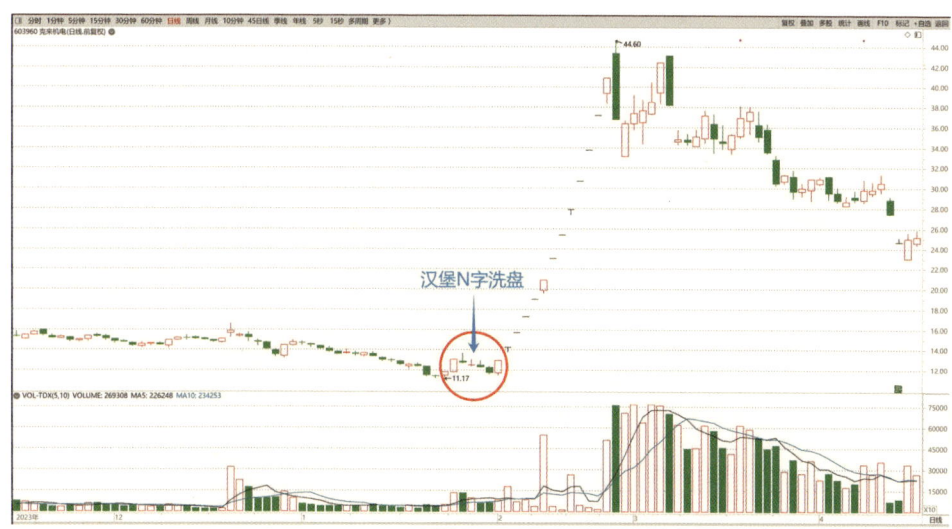

图 4-11　克来机电汉堡 N 字洗盘后走出 13 连板

如图 4-12 所示，真视通（002771）在 2023 年 10 月 9 日实现了 3 倍量涨停，迅速摆脱底部黄金坑洗盘的狭窄震荡区间。随后在 10 月 10 日再次放量涨停，成功突破关键压力位，股价随之进入前期震荡箱体的内部。然而，次日股价低开后冲高回落，伴随着分歧的放量开始了洗盘过程。经过 3 天的调整，真视通在 10 月 16 日以涨停反包的形式完成了汉堡 N 字洗盘。此后，股价连续加速涨停，展开了长达 9 连板的强势主升行情。

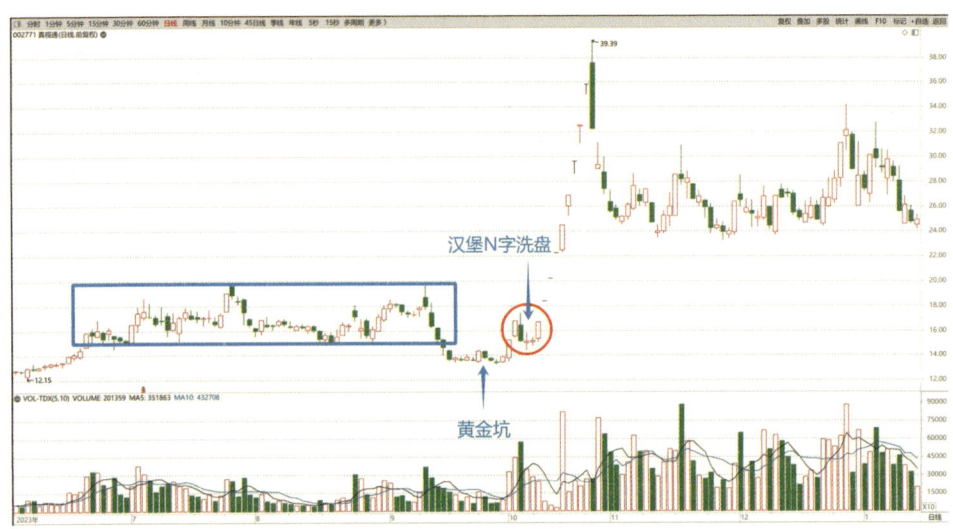

图 4-12　真视通汉堡 N 字洗盘后走出 9 连板

从图 4-12 中可以清晰地看到，箱体建仓、黄金坑洗盘以及汉堡 N 字洗盘等前文中详述的建仓与洗盘技术模型，在真视通的股价走势中得到了全面而灵活的运用。

如图 4-13 所示，百川股份（002455）在 2024 年 4 月 9 日通过放量涨停，成功突破了黄金坑洗盘的重压关卡，标志着其上升行情的正式启动。次日放量收阴线，然而，紧接着的交易日，百川股份以高开高走的姿态再次封住涨停，顺利完成了首个汉堡 N 字洗盘形态。

2024 年 4 月 12 日，百川股份高开并短暂回踩 5 日均线后，迅速被拉回至涨停板，成功将股价拉回到前期横盘震荡的箱体区域。然而，4 月 15 日，该股虽然高开并尝试冲击涨停，但最终未能如愿，分时图上呈现震荡回落态势，股价在触及前期箱体压力位时，市场内部产生了巨大的分歧，成交量显著放大。

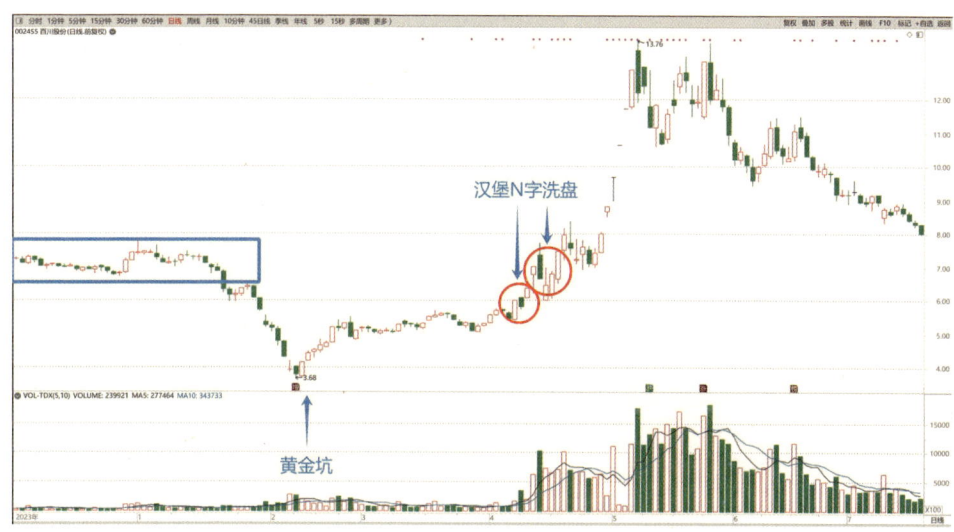

图 4-13　百川股份汉堡 N 字洗盘

经过两天震荡，百川股份在 4 月 18 日再度强势涨停反包，并完成了第二个汉堡 N 字洗盘。

在此期间，成交量持续放大，显示出主力资金在箱体位置积极进行筹码收集和洗盘动作。之后，股价进入横盘整理阶段，蓄势待发。直至 4 月 30 日，百川股份以涨停板姿态强势突破箱体上边沿的 8.72 元压力位，从而开启了连续 5 个涨停板拉升行情。

如图 4-14 所示，中南股份（000717）在 2024 年 9 月 13 日迎来了其倍量启动的首板，强势脱离底部区域，并一举突破了关键性的压力位。紧接着，该公司股票经历了为期 3 天的缩量横盘震荡，其强势特征在于调整期间的 K 线始终保持在首根涨停 K 线之内，未曾跌破涨停当日的最低点，彰显了其坚挺的支撑力。

图 4-14　中南股份汉堡 N 字洗盘形态

到了 9 月 23 日，中南股份再度迎来放量涨停，并成功超越了首板高度，形成了典型的汉堡 K 线组合形态。此后，股价更是连续涨停，呈现出一路高歌猛进的态势，随后实现 6 连板的佳绩。截至 2024 年 12 月上旬，该股票仍以同样的形态维持其上行趋势，收获颇丰。

如图 4-15 所示，天风证券（601162）在 2024 年 6 月 6 日出现显著下跌，跌破关键支撑位。随后，该股票连续两日出现大幅阴线，加速下滑步入震荡下跌通道，呈现出一种典型的圆弧底形态，即黄金坑洗盘。此后，主力资金逐步进行建仓操作，并尝试突破重要阻力位。然而，在冲高过程中遭遇阻力并回落，主力资金随即决定再次实施黄金坑洗盘。从技术形态分析来看，在这个过程中，K 线清晰地构成了一个 W 形双底结构。

在 2024 年 9 月 6 日，市场呈现出高开态势，随后天风证券股价在触及 5 日均线后迅速涨停，且当日的跳空缺口并未得到回补。值得注意的是，当日的成交量显著放大，达到了前一日成交量的 4.5 倍。之后，在次日即 9 月 9 日，

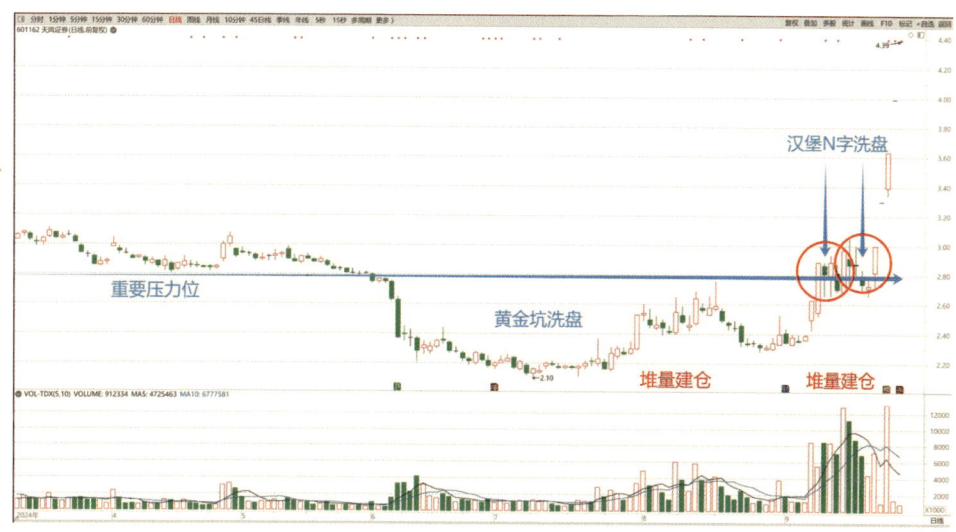

图 4-15　天风证券汉堡 N 字洗盘形态

股价虽以低开始，但随后逐步走高并最终再度封于涨停板，成功突破颈线位，并成功摆脱了两个黄金坑，正式迈入了前期重要的压力区间。

在此之后，市场连续 3 日呈现出横盘震荡的走势（左红圈），成交量在此过程中逐步累积，显示出资金在此区间内的积极建仓行为。至 9 月 13 日，成交量再度出现爆发式增长，并成功实现了对前期高点的反包，从而完成了第一个汉堡 N 字洗盘。

随后，市场进入了为期 4 天的缩量调整阶段。在 9 月 24 日，股价再度强势涨停，并实现了对前期高点的反包，从而形成了第二个汉堡 N 字洗盘（右红圈）。这一走势进一步确认了市场的强势地位，并预示着未来存在进一步上行空间。

第一个汉堡 N 字的调整大致在涨停板的中段区域企稳，而第二个汉堡 N 字的调整则主要位于涨停板的最低点附近，这两者均为强势特征的体现。洗盘过程中，若主力控盘力度愈加强劲，则中间"配菜"的支撑位置也会相应提升。

对于最为强势的汉堡 N 字洗盘模式，其调整 K 线的位置始终稳固在涨停板之上，甚至可能伴有未回补的缺口；次强表现则是调整幅度始终未触及涨停板中间一半的位置；再者，是调整时未跌破涨停板的最低点；而最弱的调整情况则是暂时跌破涨停板的最低点，但随后次日能够收复至涨停板的有效区间内。

上述四种情形，正是汉堡 N 字洗盘以其不同的深度和幅度，决定了股价后续不同的强度与高度。例如，天风证券截至 2024 年 10 月底，一直处于加速主升阶段，不仅实现了 6 连板，还在调整后连涨了一个月。

位于底部的汉堡 N 字洗盘，实为我们密切关注的关键，它不仅是主力资金深度参与的明确信号，更是预示主升浪即将启航的标志。因此，此刻正是我们顺应主力资金动向，择机入场的绝佳时机。

二、主升中位

汉堡 N 字洗盘，当其在底部区域低位显现时，往往预示着主力资金已经深度介入市场。那么，当这一形态在单边上涨的主升浪阶段出现，它又蕴含了怎样的市场信号呢？

上升趋势一旦确立，其稳固性往往难以撼动。尤为显著的是，主升浪阶段往往展现出持续且单边上扬的态势。在此情境下，主力资金在洗盘时更倾向于采取"空间换时间"的策略，鉴于牛市时间的稀缺性，这一策略显得尤为关键。回顾历史，中国 A 股市场的牛市周期普遍较为短暂，与可能长达七八年的熊市形成鲜明对比，牛市往往仅持续一两年。因此，主力对资金的使用效率高度重视，不愿在无谓的时间消耗上纠缠，而是倾向于通过强势的砸盘手段，制造急跌乃至极端跌停的走势来进行洗盘，这已成为其操盘策略中的关键一环。

主升浪中段汉堡 N 字形态洗盘时，"配菜"调整的时间与底部低位阶段存在显著差异。在底部区域，震荡时间通常持续 3 至 6 天不等；然而，在主升浪阶段，这种调整往往仅持续 1 至 3 天，展现出更为紧凑和高效的节奏。

如图 4-16 所示，金龙汽车（600686）在 2024 年 7 月 12 日实现了其低位首次的涨停。紧接着，在 7 月 15 日该股票以高开姿态强势冲击涨停板，成功突破了前期高点的关键阻力位。然而，这一过程中市场内部分歧显著，成交量急剧攀升至前所未有的高位。随后，分时图上出现了炸板现象，导致全天股价呈震荡下行的态势，日线最终收出一根阴线。然而，在次日开盘后，金龙汽车迅速拉升，再次强势封于涨停板，成功实现了对前一日阴线的反包，完美完成了低位汉堡 N 字形态的洗盘动作。

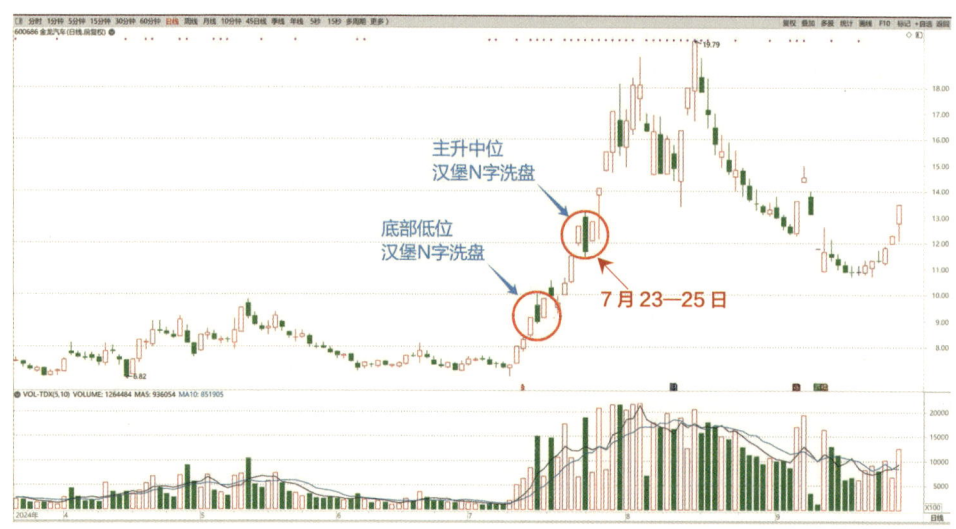

图 4-16　金龙汽车底部与中位汉堡 N 字洗盘

7 月 23 日，金龙汽车缩量加速，成功实现两连板涨停。然而，在 7 月 24 日，该股高开短暂冲高后逐渐回落，全天呈现震荡下行的态势，成交量显著放大，最终在 5 天均线附近获得支撑。若 7 月 25 日能够反包涨停，则可确认前一日的大阴线实为主力洗盘与吸筹的手段。因此，投资者需密切关注 7 月 25 日从集合竞价至收盘的全天走势，将直接决定前一日放量大阴线是短期见顶的信号，还是主力诱空的策略。预期很好，7 月 25 日，金龙汽车以 3.69% 的涨幅高开，分时图上快速上涨，仅有一次短暂调整，随后在 9:35 分便牢牢封住了涨停板。

从 K 线技术形态的角度审视，金龙汽车在主升中段呈现出的汉堡 N 字洗盘形态，恰似两片面包精心夹裹着一片精致配菜，展现出三根 K 线的高度对称。我赋予其如此贴切的名称，旨在帮助大家快速形成直观的视觉记忆，从而在实战中能够敏锐地识别并灵活运用这一技术特征。

如图 4-17 所示，捷荣技术（002855）在 2023 年 9 月 11 日经历了一场引人注目的市场波动。左下红圈中，当日该股以高开的姿态亮相，随后回踩 5 日均线，紧接着震荡上行并强势涨停，成交量急剧放大至前所未有的水平。次日，该股开盘时略有低开，全天呈现震荡下行的态势，并再次回踩 5 日均线，

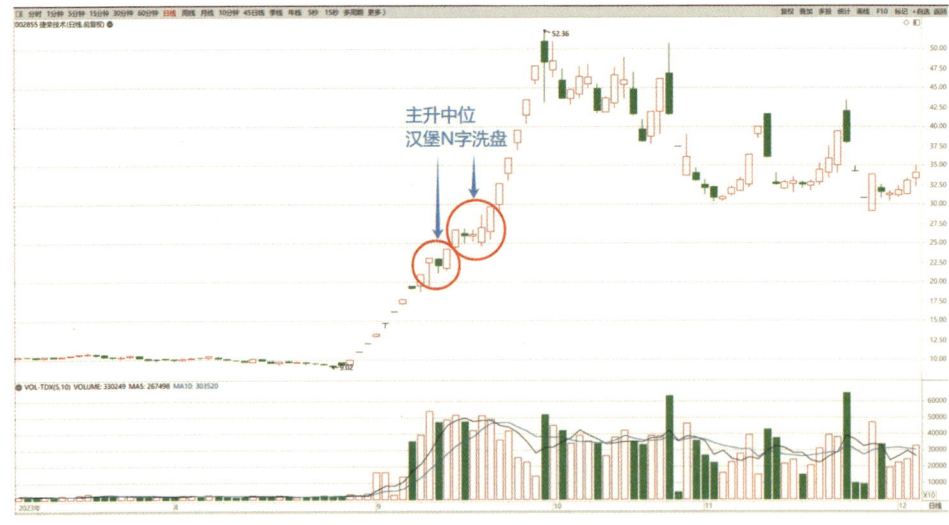

图 4-17 捷荣技术主升中位汉堡 N 字洗盘

最终收出一根阴线。然而到了第 3 天，该股展现出强劲的反弹势头，不仅全面反包了前一天的阴线，还在收盘时再次涨停，创下了本轮上涨的新高。这一系列操作，标志着捷荣技术成功完成了其第一个主升浪中的中位汉堡 N 字洗盘。

在右上红圈中，9 月 14 日股价持续涨停，成交量呈温和放大态势。然而，9 月 15 日出现断板现象，并开启了为期 3 天的横盘震荡。尽管第 3 天的开盘价及盘中股价一度跌破 5 日均线，但收盘价却稳稳站在 5 日均线之上，因此并未实质性地跌破 5 日的支撑位。

通常而言，强势股票在主升行情中的休息调整时间较为短暂，一般不超过 3 天。这意味着，下一个交易日若不能实现反包，便可能是股价走弱的信号。事实正如预期，9 月 20 日虽然股价略有低开，但随后在分时图上稳步震荡上扬，直至下午 2:01 成功封住涨停板，从而顺利完成了第二个主升中位的汉堡 N 字洗盘动作。

三、顶部高位

当汉堡 N 字形态出现在顶部时，这通常不再意味着洗盘，而是诱多出货的信号。需要注意的是，同一技术形态在不同位置出现，其代表的市场意义可能截然不同。在底部低位时，它可能表示洗盘；在主升浪的中途，它同样可能表示洗盘；然而，当它出现在顶部高位时，则可能预示着最后的疯狂。因此，我们必须学会识别这些信号，以便更好地防范风险。

在汉堡 N 字形态出现之后，如果主力有意推高股价，通常会在次日以高开的方式继续上攻，甚至可能连续涨停。然而，如果在高位出现该技术形态后，次日开盘股价却选择低开或平开，并伴随着分时图上的震荡下行，最终收出一根阴线，甚至是以跌停收盘的大阴线，那么可以确定这个位置的汉堡 N 字形态并非上升途中的洗盘，而是顶部的诱多出货。特别是当股价区间涨幅已经达到翻倍时，投资者应高度警惕。

如图4-18所示，大众交通（600611）自2024年7月10日首板启动以来，走出稳步向上的主升行情，截至7月30日区间涨幅221.2%，标志着此刻是一个明确的高位。

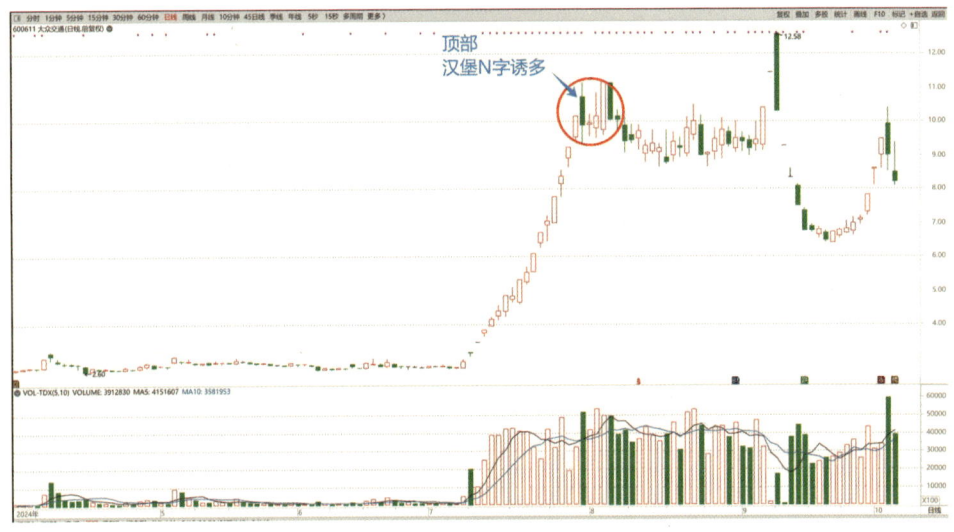

图 4-18　大众交通顶部高位汉堡 N 字诱多

在如此巨大的涨幅之后，7月31日成交量明显放大至阶段性天量，收出一根冲高回落的阴线，随后两天横盘震荡，8月5日低开走高涨停完成高位汉堡 N 字技术形态。接下来我们必须密切关注涨停后的首根 K 线，这根 K 线将决定未来的走势是继续上扬，还是转变为下跌趋势的开端。

若出现以下几种情况，则表明股价有望持续保持高位上升趋势：

1. 高开后呈现缩量加速上涨的 K 线形态；

2. 高开后回踩，但未跌破前一交易日涨停板的最低点，并以创新高的阳线收盘；

3. 平开后逐步走高，最终收于阳线。

令人遗憾的是，在 8 月 6 日股价低开后迅速暴跌至跌停，如图 4-19 分时图所示，在上午 9:33，跌停板被封死，到上午 10:05，大资金开始自救并尝试撬开跌停板，随后股价反弹至 -3.3%，但遭遇了沉重的抛售压力。分时图显示，反弹的峰值高度逐渐降低，下午股价再次跌停，并在收盘时封死跌停板。此后，该股股价持续震荡下行。

图 4-19　大众交通 8 月 6 日分时图低开跌停

如图 4-20 所示，深中华 A（000017）在 2024 年 1 月 23 日连续实现了 11 个涨停板，但在次日未能继续保持涨停，未能晋级至 12 连板。1 月 24 日，成交量显著增加，尾盘时涨停板被打开，价格分时急速跳水至 0 轴以下，这预示着主升浪的首个调整日的到来。紧接着，一根阴线反包了前一天的阳线实体部分，市场情绪开始转弱。然而，到了1月25日，该股在成交量保持不变的情况下再次涨停，实现了对前一日阴线的反包，从而在市场情绪上完成了从分歧到统一的转变，构建了高位的汉堡N字形态。

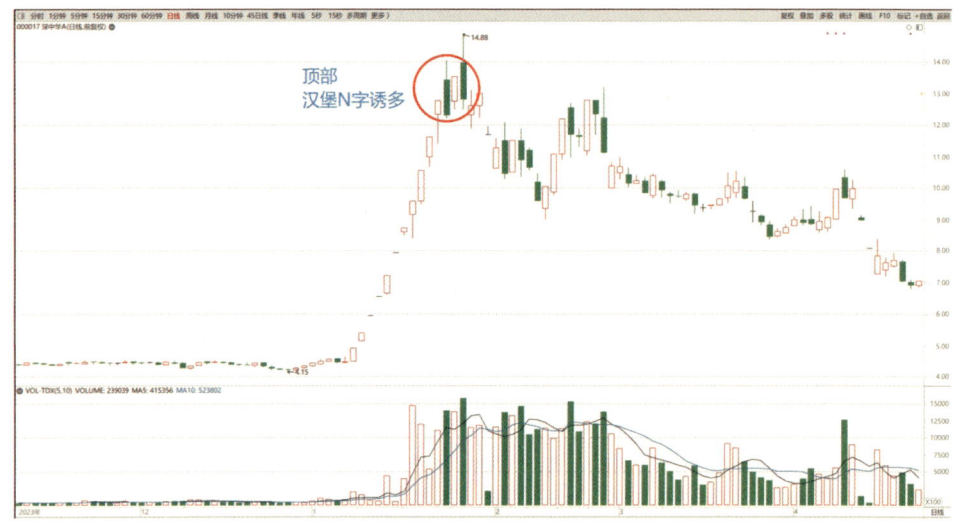

图 4-20　深中华A顶部高位汉堡N字诱多

市场情绪已经由弱转强，预计接下来的行情将惯性上扬。1月26日的集合竞价高开高走，符合预期，上午盘中触及涨停，但未能封住，如图4-21所示，下午开盘后的 1:14，分时股价突然直线跳水，跌破分时均线，从涨幅 +8% 的高位，快速下跌至0轴以下约 -4%，日线收出一根天量级别的大阴线。

股价走势远不及预期，此刻高位汉堡N字诱多的可能性已经非常大。如果次日能够再次涨停并实现反包，则上升趋势得以维持。然而，次日低开缩量，继续走出一根阴线，跌破1月25日涨停的最低点，这正式宣告了顶部高位汉堡N字形态的诱多确立。

汉堡N字技术形态在高位、中位、低位三个不同位置出现时，其代表的

图 4-21　深中华 A1 月 26 日从天到地的分时图

意义截然不同。当它出现在底部低位时，通常意味着洗盘；而当它出现在主升浪的中位时，同样可能表示洗盘。这两种情况我们都可以称之为汉堡 N 字洗盘。

如果汉堡 N 字形态出现在高位，我们该如何判断它是主升浪中的洗盘，还是顶部的诱多行为呢？除了本节上文中提供的判断依据，后续章节将从多个维度详细解析见顶卖出信号。通过多维度的综合分析，我们将能显著提高判断的准确性，从而在融会贯通后，识别顶部结构将变得相对容易。

第五章 启动
——如何抓龙头股起爆点

有胆有识，擒龙捉妖

雷厉风行，大业可成

第一节 擒龙捉妖三要素

想要在资本市场里擒龙捉妖，投资者必须做到胆识、认知、执行三要素，缺一不可，相互配合。

一、胆识

何为胆识？它是不怕危险困难的精神，敢作敢为无所畏惧的魄力。

人生中无论做任何事情都需要胆识。有一次鲁豫采访王健林时，他说过一句话："清华北大，不如胆子大。"王健林是想告诉年轻人，光有梦想不够，还要勇敢地迈出创业第一步。古往今来纵观历史，所有成功人士，无论是什么领域，他们身上都离不开一个品质，就是胆识。

胆识铸就无畏，让人敢于面对艰难险阻，并向那未知领域迈出决定性的一步。这一步虽可能遭遇挫折，但若缺乏胆识，便永远无法启程，更无谈及成功的可能。尝试之后，或许成败参半，但若不试，则成功之门永远关闭。

在投资领域，亦是同理。龙头股以其涨幅可观，持续性强，回报率高而著称。而连续涨停的盛景却让许多人望而却步，因惧怕失败而驻足不前，或经历过几次挫折便轻言放弃。于是，只能旁观他人尽享牛市龙头之盛宴，自己则与之无缘。

诚然，人性各异，有人谨慎保守，步步为营；有人则勇往直前，无所畏惧。不同的风险偏好，实乃天性使然，深植于基因之中，难以轻易改变。所以，每个投资者的风格要根据自己的个性来，不可强求，殊途同归，能够凭本事赚到大钱就是好样的。

在胆识上，我是一个典型的理想主义与冒险精神兼具的个体。关于这点，我从一个细节上来说，比如我独具特色的眉毛：与大多数人横向或向下延展的眉纹不同，我的眉毛纹理是一种上扬的走势，整体向上翘曲，且在最高点形成了一个漩涡。出于好奇，我向人工智能提问："眉毛向上翘曲的寓意究竟何在？"得到的答案是："眉毛向上翘的男性通常在事业上表现出色。个性坚强、好胜心强、不服输，斗志昂扬、精力充沛，有称王称霸的雄心壮志，喜欢与人较量。他们个性刚毅，行为处事不留余地，对自身与他人都较为狠辣。在工作上，他们像脱缰的野马不易驾驭，适合独立性高、有自主权且竞争激烈的工作……"

审视自己过去的经历，我意识到那些描述准确无误，我确实具备那样的性格特质与胆识，在股市里表现会更加激进，愿意为超额收益承担更大的风险，这就是我的投资风险偏好。我坚信，在踏入股市之前，首要任务是对自己进行一次全面的评估与分析，明确自身的性格与胆识类型，并据此判断何种操作策略最能得心应手。新进的投资朋友与读者朋友，也可以根据自己的胆识与投资偏好，给自己画像，以便确立自己的投资风格，不盲目跟从。

你若像我一样，拥有较大的胆识且乐于接受挑战，那么这套龙头掘金策略或许正是你的武器。然而，你若是极度规避风险型的，那么涉足龙头股可能会带来极大的不适。对此，唯有通过长期的实战经验积累，逐步适应市场的剧烈波动，方能游刃有余。例如，初步学习龙头策略时，不妨从少量买入或极低仓位开始，仅将其视为一种体验，以此感受市场龙头的脉动，实现操盘与心理同步适应。当恐惧与不安逐渐消散，再逐步增加仓位。我坚信，投资者并非天生的龙头猎手，通过精研与实战的磨砺，胆识与信心才能日益增强。随着在龙头股上斩获的次数累积，你的勇气也将随之倍增。

无论你的胆识如何，龙头掘金策略体系均可通过科学的方法、持续的刻意练习、不懈的坚持以及深入的复盘精进等步骤，逐步掌握和运用。每一次小仓位的试水，都是向成功迈进的一小步，积小胜为大胜，终将抵达胜利的彼岸。

二、认知

有胆无识，匹夫之勇。有识无胆，述而无功。

胆识乃首步，深化股市与龙头认知紧随其后。

何以胆识位居首位？因若无此胆识，后续种种皆为空谈。胆识，实为购入龙头之先决条件，亦是驱使行动之原始力量。

有胆识而无认知，实乃有勇无谋。谋定而后动，知止方可有得。真正能成就大业者，皆深谙规划之道，静待最佳时机再行出击，故常能一击必中，事半功倍。

反之，仅有认知而无胆识，则如同纸上谈兵。纸上得来终觉浅显，唯有亲身实践方能深知其中奥妙。欲成大业者，必具将认知付诸实践的胆识。若空有认知而无胆识，理想便只能沦为空想。

唯有胆识与认知兼备者，方能真正成就大业。他们深知胆识与认知相辅相成，缺一不可。有胆有识者，能洞察未来趋势，一旦时机成熟，便以坚定意志勇往直前，最终成就辉煌事业。有胆有识者，面对困境无所畏惧，于危难之中亦能保持冷静，勇于挑战未知。唯有敢于梦想他人所不敢想，行他人所不敢行，方能率先开辟新的天地，成就非凡。

胆识的培养与增强，是一个渐进的过程，需要时间的沉淀，且只能通过训练和实战来实现。而认知的提升，则可以通过对本书的反复阅读，从而获得深刻地领悟和学习。

三、执行

有胆有识，雷厉风行，大业可成。具备勇气与见识，宏伟的事业，通过行动方能成就。在这一过程中，一个至关重要的步骤是执行，亦即落实、行动。

即使你拥有无比的胆识和卓越的认知，但如果无法将之转化为实际行动，那么一切不过是空谈。胆识和认知是成功的必要条件，然而行动才是实现成功的决定性步骤，三者缺一不可。理论终究是理论，唯有实践才能验证真理，实践才能产生真知。只有不断地在实战中学习，我们才能不断完善自己的交易体系。

知行合一，而行动尤为关键。即便是最宏伟的战略，也必须通过战术的精确执行来实现，正如军队中严格的命令执行，确保按照既定战略方针进行有效地止盈和止损。从认知到实践，再到卓越的成果，形成一个完整的循环。每一次操作都应将预判和计划转化为现实，控制好过程，结果自然会随之而来。通过不断积累小胜，最终汇聚成大胜，日积月累，厚积薄发，成为时间的朋友。在股市中，每一步实际行动都是成长的见证，如能坚持原则地执行，最终必将收获丰硕的成果。

希望每一位读者都能在正确的认知指引下，提升自己的胆识，不仅成为语言的巨人，而且成为行动的巨人，在股市中披荆斩棘。

第二节　龙头与大盘共舞

在牛市与熊市的交替中，龙头股始终熠熠生辉，成为市场瞩目的焦点。值得注意的是，龙头股的存在并不局限于牛市繁荣之时，即便在熊市的寒冬，龙头股亦能崭露头角。尤其在市场低迷之际，资金往往更倾向于抱团取暖，使得龙头股的身份更加鲜明，成为资金竞相追逐的稀缺资源。

反观牛市，市场呈现出一派繁荣景象，各类板块与题材竞相绽放，犹如百花争艳，令人目不暇接。此时，每个板块内的龙头股都在奋力争夺市场总龙头的地位，竞争异常激烈，反而使得投资者的注意力难以集中在某一只龙头股上。

掌握了龙头的实操方法后，无论是在牛市还是熊市中，均能实现可观的收益。那么，龙头在牛熊市中的表现差异究竟体现在何处？它与大盘之间的关联又是怎样的呢？

一、龙头与熊市

龙头股在熊市中的上涨潜力显著受限。

一般而言，能够连续五个交易日涨停的个股，仅能在板块题材中被视为强势股，被市场称为板块龙头。然而，真正的龙头股则需展现出更强大的涨势，即连续涨停板数量超过 6 个。从时间与空间的视角审视，熊市中龙头股的连续涨停板数通常不会超过 12 个，尽管偶有特例，如圣龙股份（603178）在 2023 年实现了惊人的 14 天 14 个涨停板，这在熊市中实属罕见；艾艾精工（603580）在 2024 年 3 月出现 14 天 13 个涨停板，成为妖股；捷荣技术（002855）在 2023 年以 21 天 16 个涨停板的表现，展现出断板趋势龙头的特质，通过两波单边上涨完成了主升浪行情。2024 年类似的龙头股还有很多，如海能达、双成药业、深圳华强、常山北明、正丹股份等。

总而言之，熊市中龙头股的上涨幅度多集中在 1 至 3 倍之间，其上涨周期相对较短，且上涨空间也相对有限。

二、龙头与牛市

龙头股在牛市环境中，往往能引领出多轮单边上涨的强劲牛市行情。

如图 5-1 所示，创业板指在 2018 年 10 月触及历史性低点 1184.91，随后止跌企稳，并形成了前底结构形态。紧接着，在 2019 年 1 月，创业板指再次回踩该低点，但并未有效跌破，随即开始拉升，形成了后底技术形态，一个经典的 W 底形态逐渐显现。此后，在 2019 年 6 月，创业板指再次回踩 W 底颈线位置，触及 1410.57（圆圈）后迅速反弹向上，继续震荡上行，正式开启牛市征程。创业板指在众多指数中脱颖而出，启动了一场气势磅礴的牛市行情。

直至 2021 年 7 月 19 日，创业板指达到了 3576.12 的牛市新高点。在

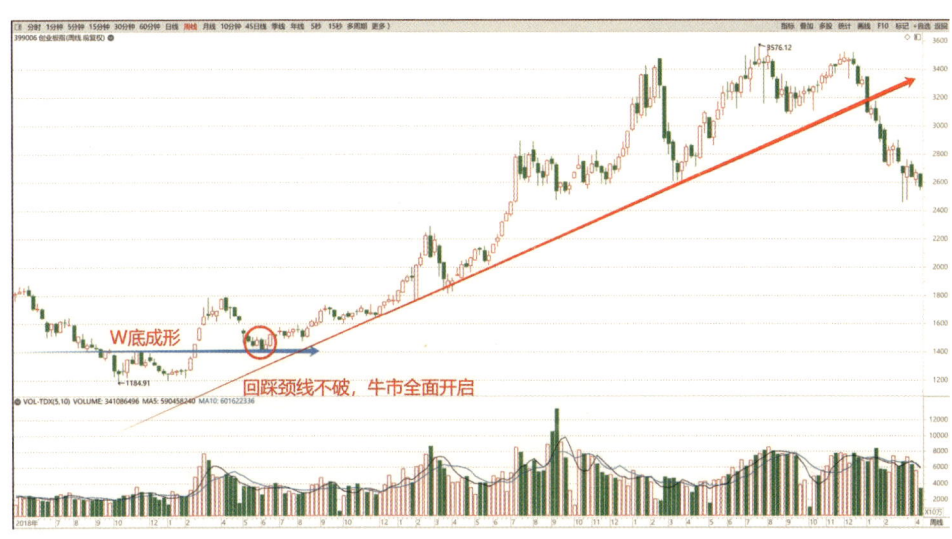

图 5-1　创业板指周线图

近三年的时间里,其周线级别的区间涨幅高达 202%。在创业板的这场牛市盛宴中,众多妖股与大牛股应运而生,成为市场瞩目的焦点。

如图 5-2 所示,卓胜微(300782)在自 2019 年 6 月至 2021 年 7 月

图 5-2　卓胜微周线走势图(两年涨 47 倍)

共两年多的周期内,其周线走势呈现出显著的上升趋势,从谷底的6.61元稳步攀升至巅峰的339.59元,其间涨幅高达4710.55%,振幅更是达到了5041.47%。这一表现意味着,在短短两年内,卓胜微的股价实现了约47倍的飞跃式增长,振幅则达到了惊人的50倍。

如图5-3所示,锦浪科技(300763)自2019年3月起至2022年8月,在周线级别的图表上,其股价由最低点5.82元显著地震荡上行,直至达到最高点291.52元。这一区间内的涨幅高达4382.56%,而振幅更是达到了4909.80%。换言之,在短短三年半内,锦浪科技的股价实现了约43倍的惊人增长,振幅也达到了近49倍,彰显了其强劲的市场表现与潜力。

图5-3 锦浪科技周线图(三年半涨43倍)

在熊市中,龙头股的涨幅通常介于1至3倍之间;而在牛市盛景中,这些龙头股的涨幅则普遍能达到4至10倍,更有甚者,在历经更长的周期后,其涨幅可惊人地攀升至40至50倍。

在资本市场中，无论市场处于牛市还是熊市，龙头股始终存在，然而要实现超额投资收益，往往在牛市环境中更为容易达成。正因如此，我们应当积极把握牛市机遇，拥抱其中的龙头股。当下，普遍存在的一个误区是，许多投资者仅将龙头股视为观赏之物，而非实际投资的优选。希望本书能彻底改变大家固有的错误认知，无论牛熊市，都能熟练运用龙头掘金策略。

三、股价包容一切

前文讲过，建筑哲学"少即是多"同样适用于股市操作。大道至简，越简单的方法往往越有效。市场上充斥着各种预测股价涨跌和指导交易的指标。所有这些指标都是基于股价和成交量这两个基础元素进行二次开发的。依据第一性原理，只要能够深刻理解和运用这两个基础元素——成交量和股价，就足以应对市场的所有挑战。

在股市实操交易中，除了成交量和股价这两个核心基础元素外，还有一个辅助性的技术指标同样至关重要，它就是均线。

均线，用MA表示，是一种通过统计分析方法计算一定时期内证券价格（指数）的收盘价平均值，并将这些平均值连成线，形成均线图表，以此来观察证券价格变动趋势的技术分析工具。常见的均线包括5日均线、10日均线、20日均线、30日均线、60日均线、120日均线和240日均线等。投资者会根据个人需求调整这些数值，以适应自己的交易策略。通常，5日均线和10日均线的短期移动线被用作短线交易的参考，称为日均线指标；30日均线和60日均线的中期移动线则作为中期交易的参考，称为季均线指标；而120日均线和240日均线的长期移动线则作为长期交易的参考，称为年均线指标。

这些众多的均线，是否对我们具有指导意义？它们能否协助我们判断牛市的到来？其量化的标准又是什么？

这里存在一条至关重要的移动平均线，它能够用来判断牛市，那就是60日均线，也被称作MA60，我们通常将其视为牛熊市场的分界线。

四、如何判断是否进入牛市

周线决定趋势，日线决定买卖。日线是1个交易日的均价，周线是一周5个交易日的平均价，MA60是60个交易日的平均价。

第一，看周线与股价的关系。观察周线级别的股价是否位于MA60上方，若股价从MA60下方一路上涨至MA60上方，并稳定运行在MA60上方3周以上，则可视为站稳MA60，这是弱势转强势的表现，代表趋势有从熊市转为牛市的可能性。

第二，看周线的运行方向。若周线级别MA60由水平方向开始向上拐头，则代表中长期趋势的转变，大概率能形成牛市格局。

第三，看日线与股价的关系。若日线级别的股价稳定运行在MA60上方3天以上，则可视为站稳MA60，这是股价走强的信号，代表趋势有反转的可能性，可择机进行买入。

第四，看日线的运行方向。若日线级别MA60由水平方向开始向上拐头，则代表短线趋势走强，对股价具有向上的牵引作用，可积极参与做多。

以上四点同时满足MA60的周线和日线均拐头向上，且股价都在均线上方稳定运行时，则可视为趋势转变走强的表现，也可作为牛市量化的重要参考标准。

上证指数周线如图5-4所示，2014年7月25日上证指数的周线走势，在MA60下方震荡调整31周后温和放量，且在此日以中阳线突破MA60，此时MA60已经接近水平状态，只要股价始终维持在MA60上方运行，周线趋势就会逐渐拐头向上。

图 5-4　上证指数 MA60 周线图

上证指数日线如图5-5所示，日线在2014年7月25日之前就突破MA60，没有回踩，确认支撑有效，自此上证指数一路高歌猛进，并且MA60逐渐由水平向上拐头。之后便走出中国股市历史上的第二高度5178点。

因此，当四个条件同时满足之时，即牛市确立之际，便是我们积极布局并增持股票的良机。

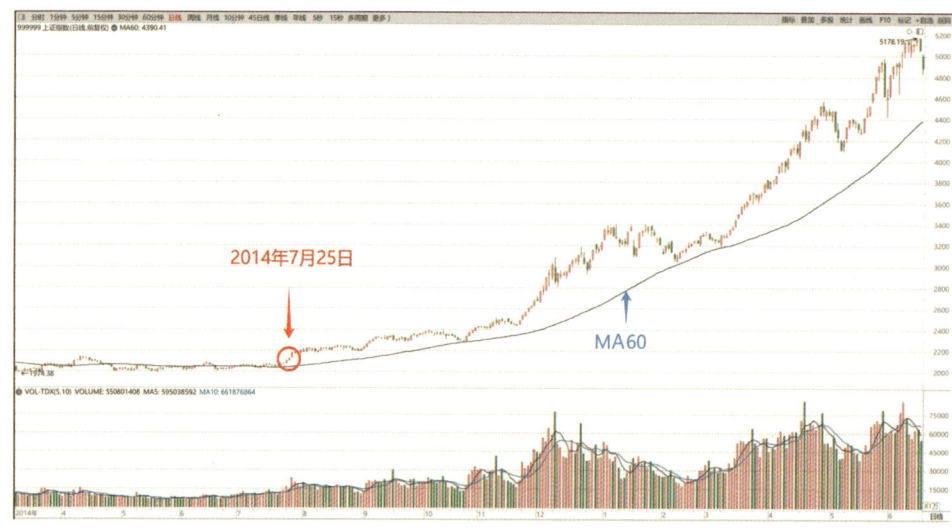

图 5-5　上证指数 MA60 日线图

五、如何判断是否进入熊市

熊市的判断与牛市相反，遵循相同的逻辑原理。

牛市确立之前，市场会经历一个较长周期的筑底过程，因此我们必须密切关注 MA60 的突破情况以及趋势的方向。相比之下，市场顶部的形成通常较为迅速，若继续依赖 MA60 作为判断标准，则存在显著的滞后性可能会错失良机，导致利润大幅回撤，所以此时应当降低日线级别，以 MA30 或 MA20 为佳。

在买入时应谨慎缓慢，而在卖出时则需迅速果断。同时，当市场达到顶峰时，止盈和止损的决策也必须坚决执行。因此，判定熊市周期应主要依据日线图，确保利润得到锁定，以实现自身利益的最大化。

判断进入熊市的量化标准如下（实践运用中参考 30 日均线更有效）：

第一，关注 60 日均线与股价的互动，审视股价是否跌破了 60 日均线。

若股价连续3个交易日跌破该均线，则通常标志着市场从强势转向弱势，暗示着市场趋势可能由牛市转变为熊市。

第二，密切观察60日均线的动向。在牛市阶段，60日均线往往呈现出上升态势。但是，一旦60日均线的走势开始变得平稳，这便是一个值得投资者高度关注的信号。如果60日均线出现向下转折，就可能意味着市场趋势正在减弱，并对股价施加下行压力。在这种情形下，投资者应考虑适时地锁定利润或采取止损措施，以避免潜在的风险。

第三，当上升趋势线被跌破，支撑线便成为所谓的生命线。在股价上扬的过程中，通常会呈现出锯齿状的波动上升，自然形成一系列的波峰与波谷。其中，波谷代表了短线交易中的最低点，通过连接这些最低点，我们可以绘制出一条上升趋势的支撑线（如图5-6生命线）。支撑线上聚集的低点数量越多，这条线的支撑作用就越强，其有效性也越显著。

通常而言，生命线是判断市场走势的最可靠指标。一旦价格跌破该线，投资者便应考虑退出市场。若同时满足以下三个条件，趋势转变的确定性将更高：首先，60日均线呈现向下趋势；其次，股价跌破生命线；再次，股价持续位于60日均线和生命线之下。这些迹象通常表明市场趋势正在转弱，可作为判断熊市的重要量化依据。

如图5-6所示，2007年10月16日，上证指数达到了历史最高峰值6124.04点。随后，在震荡回调的过程中，于10月25日收出了一根较大的阴线，跌破了这一波行情的趋势线。接下来的4个交易日，指数连续上涨并重新站上了趋势线，但未能突破之前的高点6124.04点。到11月1日，指数达到了次高点6005.13点，这是一个最好的出货清空机会，但受到前方巨大压力的限制，股价从此开始快速下降。2007年11月8日，指数跌破了 60 日均线；11 月 15 日虽尝试突破但未能成功，从而确认了 60 日均线的压力。

图 5-6　上证指数 2007 年 6124 点前后的日线图

自此，A 股市场形成了所谓的 M 头形态，标志着历史性的顶部在这一系列交易日内形成。同时，60 日均线也开始从稳步上升转为平缓，最终掉头向下，对股价施加了强大的下行压力，开启了漫长的熊市。截至 2024 年 12 月底，上证指数在过去的 17 年里，再也没有触及过这样的高度和点位。

六、龙头与大盘共舞

无论市场指数处于何种水平，我们始终都要保持清醒的头脑，并从宏观战略的角度明确当前市场是牛市还是熊市。尽管投资者并不直接通过市场指数的波动来实现盈利，但通过对市场趋势的分析，我们可以决定采取何种操作策略，确定合适的总体仓位。

一旦市场确认已步入牛市，投资者应积极采取多头策略。此时，总体仓位应增加至80%以上，甚至可以考虑满仓操作。牛市期间，不断地增量资金进场，市场资金充裕，流动性显著提升，往往不止一个行业会出现龙头股票。每个概念板块内至少会有一只龙头股，而三4板块齐头并进在牛市中亦属常态。最终，可能会有三到四只龙头股不断刷新市场的新高。牛市的容错空间显著扩大，投资者应勇于抓住机会，大胆参与这些龙头股票。

在熊市确立的情况下，投资者需采取适当的仓位管理策略以降低风险，建议将持仓量减少至20%~50%之间。此时，集中精力于核心标的变得尤为关键。熊市期间，市场资金总量趋于减少，主要表现为存量资金之间的博弈。在资金有限的背景下，市场中仅有少数板块和个股能够获得资金的青睐。

通常情况下，市场中仅有一个板块能够成为某个时段的风口主线，而这1板块中往往只能孕育出一只真正的市场龙头股。这只龙头股在熊市中会成为资金的避风港，吸引投资者的大量关注和追捧。一旦该板块的龙头能够穿越市场周期，它便有机会成为整个市场的龙头，变得更加聚焦，从而形成市场中强者恒强、弱者恒弱的局面。

当龙头股启动与大盘上涨同步共振时，其势头将直冲云霄，犹如飞龙在天。

熊市聚焦龙头，牛市拥抱龙头，无论大盘牛熊，唯龙头得势。

第三节　龙卷风孕育龙头

风乃乘势之必需，火乃烹饪之必需，金钱乃龙头之必需。

龙头诞生于风口，风口如何判断？实操交易中风口如何量化？

小米创始人、董事长雷军曾说过："只要站在风口，猪也能飞上天。"说明创业成功的本质是找到风口，顺势而为。《孙子兵法·兵势篇》有云："故善战人之势，如转圆石于千仞之山者，势也。"意思是说，善于指挥打仗的人所造就的"势"，就像圆石从极高、极陡的山上滚下来一样，来势凶猛。这种猛势，在股市中也是如此。

放眼全球，中国人的智慧与文字博大精深。我们做股票交易，俗称为"炒股"，为什么在炒股的语境中，我们使用的是"炒"，而不是"蒸""煎""炖""烤"或"煮"等烹饪术语呢？烹饪的方式多种多样，为何偏偏"炒"股成为定义这一活动的词汇？

在中国的语言文化中，"炒"这个字经常与迅速、热情和短暂的活动相联系。以烹饪为例，炒菜涉及备料、加油、升温、翻炒、加料、出锅和装盘等一系列动作，这象征着在短时间内通过加热迅速完成食物的烹饪过程。对火候和时间的精确控制至关重要，因为一旦过火，食物就会变得焦糊；而火候不足，则可能导致食物未完全熟透。因此，掌握正确的出锅时机是烹饪中的关键所在。

在股票交易的领域里，波动性和不确定性无处不在。这种节奏快、效率高的交易方式与"炒"的含义不谋而合，因此被称作"炒股"。这种高风险、高回报的特性也是"炒"所隐含的意义之一。投资者在追求利润的同时，必须承担相应的风险，这同样体现了"炒"所代表的快节奏和激烈竞争。对买入和卖出时机的精准掌控决定投资交易的成败。

总而言之，炒股这一术语的由来与其交易行为的本质紧密相关，即迅速、激烈且充满不确定性。这一表述既简洁又直观，生动地描绘了股市交易的活跃度和竞争性。

"风"是创业成功的关键因素，"火"是烹饪中不可或缺的元素，而"钱"则是股市运作的核心。这三者共同之处在于它们都是"势"，是成事的源头所在。

在股市中，资金总是涌向那些显现"势"的地方，造成市场供不应求的状态，进而推动股价上扬。这种现象会引发一个自我强化的正向循环：股价上涨吸引更多资金流入，而更多的资金又进一步推高股价，最终确立了上升趋势。

交易中，量化和捕捉风口，是一项很重要的任务。

风口，来无踪去无影，虚无缥缈，似乎总是遥不可及，是一个极其抽象的概念。唯有借助某种介质，我们才能捕捉到风的形态和轨迹。那么，在股市中，什么充当了风口的介质呢？

板块即风口的载体和介质。举个例子，比如A股市场宛如一个包含超过5000名学生的大型班级，学生根据不同的学习能力分布在不同的小组里，每个小组的成绩都有所差异。所谓的"风口"代表着那些表现最为卓越的学习小组，它们中的学生有能力考入顶尖的学府，如清华、北大等。在这些小组中，最杰出的学生往往能够脱颖而出。在这里，学习小组相当于市场中的各个板块，而能够考入清华、北大的顶尖学生则类似于板块中的龙头股。

在对风口概念有了初步了解之后，接下来的问题是如何在实际操作中进行量化，精准地识别出优秀的学习小组（热点板块）。只要找到优秀的学习小组，提前预判出能考上清华、北大的顶尖学生（龙头）的概率将会极大地提升，如同探囊取物般容易。

龙卷风口的交易量化标准并非仅由单一指标决定，而是需要通过综合多个维度的技术要素，才能得出明确的预判。我先分列如下，再做详细解释。

第一，MA60，板块指数股价位于 MA60 之上，MA60 即牛熊分界线，上则牛，下则熊。

第二，MA5 分为日线级别和周线级别，所代表的周期不同，能量不同，强度不同，高度不同。板块指数股价位于 MA5 之上，板块利好。

第三，涨幅，指板块指数连续 3 日涨幅排名所有板块前 3 名，热度具有持续性，形成主线。

第四，涨停数，板块涨停数大于 3 只以上，热度具有持续性。

第五，建制，板块"三军"建制完整，前中后军梯队协同作战。

第六，突破，板块指数突破前期平台。

当上述六个技术要点均得到满足时，该板块便能形成阶段性的风口热点，成为我们积极关注并重点跟进的主线板块，同时也是孕育龙头股的摇篮。

一、板块指数股价位于 MA60 之上

通过观察 MA60 指标，我们可以判断板块是否形成了牛市或熊市，这是一个大周期指标。在股票交易实践中，无论是分析上证指数、板块指数还是个股，MA60 都发挥着关键作用。它作为判断股价走势，尤其是识别市场是牛市还是熊市的重要参考指标。

板块作为股市热点的载体，其牛市的到来是孕育龙头股的肥沃土壤。当板块指数连续 3 天位于 MA60 上方，并且 MA60 呈上升趋势时，这便构成了板

块进入牛市的关键前提，同时也是板块成为"龙卷风"的基础。若此条件未得到满足，那么所谓的"龙卷风"便无法形成。

"龙卷风"孕育出龙头股，当股价站稳于 MA60 并开始向上拐头时，代表板块具备进入牛市的基础，这便成为板块成为龙卷风的先决条件。

二、板块指数股价位于 MA5 之上

通常情况下，短期以 MA5 的日线作为主要的辅助参考，而 MA5 的周线则用于观察趋势，5 日均线则用于确定买卖时机。

当板块指数位于周线上方，且 MA5 日线拐头向上，则可判断短期内，股价走势运行健康完好。可进一步观察 MA5 与股价的关系，若股价位于 MA5 上方，且日线拐头向上，则判断日线级别向上趋势未变。

"龙卷风"策略紧密依赖于 5 日指标，其中 5 周均线确定趋势方向，而 5 日均线则用于确定交易的买入和卖出时机。

在分析板块指数的短期走势时，MA5 周线更多地体现了战略性的宏观视角，而 MA5 日线则更侧重于战术性的微观分析。随着周期的延长，市场能量相应增强，通常意味着上涨的力度更大，可能达到的高度更高，趋势的确定性更强，市场也更为稳定。相反，较短的周期往往伴随着较小的能量，导致波动性增加，市场确定性降低，波动幅度变大。

通常情况下，若板块指数同时满足两个条件：一是股价高于 MA60，二是股价高于 MA5，并且 MA5 和 MA60 构成一个金叉形态，呈现出多头排列的攻击态势，预示着市场中可能正在酝酿一场"龙卷风"，即将爆发。

均线系统实操交易中，遵循以下原则：

1. 先定宏观战略，后做微观战术；

2. 先明确大周期，后实操小周期；

3. 先股价站上 MA60，后看 MA60 拐头；

4. 先看 MA5 周线趋势，后定 MA5 日线买卖。

以图 5-7 为例，首先观察周线图，2024 年 9 月 27 日，军工信息化概念板块指数在周线上呈现出一根长阳线，伴随着成交量的放大，成功突破了 MA5。这根阳线不仅收复了过去 106 天内 16 根周 K 线的失地，还突破了下降趋势线，形成了周线级别的 W 底结构形态。此外，MA5 的下降趋势被扭转为斜向上的进攻性上涨趋势，标志着周线级别的 MA5 拐点已经确立。

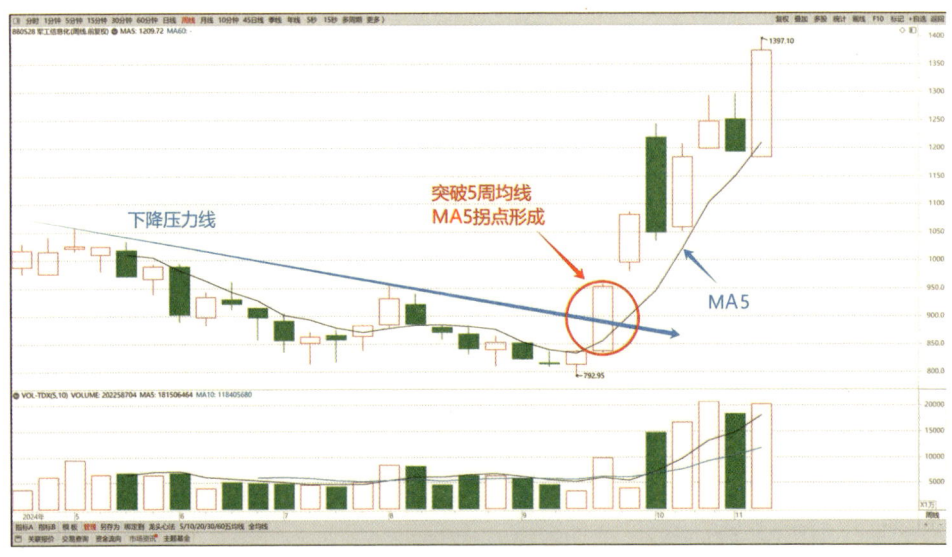

图 5-7　军工信息化概念板块指数周线图

其次，观察图 5-8 的日线图可以发现，9 月 24 日军工信息板块指数在温和放量的情况下成功突破了 MA60。随后的 3 天内，该指数持续稳定地站在 MA60 上方。此外，MA60 的下降趋势已经停止，并开始逐渐上扬，呈现出一种积极的进攻态势，标志着 MA60 拐点的形成。

再次，审视 MA5 与股价的互动，9 月 27 日标志着在突破 MA60 后连续第 3 天的稳固站位，此时 MA5 与 MA60 呈现出金叉形态。股价、MA5 和 MA60 依次从上至下排列，展现出一个多头排列的发散格局，预示着上涨趋势的正式确立。

图 5-8 军工信息化概念板块指数日线图

三、板块连续 3 个交易日涨幅前 3 名

连续 3 个交易日涨幅居于前 3 名的板块，方有潜力成为"龙卷风"。

在每个交易日，总会有某个板块引领市场上涨，然而，并非每个在第一天领涨的板块都能在次日保持其领先地位。特别是在熊市期间，大多数板块倾向于轮动，持续性往往难以维持。通常，在一段时间内，市场只会聚焦于一个主要板块，资金会不断地在这个板块上进行炒作。相比之下，在牛市中，由于资金充裕，可能会有三到 4 板块同时上涨，并且这些板块的表现具有一定的持续性。

那么，在众多的上涨板块中，我们应如何识别那些真正具有潜力的龙卷风风口呢？其量化标准又是什么？

若某 1 板块在首个交易日显著上涨，脱颖而出，领先于其他板块，但紧随其后的第 2 个交易日却表现不佳，涨幅垫底，那么该板块的上涨缺乏持续性，通常被称作"一日游"行情，这样的板块难以成为孕育市场龙头股的热点风口。

只有当板块连续 3 个交易日的涨幅均位列前 3 名时，我们才能基本确定该板块具备成为"龙卷风"板块的潜力。

当主力资金开始在特定板块中建仓介入，这一过程往往需要经历一定的周期。机构资金的建仓周期可能长达数月，有时甚至可能持续一年或更久。与此形成鲜明对比的是，短线资金的操作方式截然不同，它们必须在极短的时间内迅速收集大量筹码。因此，短线资金通常需要保持至少 3 天的成交量放大。在这一过程中，市场上的筹码供应可能会出现供不应求的情况，从而推动股价自然上涨，形成量价齐升的积极趋势。这样的板块有望成为"龙卷风"板块，孕育出新的龙头股。

四、板块内当日涨停数大于 3 只

涨停标志着一只股票在特定交易日内达到的最高涨幅限制，是其表现最为强劲的信号。那么，我们应如何通过涨停这一指标来评估一个板块的强势程度呢？

个股涨停的数量是衡量板块是否具有"龙卷风"潜力的关键指标之一。在熊市的背景下，如果某 1 板块的个股涨停数量超过 3 只，这通常表明该板块正在展现板块效应，并且有可能成为市场关注的焦点。而在牛市的环境中，主流板块的个股涨停数量往往远超3只,因此更倾向于关注涨停数量的排名。如果板块的个股涨停数能够进入前3名,这表明该板块同样具有显著的板块效应。

鉴于各板块所包含的个股数量不尽相同,我们不仅需要关注板块涨停的绝对数量,还应当考虑相对比例,即板块内涨停个股数量与该板块总个股数量的比。这一比例的高低反映了涨停个股在板块中的占比情况,比例越高,表明板块的强势程度越明显。原则上,拥有最高涨停数比例关系的板块才是最强势的板块。

五、板块三军建制完整且有效配合

何为三军建制?

现代的"三军"是指陆、海、空三军。在历史上,"三军"的概念则完全不同。最早起源于春秋时期,当时的大国通常都设三军。古代所说的三军是指骑马打仗的前、中、后三军。前军一般是先锋营负责开路(修路、架桥)、侦察、应付小规模的战斗,带部分军需物资。中军就是统帅所处的大军,有当时作战的大部分作战兵种(骑兵、步兵等)。后军主要就是后勤保障的军需物资、工匠以及大量的民工等。

简而言之,三军的作用可概括为先锋部队开辟道路、主力部队投入战斗、后勤部队提供补给。他们的作战目标是一致的,空间上依次排列,相互支持、协同作战,主次清晰,各尽其责。在股市板块中,这一概念同样适用:首先,小市值的先锋股引领市场,吸引投资者关注;其次,中大市值的核心股票吸引大量资金,成为主力的绝对核心力量;再次,后排的补涨股和新晋涨停股提供有力支持,反推先锋和容量中军继续前行,从而形成一个协调运作的完整梯队。

一个板块要想成为市场的焦点，成为板块内的"龙卷风"，必须具备三军建制完整的条件。单靠一两只股票的力量是不足以推动整个板块，孤立无援的战斗注定会失败。只有当板块内的所有关键部队都齐备，纪律严明，并且能够形成协同作战的集团，才能真正将该板块塑造成市场中的绝对焦点，从而形成一个强大的"风口"，即龙卷风。

六、板块指数突破前期平台

要使板块化身为龙卷风，除了前述的五点要素之外，从技术分析的角度来看，还有一个关键条件不可或缺：板块指数必须突破先前平台的关键阻力区域。

如图 5-9 所示，低空经济概念板块指数在 2024 年 9 月 25 日温和放量并站稳于 MA60 之上，趋势拐点正在逐步形成。然而，上涨空间仍受到过去两

图 5-9　低空经济概念板块指数日线图

道重要压力位的限制。若不能突破这些压力位，板块很可能继续维持横盘箱体震荡的走势。反之，若能一举突破这两道空头防线，后续空间将有望全面打开，板块将如同龙卷风般迅速崛起，未来的发展前景值得期待。

2024年9月30日，低空经济板块指数如平地惊雷，高开高走，成交量急剧放大至天量，板块涨幅更是达到12.31%，一根超级大阳线直接突破了空头的第一道防线和第二道防线。彻底扭转了熊市格局，开启板块指数的牛市行情。

在国庆节后的10月8日，市场大幅高开并经历了剧烈的波动，当日涨幅达到11.26%。在10月8日之后，市场进行了为期3天的缩量技术性回调，确认了支撑位的有效性。在此之后，市场温和放量，震荡上行，开启了稳定的量价齐升行情。

从技术分析的角度来看，一旦压力位被突破，它通常会转变为支撑位。股价在惯性上冲之后往往会回踩这一支撑位，若支撑位得到确认有效，那么可能会触发新一轮的上升趋势。因此，如果板块指数能够突破先前的关键压力点，那么它有望启动主升波段，从而形成市场热点，成为龙卷风。

龙卷风的形成孕育了龙头股的崛起。首先，我们要识别出龙卷风的迹象，然后接近其核心区域，便能轻松捕捉到那些乘风破浪的龙头股。最关键的是，在众多概念和题材板块中，挖掘出那些有潜力成为龙卷风的板块。这样一来，从超过5000只个股中挑选出1只龙头股的任务，就简化为在几十或几百只个股中挑选出最强势的股票。分子保持不变，而分母大幅减少，这无疑提高了成功的概率。本节提及的六个要素，是判断板块是否能成为龙卷风的关键。如果这六个要素同时具备，那么我们可以确定该板块已经形成了一个龙卷风的风口，它正是孕育龙头股的摇篮。

第四节　龙头涨停启动的类型

无论是板块指数还是个股，股价对前期关键阻力位的有效突破标志着主升浪启动的开始。启动的方式多种多样，我们专注于研究其中最为强势的形态，即以涨停板形式实现突破。涨停突破本身也呈现出不同的形态，通常包括一字板、T 字板、烂板和 N 字板这四种类型。

一、一字板

一字板是指股票在开盘时即以涨停价开盘，并且在全天交易中持续保持涨停状态直至收盘，从而在日线图上形成一条直线，即一字形态。

这种情况下，成交量通常极度缩小。这表明市场上的卖方数量极少，而买方需求巨大，供求关系严重失衡。其结果是，场内的投资者不愿出售手中的股票，而场外的投资者则渴望进入市场，只能以涨停价挂单，等待机会的到来。如果一只股票表现得足够强劲，通常情况下，即使连续多日排板也难以有所斩获。这反映了市场对这只股票未来上涨趋势的一致且强烈的看好态度。

如图 5-10 所示，松发股份（603268）的股价在很长一段时间内持续在 60 日均线下方波动下行。直至 2024 年 9 月 6 日，股价成功突破 MA60，并在随后的走势中稳固地站在该均线上方。同时，MA60 的走势也由之前的下降趋势逐渐转为水平。随着股价重心的上移，MA60 的走向开始轻微上扬。到了 10 月 17 日，股价以一字板的形式突破了长达 114 个交易日、持续 5 个多月

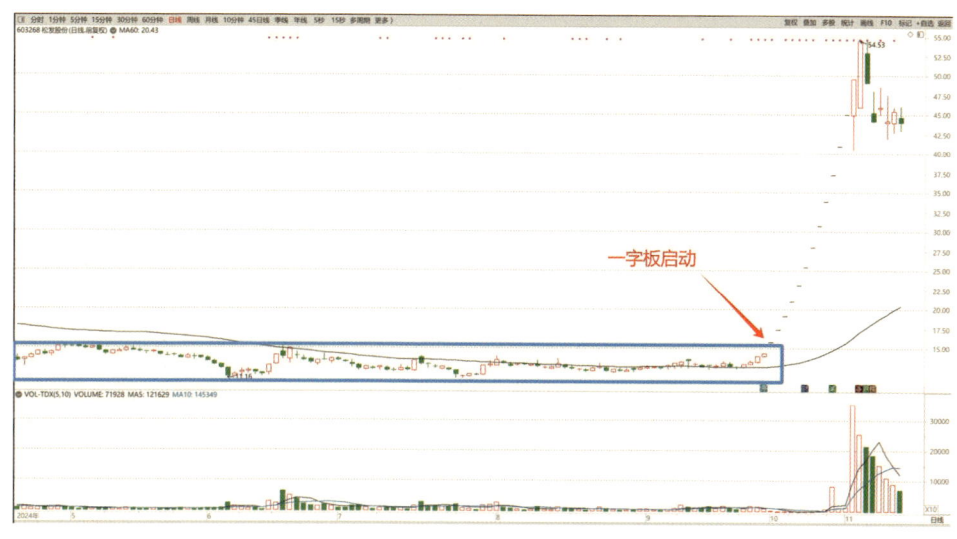

图 5-10　松发股份突破与一字板启动日线图

的横盘整理区间，标志着全面进入主升浪。截至 2024 年 11 月 5 日，该股在 14 个交易日内股价涨幅达到 280%，实现了 14 个连续的涨停板，其中 12 个为连续的一字板。

如图 5-11 所示，大千生态（603955）于 2024 年 10 月 25 日强势突破箱体震荡区间，形成一根大阳线（蓝圈）。随后，股价回探至箱体上边沿并在此区域震荡了 5 个交易日。11 月 5 日，该股启动了一轮"一字板"连续的涨停板行情。随后，该股连续涨停 13 板，其中有 8 个一字板，实现了一波疯涨，利润也极其可观。

一字板，除非提前在横盘震荡期间潜伏低吸，否则在实际操作中很难在启动的瞬间捕捉到，对于众多投资者而言，参与度并不高。在股价处于低位时，投资者可以选择提前挂出涨停价进行排队。若投资者拥有充足的资金量，并且提前委托挂单，那么在股票连续涨停的情况下，他们将有可能在开盘时即一字涨停时成功买入，或者在盘中因市场情绪波动导致部分投资者抛售时，有机会

图 5-11　大千生态一字板启动日线图

挤入成交。

二、T 字板

如图 5-12 所示，三佳科技（600520）股价在 60 日均线附近经历了反复的震荡，逐渐构筑了一个箱体平台。随着股价逐步上穿 MA60，并多次回探该均线而未跌破，市场重心开始上移。2024 年 9 月底，股价在 MA60 上方连续收出小阳线建仓。最终，在 2024 年 9 月 30 日，伴随着成交量的放大，股价涨停突破了长达 121 个交易日的箱体平台，次日走出 T 字板涨停，标志着底部建仓过程的圆满结束。

在 10 月 8 日国庆假期结束后的首个交易日，市场全面启动，主升浪行情爆发。在 11 个交易日内，该股股价实现了 138.31% 的涨幅和 165.32% 的振幅，轻松完成了翻倍。

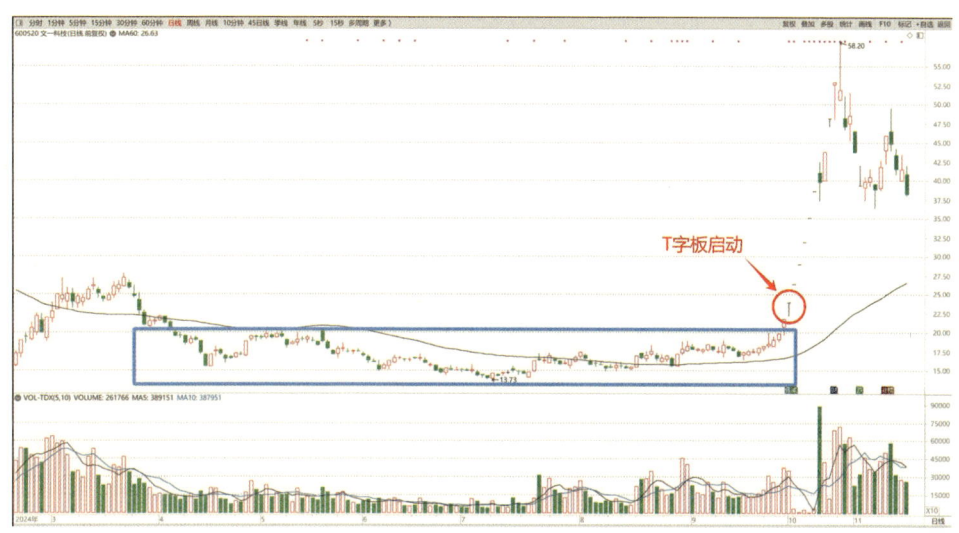

图 5-12　三佳科技突破箱体，T 字板启动日线图

如图 5-13 分时图所示，10 月 8 日开盘时，三佳科技集合竞价阶段即出现涨停。随后，全天股价多次触及涨停板但未能封住，涨停板被打开后又迅速回封。在此之后，股价分时一度下跌到 2% 的位置，随后又被拉回。在涨停板附近，股价经历了多次反复的震荡。最终，在下午 2:00，股价准时封于涨停板。在此后一路上涨，该股总共走出了 10 个涨停板。

如图 5-14 所示，锦江在线（600650）在 2024 年 7 月 9 日的交易中，T 字板成功突破了 60 日均线，伴随着成交量的显著增加，形成了突出的孤量。尽管股价仍在箱体范围内波动，但关键的 60 日均线突破被视为主力资金积极进攻的明确信号。随后，在接下来的 17 个交易日内，股价实现了 107.43% 的区间涨幅和 137.2% 的区间振幅。

图 5-13　文一科技 T 字板启动分时图

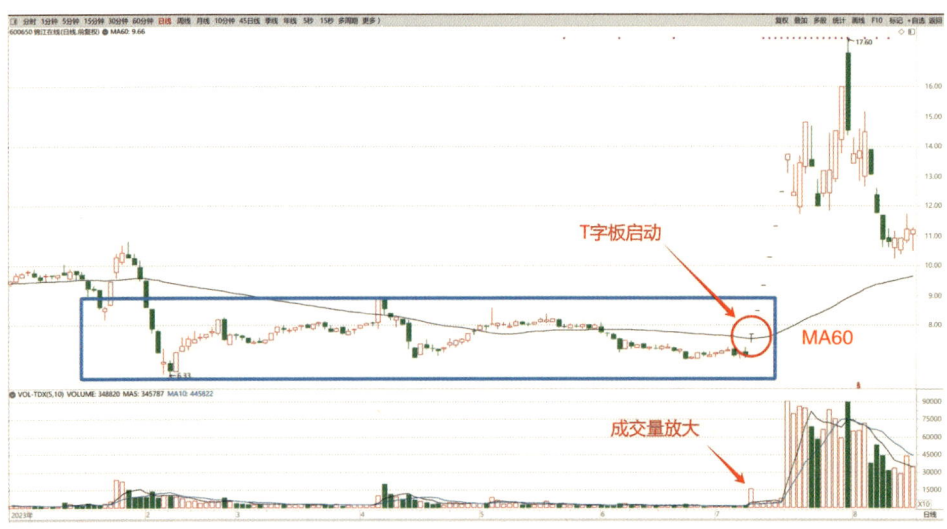

图 5-14　锦江在线 T 字板启动日线图

如图 5-15 所展示，锦江在线首板 T 字板启动的分时图揭示了开盘即触及涨停价的过程。在上午 10:00，涨停板被打破，股价随后调整形成了一个圆弧形的底部。在上午 11:30 前后，股价试图重新触及涨停，但未能实现。进入下午，股价再次形成一个类似扁平的底部形态，不过与上午相比，下午的底部位置有所提高。全天的最低点呈现出逐渐上升的模式，并在下午 2:42 成功封住涨停板。这种分时走势呈现出健康的"烂板"特征，特别是在关键的低位区域，值得积极介入。

图 5-15　锦江在线 T 字板启动分时图

通常而言，T 字板的位置恰好位于关键阻力位的突破点，此时市场分歧显著，面临前期沉重的套牢盘抛售压力，同时也有大量期待市场上涨的踏空资金急切寻求入场。在这种多空双方激烈对抗的情况下，成交量自然会显著增加。

T字板象征着市场对该公司开盘前的乐观预期，集合竞价阶段股价普遍受到看好，以涨停价开盘。然而，在交易过程中，由于资金的抛售，导致了盘中开板，市场立即出现了剧烈的多空对决。主力资金持续吸纳筹码，在每一次价格下跌时都能以较低价格承接，使得股价在分时图上的低点逐渐上升，最终在波动中稳步上扬直至封板。这种分时图形态，我们通常称之为"大烂板"。

并非所有的"烂板"都缺乏价值，关键在于"烂板"所处的具体位置。位于低位的"烂板"往往意味着机会大于风险，而处于高位的"烂板"则可能风险远超过机会。

因此，当出现关键的低位T字K线形态，并且市场即将回补至涨停板时，投资者可以积极考虑介入试错。由于处于低位，风险相对较低。即便最终未能成功封住涨停板，市场调整下跌的幅度也通常有限。相反，一旦市场回补并封住涨停板，那么后续上涨的空间将充满想象，这样的买入点具有很高的性价比。

三、如意板

如意板实为齐天大圣孙悟空的"如意金箍棒"简称的谐音。成交量激增至前所未有的天量级别，以实体大阳线涨停的形式突破了关键的压力位，其成交量和股价都仿佛一根赤红的如意金箍棒，在重要的压力位上斩妖除魔，开拓疆土，为未来开拓全新的前景和无尽的想象空间。

如图5-16所示，四川长虹（600839）2024年10月16日首板突破3月18日和10月9日两个阶段性高点构筑的箱体上边沿，并且成交量明显放大，次日10月17日再次量价齐升，完全突破2023年10月19日一年之前的阶段性高点。

图 5-16　四川长虹如意板启动日线图

首板成功攻克了第一道关键障碍，紧接着 2 板又突破了周线和日线上的第二道至关重要的关卡，连续两天呈现出量价齐升的喜人局面。如意板出现后，象征着后市顺心如意，随后的市场走势正如预期所料，持续强劲上扬，这波初步行情仅用 13 个交易日便实现了 143.51% 的涨幅和 198.52% 的振幅。

如图 5-17 所示，深圳华强（000062）在 2024 年 8 月 15 日的成交量激增至前 5 日平均成交量的 5 倍，伴随着价格的上涨，形成了一个量价齐升的强势局面，并成功突破了 MA60。紧接着在 8 月 16 日，成交量进一步放大至阶段性高点，同时突破了关键的压力位，确立了一个大型的 W 底形态。连续两个交易日的强势表现，如同孙悟空手中的如意金箍棒，坚如磐石地稳固在底部区域，为后续的上涨行情奠定了坚实的基础。如图 5-18 日线图所示，随着如意板的启动，在接下来的 18 个交易日内，深圳华强的股价涨幅达到了 329.39%，振幅高达 402.99%，使其成为市场上最为耀眼的龙头股。

图 5-17 深圳华强如意板启动日线图

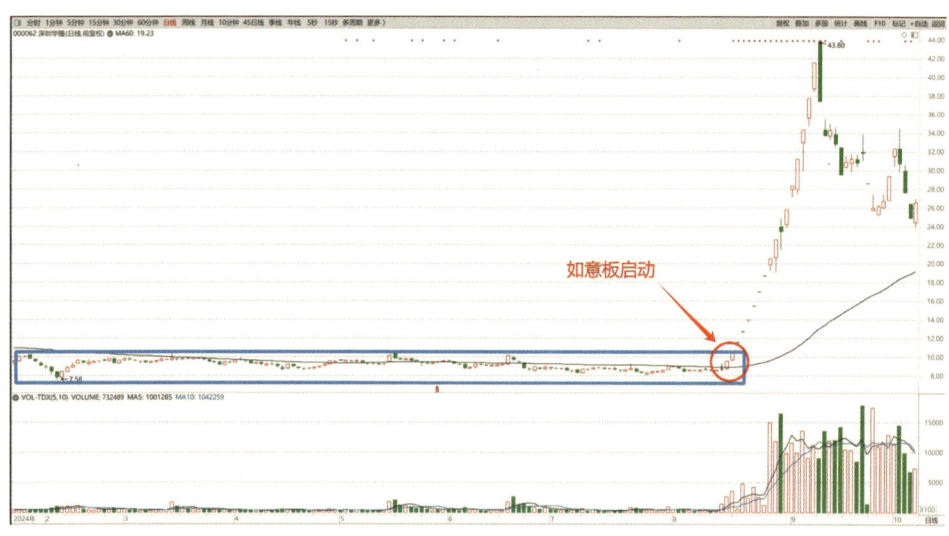

图 5-18 深圳华强突破长期箱体,以如意板打开涨停

如意板的技术特征体现在其底部区域的关键位置,当股价呈现低开高走的态势,并以实体较长的大阳线涨停,同时伴随着成交量的显著放大,表现为倍量或阶段性天量的大红柱,实现了量价同步上升的标志性 K 线形态。这种形态

往往伴随着股价突破60日均线或重要的阻力位，标志着趋势的逆转，并启动了主升浪行情。

如意板为投资者呈现了一个关键的买入时机，全天候为投资者提供了充裕的时间和空间进行交易操作。它通常表现为连续两个涨停板的形态，即连板启动，这是我们应当密切关注的模式。

四、N字板

在前面的章节，我们深入探讨了"汉堡N字洗盘"技术特征的细节。虽然乍看之下，它仅是一个由两个涨停板和夹在中间的1至6根洗盘K线组成的技术模型，但其出现的具体位置赋予了它截然不同的含义。本节内容将着重从市场情绪和周期的角度来剖析N字形涨停板的内涵。

N字板，其极致形态为两个连续涨停板之间仅夹着一根K线，这代表了最强劲的市场力量。而最复杂的N字板形态则是在两个涨停板之间夹杂着6根K线，这通常被视为N字板中最为弱势的表现。在一般情况下，当龙头股处于主升浪阶段时，N字板中间的K线数量往往不会超过3根，这反映了其强势的市场地位；相比之下，3至6根K线的N字板则通常意味着相对弱势。

从情绪的角度来看，N字板由三个部分构成，各自代表了三种不同的市场情绪。

首先是第一个涨停板。在这一涨停之前，市场行情通常可以分为两种情况：

第一种情况，市场前面经历了调整和震荡下跌，随后出现的涨停板标志着情绪从低迷转向热烈的明显信号，这通常被视为从弱势向强势转变的典型迹象，预示着日线级别的下降趋势可能会发生改变，即情绪的转折点，如图5-19所示。

图 5-19　常山北明 N 字板首个涨停情绪转变

第二种情况，在一段上涨行情翻绿 1 至 2 天之后再次出现涨停，这种涨停板是之前上升趋势的延续，它标志着一个高潮的到来，并为之前的一段上涨行情画上了一个圆满的句号，展现了强势的顶峰，即延续前期情绪一致看多，如图 5-20 所示。

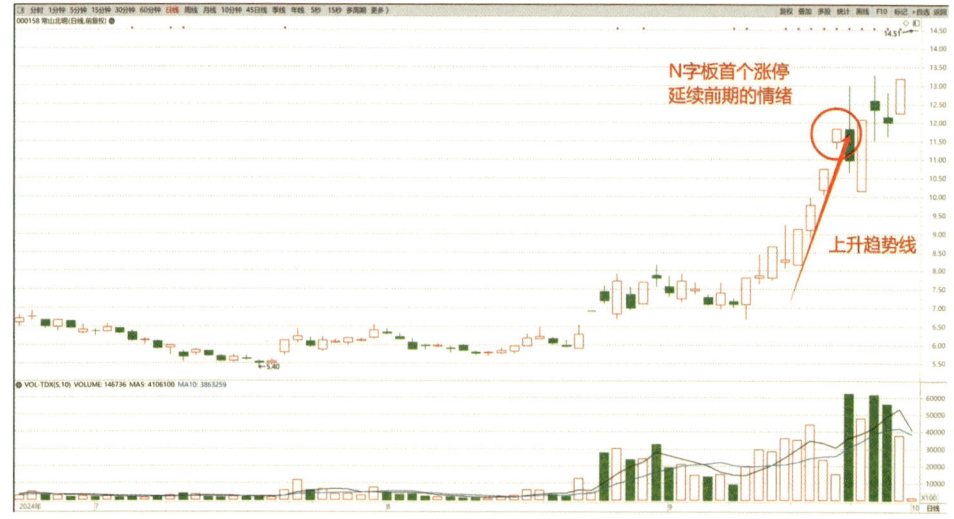

图 5-20　常山北明 N 字板涨停延续前期情绪

随后，市场将进入第二部分调整期。在经历首次涨停后，通常预期是持续的上升趋势。然而，如果上涨突然停止，并转向调整，这可能会导致立场不坚定的投资者在接下来的 1 至 6 天的震荡中放弃持股，这一过程被称为"汉堡 N 字洗盘"。市场情绪从高潮转向低迷，这种策略有效地将许多短线投机者淘汰出局，成为主力资金运用的典型手段。投资者需谨慎区分这是否为真正的洗盘或是市场确实开始走弱。我们设定的汉堡 N 字洗盘短线调整极限天数为 6 天，若调整时间超过这一期限，通常可以判断后续市场短期内可能将持续走弱。

如图 5-21 所示，常山北明在主升浪上涨过程中，市场情绪并非始终如一，而是伴随着持续的波动。在不断上攻与短暂休整之间，情绪反复经历从弱势到强势的转换，尽管如此，整体趋势依旧呈现出稳定的上升态势。常山北明汉堡 N 字洗盘的调整周期不超过 5 天，多数情况均控制在 1 至 2 天内，从而保持了相对强势的市场节奏，成为当时的市场总龙头，领涨地位无法撼动。

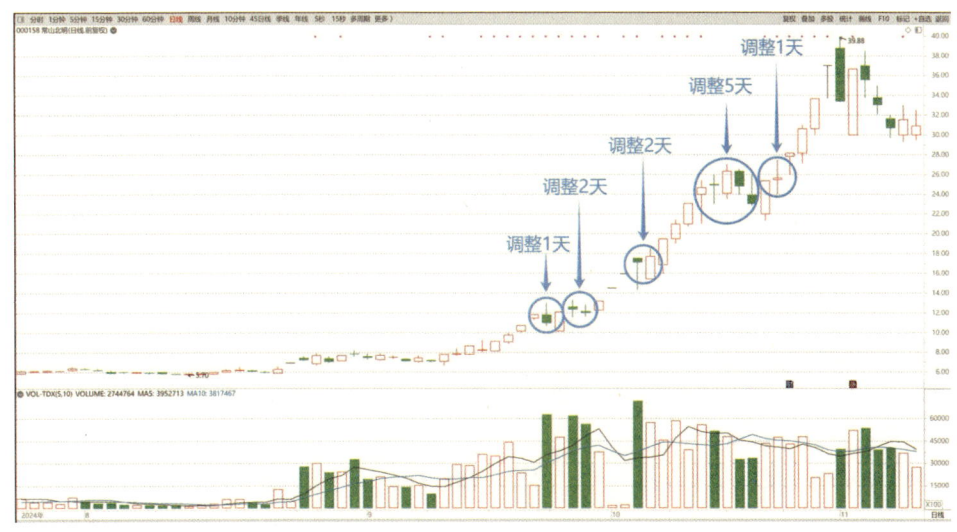

图 5-21　常山北明 N 字板调整天数

该股第二个涨停板标志着情绪的再次转变，在调整和震荡的过程中完成了洗盘和吸筹，随后迅速拉升，反包了之前的调整 K 线，从而开启了未来的上升行情。

N 字板的走势规律，与篮球运动员在运球时常做的假动作类似。面对防守队员，持球者首先做出向右侧突破的假动作。这时，对方防守队员会试图向这个方向进行防守，身体重心因此向该侧偏移。紧接着，持球者会突然变向至左侧，迫使防守队员迅速改变方向。由于急停后重新启动需要消耗更多能量，加上时间差和惯性的作用，防守队员就会落后于进攻队员一个身位。最终，当进攻队员再次反转向真正突破意图的右侧时，防守队员由于之前的滞后性和巨大的惯性，身体重心已经完全跟不上节奏，只能再次急刹车，导致脚底打滑摔倒在地，只能无助地看着进攻队员迅速突破，望尘莫及。

世间万象，皆可融会贯通。在股市中，进攻方的运动员即为主力资金，而防守方的运动员则是广大的散户投资者。N 字板正是这一连串的连续假动作，通过反复的反转，彻底摆脱对手，将其甩在身后，从而让自己毫无阻碍地向前飞奔。

如图 5-22 所示，双成药业（002693）从 2024 年 9 月 11 日开启主升模式，经历 28 个交易日 3 个上升段，走出了一场波澜壮阔的主升行情，实现区间涨幅 635.06%，振幅 675.1%，是该时间段绝对的人气龙头。第一波上涨是标准的一字连板龙头类型，第二波和第三波则是换手连板龙头类型，其中最重要的转折点由两个 N 字板完成，这是情绪的极致转换。跌停板后，如图 5-23 所示，10 月 24 日在关键的位置走出"地天板"吹响反攻的号角，使情绪在极短的时间内由极度悲观看空转化成积极乐观看多。N 字板为短线投资者提供了加仓买入的良机，随后的市场走势很可能会持续其上升趋势。

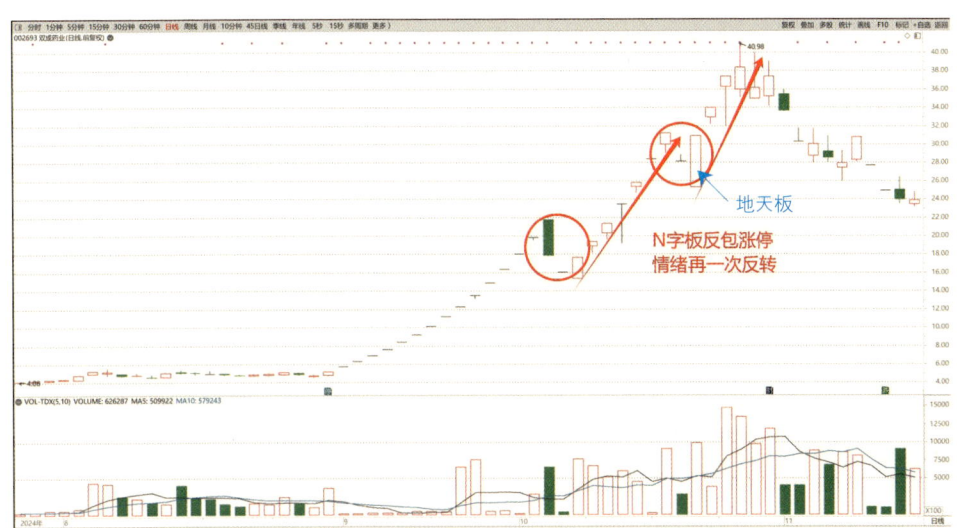

图 5-22 双成药业两个 N 字板反包涨停

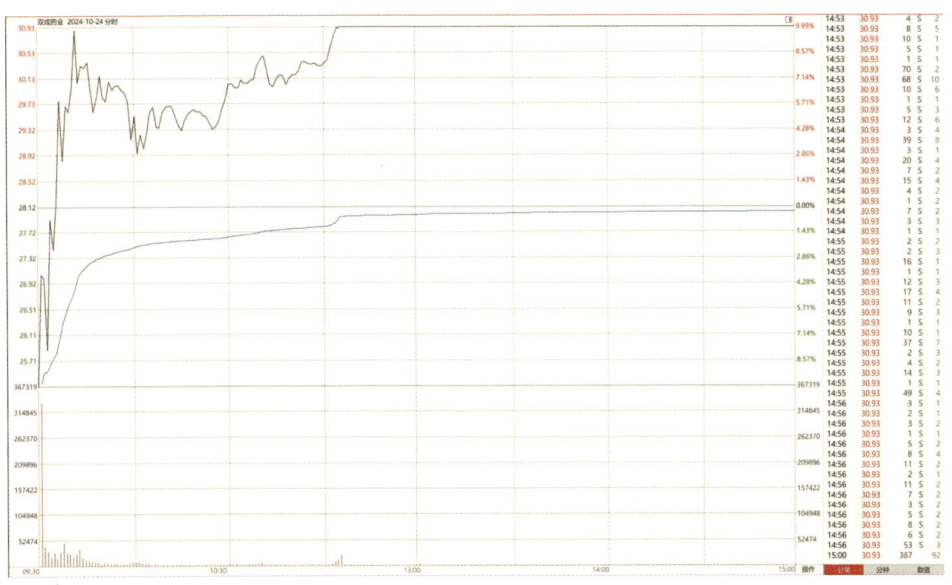

图 5-23 双成药业 10 月 24 日地天板反击分时图

第五节　如何用仓位擒龙捉妖

一、如何控风险

股市的核心在于筹码与资金的互换，本质上是一场零和游戏。在此过程中，并非创造新价值，而是价值的转移，换而言之，即财富的重新分配。既然是游戏，自然存在胜负之分，因此，如何确保自己始终处于不败之地，是每位投资者必须深思熟虑的问题。

谁也无法预知意外与明天哪个会先到来。

在这个世界上，没有人能够确切地知道明天将会发生什么。常言道："千金难买早知道。"同样地，股票市场的未来走势总是充满未知。

二、仓位管控是唯一有效方式

第一天买入某只股票之后，没有人能够确保次日股价一定会上涨，或者能够实现百分之百的涨停。相反，股价可能会遭遇跌停，甚至面临 A 杀的风险。

我们无法控制所有外部的客观因素，唯一能够掌握的便是自身的投资行为，例如你自己决定购买哪只股票、买多少、何时买。对于投资者而言，科学合理的仓位管理和控制，是成熟的投资者所必须具备的素质。

仓位管理对于交易者来说，就如同一位将军对麾下士兵的指挥。投资者的每一分资金都象征着一名战士，必须珍惜每一位战士的生命。不可轻率行动，无论面对何种战斗，都应避免孤注一掷，将所有力量投入单一战场。若不幸落入敌人的圈套，可能会导致全军覆没，再无东山再起的机会。例如，如果曹操在赤壁之战中投入了所有的军队，一旦战败，由于后方无兵可调，后备力量耗尽，那么三国鼎立的历史格局或许就不会出现，历史的走向也将因此改写。

股票投资同样如此，每一次的交易操作都如同一次精心策划的军事行动，必须通过策略性合理分配资源，才能确保自己处于主动且有利的位置，进可攻退可守，从而保持不败之地。而仓位管理是唯一能够控制风险的手段。

仓位管理包含两个主要议题。

首先，在投资的广度层面，我们需探讨是否有必要进行仓位分散？若决定分散，应选择多少个仓位为佳？

其次，在投资的深度层面，对于单一股票，我们应如何执行购买？是否应采取分阶段买入的方式，以及如何具体规划这些阶段？

三、分仓控回撤

若每次操作均采取满仓策略，即俗称的"梭哈"，则与赌博无异，其结果往往以失败告终。在赌场中，若每次下注均采取梭哈策略，即便运气极佳，只需一次失误，便可能导致全部输光。

同样地，在股市中，如果投资者每次仅投资单一股票，并且每次决策都正确，符合趋势，那么复利效应的增长潜力将是惊人的。然而，如果市场走势与预期相反，由此产生的下跌亏损会非常大。例如，从 100 万元的本金亏损 50% 意味着损失了 50 万元，而要弥补这一亏损，剩余的 50 万元需要增长 100%，才能回到原来的 100 万元，这在实际操作中难度显著增加。在股市中，为了长期生存，投资者必须严格控制资产大幅回撤的风险。孤注一掷地投资于单一股票会导致资产波动剧烈，其资产曲线将不可避免地呈现出锯齿状的波动模式。一旦发生回撤，想要重新夺回失去的阵地，就需要付出巨大的努力和更多的时间。

控制回撤的最佳方式就是分仓操作，那应该分仓多少只合适呢？

据我所知，许多粉丝、家人和朋友们的账户中持有数 10 只以上，甚至上百只股票，这种情况常被戏称为"开超市"。打开账户，满眼尽是密密麻麻的绿色数字，让人目不暇接，我看着都感到头疼，实在好奇这些投资者是如何管理每一只股票的，更不用说实现盈利了。常言道："不要把所有鸡蛋放在同一个篮子里"，这种做法确实有其合理性，但这句话的本意并非建议将 100 个鸡蛋分散到 100 个篮子中去。

分仓数量的多少至关重要，既不宜过多，也不宜过少。那么，究竟怎样的数量才是恰当的呢？

每个人都有独特的背景，包括性格、年龄、对股票的了解、自我认识、资金规模、实际操作经验、交易风格和风险承受能力等，这些因素都会影响他们对股市的理解和分仓管理的认识。

在这里，我将与大家分享一种相对合理的分仓策略和具体的量化分类方法，但请注意，这并非一成不变的规则，仅供参考。鉴于每个人的情况都有所不同，您可以根据自己的风险偏好、资金性质进行适当的调整。以下是一些建议，根据不同的资金量进行分仓：

在资金不超过 10 万元的情况下，建议将资金最多分配到 3 个不同的仓位；

若资金量介于 10 万～50 万元之间，可将资金分散至 3～5 个仓位；

资金量在 100 万元以内时，建议分散投资至 5～8 个仓位；

资金量超过 100 万元时，应考虑将资金分配至 10 个左右仓位。

相对职业投资者而言，对于大多数散户投资者，如果是个人操作，由于投资规模通常不会太大，因此将投资组合的股票数量控制 5 只左右，是较为适宜的。这样的数量既能够保持投资组合的进攻性，又能够确保一定的防守能力。此外，限制持仓数量还能迫使投资者在选择股票时更加理性和审慎，致力于从众多选项中精选出最优质的股票，而不是盲目跟风或随意购买。

少就是多。

聚焦核心标的，宁缺毋滥，只做最强，只做龙头，其他一律不考虑，将有限的资源全部集中到人气最旺、身位最高、胜率最大、容错最高、上涨空间最大的龙头个股上。

在熊市期间，资金倾向于聚集于少数板块或市场大龙头以寻求避风港，因此在特定时期内，市场通常只会出现一到两个核心的龙头股。然而，当牛市启动，市场流动性显著增强，资金不再仅仅集中于单一股票，而是可能同时推动多个不同概念和题材的龙头股齐头并进。在这种情况下，投资者应专注于那些市场表现最为强劲的几只股票。

聚焦核心，去弱留强，与强者同行，与龙头共舞。

四、单只分批买

仓位管控分两步走，第一步，根据资金体量确定分仓几只，将资金切分为独立的几份；第二步，针对单只股票要分批买进。

无论是针对总金额还是单只个股，都要明白为什么要分批买进？如何分批买进最合适？

在不同的时间点和空间位置，市场所蕴含的机会与风险各不相同，始终处于持续的动态变化之中。即便是处于上升趋势的龙头股票，其价格走势也不可能是一成不变的直线，而必然会呈现出波动上升的模式。因此，选择合适的买入时机至关重要，一个精准的切入点往往意味着交易成功了一半。

在确定了分配到不同股票的资金比例后，接下来的问题是如何购买个股。若不采取分批买入的策略，而是选择一次性全仓投入，这实际上与不进行资金分配、满仓操作无异。

从资金管理的角度来看，将资金分配到多只股票属于宏观层面的战略布局，而对单一股票进行分批买入则更偏向于微观层面的战术执行。前者关注的是投资组合的广度，后者则是纵向深入挖掘个股的潜力。

仓位管理的这两个步骤本质上是相同的，缺一不可，这样才能有效地控制风险。

在确定了分仓的几只股票后，必须分批购入每只股票的仓位。具体的买入方法和分批买进的百分比如下，整个过程共分为四个步骤，即"分批买进四步法"：

1. 低吸建立底仓，30%；
2. 突破压力加仓，30%；
3. 回踩不破加仓，20%；
4. 再创新高满仓，20%。

首先，在考虑购买某只股票前，首要任务是评估该股票是否已经步入牛市。如图5-24所示，四川长虹（600839）是标准的分批买进案例，当观察到股票的日线和周线均高于MA60，并且MA60从先前的下降趋势转变为平缓甚至开始向上倾斜时，这通常意味着已满足牛市启动的基本条件。在这种情况下，如果进一步发现股价在日线和周线上都位于5日均线上方，并且5日均线也呈现出向上拐头的积极态势，那么就构成了建立初始仓位的时机。接下来，可以在日线级别寻找合适的切入点，在股价回调至5日均线时进行低吸买入，如图5-25所示。初次建仓的规模应限制在总仓位的30%，作为谨慎的试探性操作。

一旦完成买入，只要股价未出现有效跌破 60 日均线的迹象，投资者应该坚定持股信心。

图 5-24　四川长虹周线图买入点

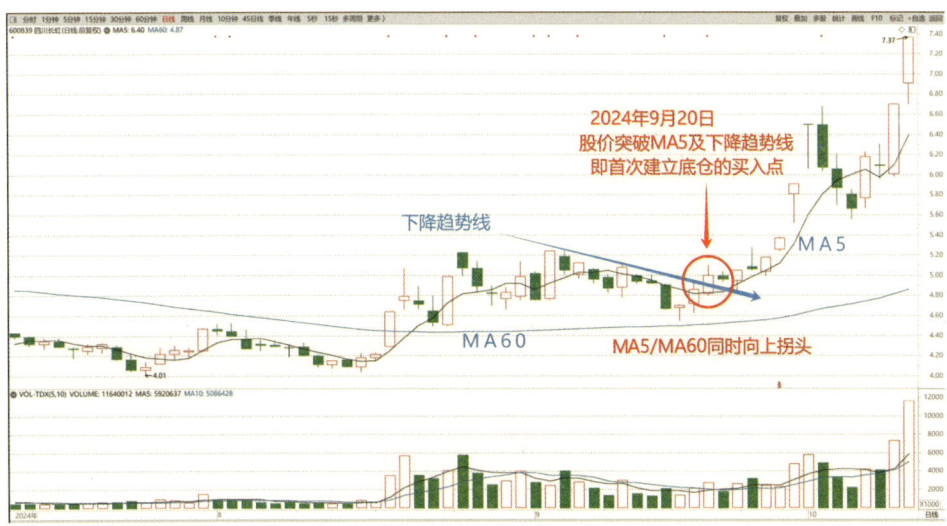

图 5-25　四川长虹日线图买入点

其次，在接下来一段时间，股价一旦冲破近期成交量和股价的最高点，应立即加仓30%。对于长期处于下跌趋势的股票，若市场趋势即将反转，主力资金通常会在60日均线附近通过放量突破并站稳于这条"牛熊分界线"之上，股票将展现出量价同步上升的势头，成交量和股价如同山峰一般耸立于60日均线之上。这标志着主力资金在下跌趋势后的首次大规模建仓信号。若股价在技术性调整后回踩60日均线但未跌破，且显示出止跌并开始向上攻击这一量价山峰的迹象时，应密切关注股价是否能突破前期高点的压力位。一旦股价以中大阳线突破这"山峰顶"，则应迅速加仓30%，使得该股票的持仓比例达到60%。

再次，如图5-26所示，当股价穿越了先前的底部"山峰顶"之后，通常会经历一次回调以确认突破的有效性。在这个过程中，先前的"山峰顶"将从阻力位转变为支撑位。如果该股票表现强劲，其价格甚至可能在比"山峰顶"更高的位置止跌企稳，例如在下跌过程中遇到一个高于底部"山峰顶"的量价

图5-26　四川长虹分批突破买进法

峰值。一旦这个位置被突破，通常会显示出支撑力。此时，如果在支撑位出现短线的拐点信号，则可再度加仓 20%，使该股票的总仓位提升到 80%。

最后，当股价稳定并持续攀升，刷新短线新高，并且突破了由近期所有阶段性高点构成的平台箱体上边沿时，此时应将剩余的 20% 仓位悉数投入，从而完成对该股票的分批买入过程。如图 5-27 所示，自 2024 年 9 月 20 日首次买进四川长虹以来，截至 11 月 1 日，仅 26 个交易日，区间涨幅达到 205.14%，振幅高达 273.05%，成绩令人瞩目。

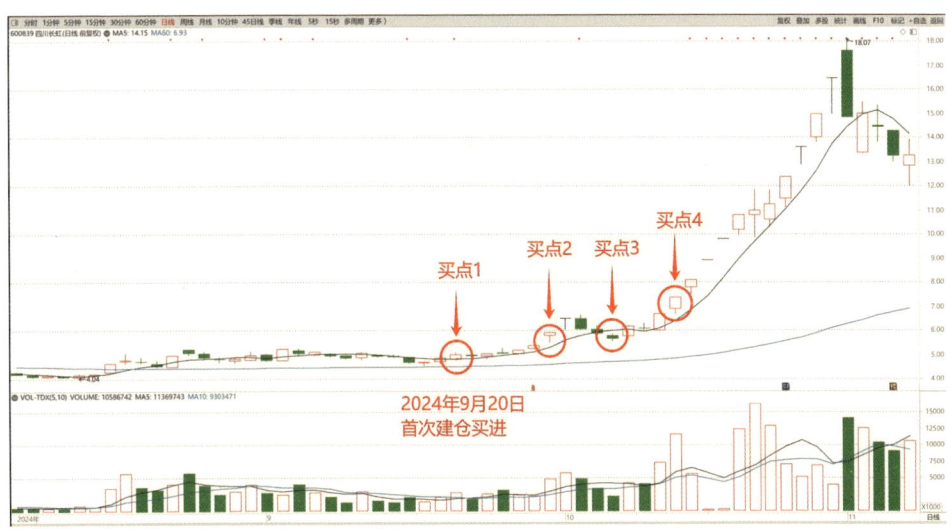

图 5-27　四川长虹日线分批买进四步法

第六章 主升
——飞龙在天,让利润狂奔

坚定趋势,与龙共舞

坐享主升,腾云驾雾

第一节 趋势不变,坚定信仰

一、何为主升

主升,即股市投资中最重要的利润来源。

主升浪是指在股票市场中,经过主力资金大举建仓和洗盘后,股价大幅拉升的阶段。这个阶段是股票价格上涨的主要阶段,通常伴随着成交量的显著增加和股价的快速上升。

建仓、洗盘、启动、主升、见顶、下跌——这六大阶段共同构成了一个完整的市场周期。其中,主升无疑是最为关键的阶段,它犹如沙漠中绽放的花朵,夜空中绚烂的烟火,是投资者最为渴望和珍视的景象。通常,一只股票的主升行情是经过长时间的积累和准备后，一朝爆发的结果。特别是在中国 A 股市场，长期以来牛短熊长的市场格局依旧未变。当大盘、板块和个股形成共振，进入主升阶段，即俗称的"牛市"时，对于投资者来说，这是一个难得的机会，必须牢牢把握。一旦错失，可能需要等待数年才能再次出现。

主升阶段是周期中盈利最为轻松、涨幅最为显著、涨速最为迅猛、利润最为丰厚的时期。特别是对于龙头股，投资者梦寐以求的时刻莫过于在主升浪启动之际进场，随后便能体验到连续多日股价飙升带来的喜悦与满足。

二、主升特征

主升一般都具有什么样的技术特征呢？

追根溯源，我们将从构成股市核心要素的股价和成交量两个因素进行深入分析。

主升行情，从宏观视角来看，是股价在时间和空间上的综合体现，反映了特定区间内动态结果的展现。

买入和卖出仅是交易中的一个瞬间，而主升浪则是一段持续的过程。识别买点和卖点属于微观层面的战术操作，而把握主升行情则需要宏观层面的战略思维。要深刻领会主升浪的精髓，必须站在更高的视角，并且持有坚定不移的信念。

三、主升形态

主升浪是由一系列的 K 线组合而成，通过分析三根 K 线，我们便可以判断出短期趋势；而大量 K 线的集合则能描绘出股价运行的形态。主升浪的形态主要可以从角度、分段、急跌三个维度进行解析，无论是大盘、板块指数还是个股，只要是 K 线图，这些分析方法都同样适用。

（一）角度

通常，每一段股价的单边上涨行情都会依赖于一条关键的生命线或移动平均线，这条线对股价起到支撑作用。每次股价回调至该均线附近时，通常都会得到支撑并继续上行。这条支撑线与水平方向形成的夹角，反映了股价在特定时间段内上涨的力度和速度。角度较小意味着上涨趋势较为平缓；角度较大则表明上涨势头更为迅猛。

一般情况下，主升阶段的上涨分为四个时期，分别是准备期、初期、中期、末期。如图 6-1 所示，东方通信（600776）在 2018 年 11 月 26 日放量涨停，标志着一段典型的主升行情的开始。该行情历经 68 个交易日，四个时期的上升角度是完全不同的，区间涨幅达到 768.01%，振幅高达 899.38%。

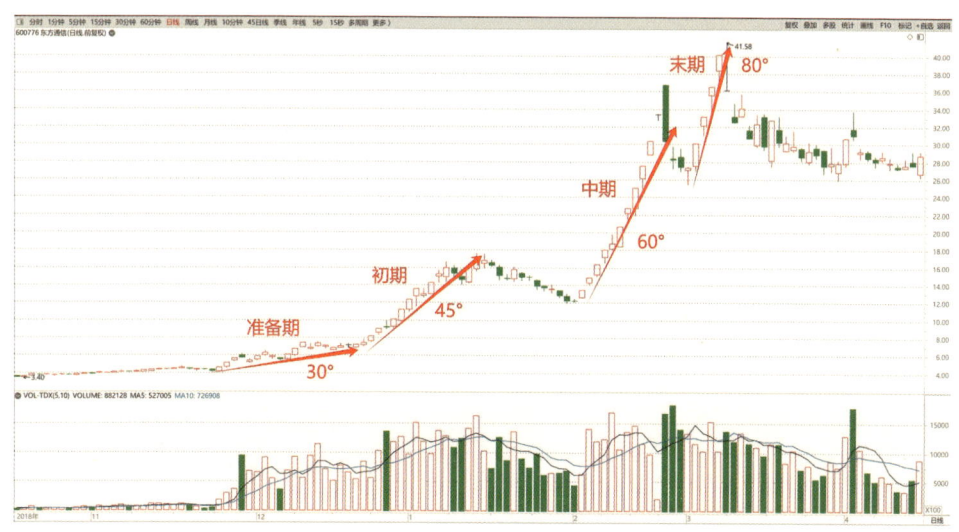

图 6-1　东方通信主升四阶段

准备期标志着主升浪的起始阶段，股价整体呈现出缓步攀升的趋势，预示着即将到来的大爆发。就像飞机在跑道上加速滑行，这是横盘震荡阶段。当飞机后轮离开地面的那一刻，机头已经抬起，机身开始向上倾斜，与水平面形成的夹角大约是30度，这也是股票起飞的准备期。尽管长期的熊市心态仍有影响，许多投资者此时可能感到犹豫不决，半信半疑，在市场尚处于懵懂状态时主力资金却，大量吸纳了低价筹码。

在主升浪的初期阶段，股价通常以大约45度的斜率稳步攀升，显得相对平缓而稳健。此时，广大投资者亲眼目睹市场的变化，终于确信市场已经步入牛市，成交量显著增加，价格与成交量同步上升，市场情绪表现出积极的做多倾向。

在主升浪的中期阶段，股价的上升趋势变得更加陡峭，与水平线的夹角大约为60度。此时，市场情绪达到沸点，赚钱效应显著放大，几乎任何买入的股票都会出现上涨，仿佛每个人都能成为"股神"。

随着主升浪步入末期，股价已飙升至天际，其上升斜率接近80度，几乎呈现出垂直的态势。在这一阶段，全民参与炒股，整个社会的话题都围绕着股票展开，市场中的每个人似乎都尝到了成功的滋味，纷纷实现盈利。同时，人们幻想着股市将持续刷新高点，情绪高涨至极点，达到了一种近乎疯狂的状态。

正如世上没有两片完全相同的树叶，股市中也不存在两个走势完全一致的股票。有些股票的主升行情并不经历准备阶段，而是直接进入初期。因此，掌握本书的核心要义，学会举一反三至关重要。这正是股市变化的迷人之处，尽管表象千变万化，其核心原理却始终如一。

（二）分段

在主要上升趋势启动之后，市场通常会经历几个阶段性的上涨过程，而非一条平滑的曲线从起点持续上涨至终点。真正的龙头股必然会经历至少两波行情，而那些一波到底的行情往往无法持久。

如图6-2所示，九安医疗（002432）的完整主升行情由两轮共6个阶段构成。前三个阶段分别代表了主升行情的初期、中期和末期，其间并未出现起飞准备期。在第三阶段的末期之后，市场进入深度调整期，直至2022年3月9日，股价再次启动新一轮的主升行情，这一轮同样由三个阶段组成，随后市场步入了长期的下跌趋势。

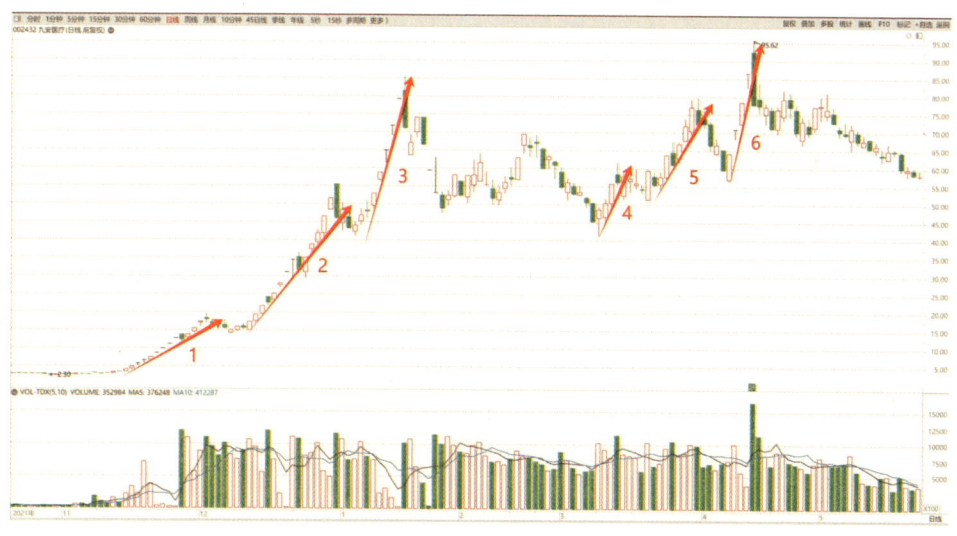

图6-2　九安医疗两轮主升行情6个阶段

所谓的"大妖股"，因其极高的辨识度，在各个阶段均能吸引投资者的密切关注，自然成为市场资金反复炒作的对象，形成强大的市场合力，持续接力推高股价。从技术形态来看，其主升浪通常会呈现出分段式上涨，且至少包含两个上涨阶段。

（三）急跌

当市场进入主升阶段，股价通常会持续加速攀升。然而，在这一过程中，不可避免地会遭遇投资者情绪上的分歧。随着股价连续上涨至一定高度，市场将遭遇一个强烈的分歧点。此时，大量投资者选择获利了结，抛售手中的筹码。当市场情绪由乐观转为悲观，持股者会争先恐后的疯狂抛售，持币者眼看市场下行也放弃购买，买盘的承接力小于卖盘的抛售力，导致大规模的踩踏，在短期内股价连续跌停，急剧下跌这种现象通常被称为"瀑布杀"，也就是俗称的跳水行情。

如图 6-3 所示，双成药业（002693）主升中出现两次急跌，是情绪由高度一致转为强分歧的节点，这两个节点把主升行情划分为初期、中期、末期三段。

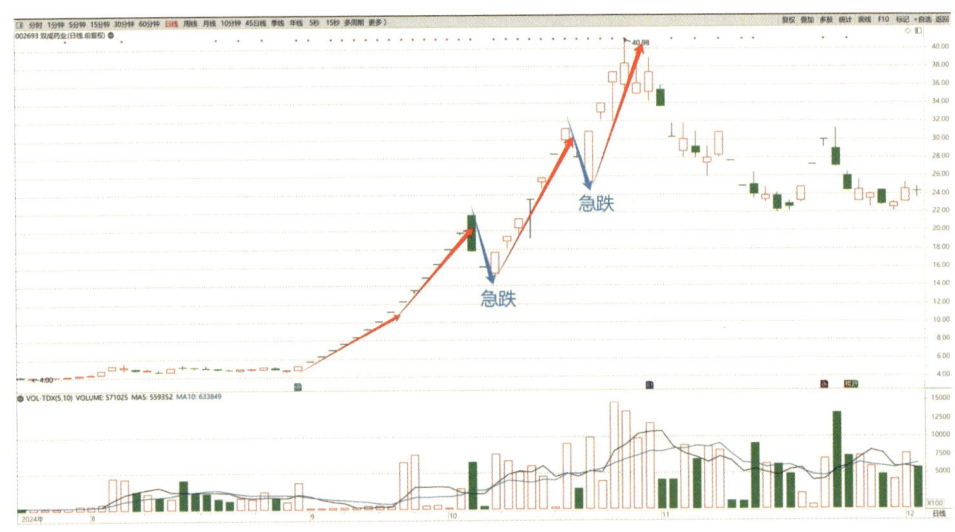

图 6-3　双成药业主升中的急跌

急跌是典型的以空间换取时间的策略。在主升行情中，若调整持续过久，可能会消磨市场的做多热情和动能。因此，无论是指数还是个股，在主升浪期间的调整往往通过急跌来完成。

四、主升成交量

当龙头股进入主升阶段，成交量通常呈现以下三种模式：缩量加速；持续放量；交替变化。

（一）缩量加速

在前文关于龙头类型探讨时，我们发现一字连板龙头是主升浪期间典型的缩量现象，通常直至股价达到顶峰时才会出现放量出货的情况。通常情况下，暗示着主力资金在底部进行了长时间的横盘整理，通过洗盘和吸筹，完成了充分的准备。因此，在拉升阶段，无需频繁换手，而是直接拉升至顶峰，这正是典型的"吃独食"现象。对大多数投资者而言，这种情况参与的机会相对有限。

如图6-5所示，高新发展（000628）的主升行情可以分为两个阶段。在第一阶段，连续出现11个缩量的一字涨停板，主力资金迅速推动股价翻倍。

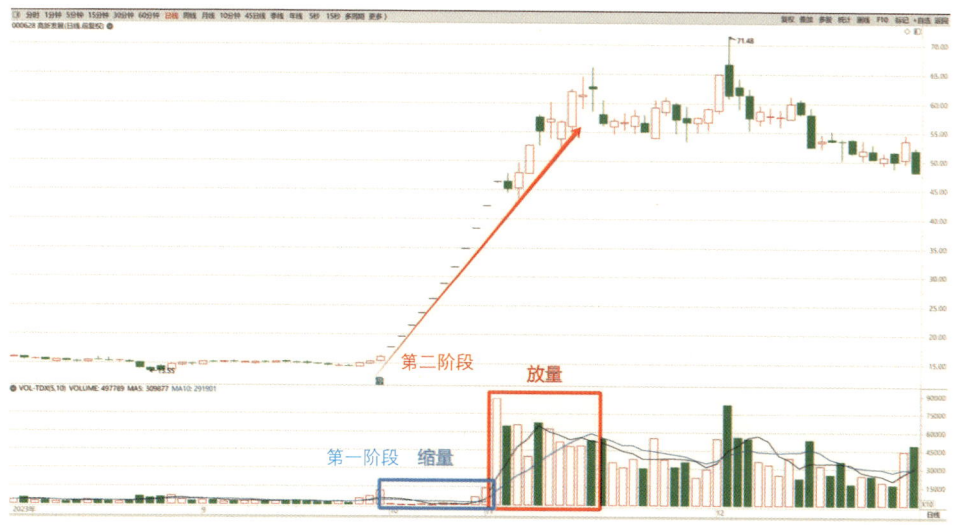

图6-5　高新发展主升缩量一字板上涨行情

随后，在第二阶段，主力资金开始打开涨停板，并采取了边拉抬股价边出货的策略，导致股价在下半场呈现出持续放量后的惯性上冲。在投资的上半场，连续一字板缩量普通投资者往往难以参与；而到了下半场，较高的位置伴随着较高的风险，性价比相对较低，需要快进快出，这仅适合于短线操作的高手。

（二）持续放量

另一种类型的龙头连板涨停，即换手连板龙头，从首板起就保持持续放量态势，且每日成交量基本保持稳定，没有显著波动。换手过程非常健康，市场形成合力，共同推动股价稳步攀升，使得所有投资者都能参与其中，这是我们特别关注的类型。

如图 6-5 所示，一鸣食品（605179）在突破前期高点后，成交量显著增加至近 5 个交易日平均成交量的 8 倍左右。随后的每一天，成交量都保持在同等量级，即便在 6 板、7 板和 9 板时出现缩量，也维持在最高量的一半。这主要是因为这 3 天开盘后 5 至 15 分钟内股价迅速涨停，市场参与时间较短，导

图 6-5　一鸣食品持续放量主升行情

致成交量未能完全释放。而在主升浪初期，股价基本是在下午才封板，换手充分，因此成交量相对较大。

此外，在整个主升浪过程中，投资者都有机会上车买入，每天都可以选择较低价位进场。这类股票通常受到市场的青睐，因为主力资金胸怀宽广，愿意让出部分利益以促成市场形成合力，这也是我个人较为偏好的股票类型。

（三）交替变化

主升浪的第三种成交量模式表现为交替波动，成交量时而急剧放大至爆量，时而缩减至极低水平，加速上升，整个上涨过程始终处于变化之中。成交量如同大海的波涛，一波接一波，起伏不定，其本质反映了市场情绪在一致看涨与多空分歧之间不断切换。

当市场普遍看多时，持股者不愿出售，而持币者急于抢购，导致供需严重失衡，股价因此呈现缩量一字板或T字板形态，加速上涨，成交量自然呈现缩量状态。然而，当市场上涨至一定高度，获利者开始看空并希望抛售筹码，而持币者依然看多并希望买入，双方产生巨大分歧，因此当天成交量呈现天量。掌握市场情绪从分歧到一致的转变时机，便能体验到主升行情带来的成就感与愉悦感。

如图6-6所示，日出东方（603366）进入主升阶段后，成交量并未持续缩小或放大，而是呈现出波动起伏的状态，犹如连绵不绝的海浪。在主升过程中，成交量共出现了四次峰值，这些峰值标志着市场情绪出现了显著的分歧。每当市场情绪从分歧走向一致，成交量便会从峰值回落至低谷，缩量至极点，随即迎来加速上升的行情。随后，市场情绪再次出现分歧，如此循环往复，经历了四轮情绪周期的波动。最终，在第四次情绪分歧之后，本轮主升行情宣告结束。

众所周知，市场上充斥着各种各样的指标，以及炒股软件中所谓的秘密武

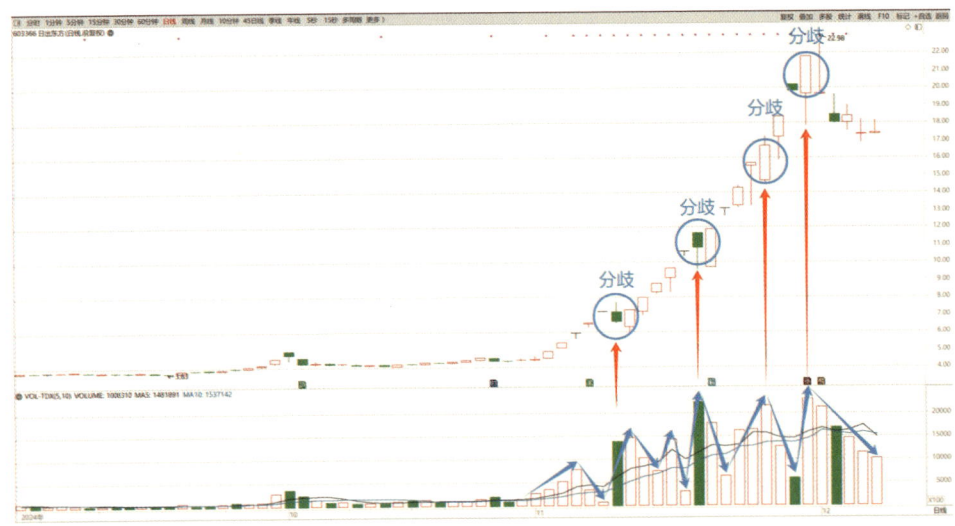

图 6-6　日出东方主升成交量交替变化

器。所有这些号称能为炒股提供捷径的工具，都是基于股价和成交量衍生而来的。然而，这些指标各自存在不同的问题，包括滞后性、欺骗性、敏感性和不确定性等。剥去这些指标华丽的外衣，本质便是成交量和股价。

在股市中，量价关系是核心的第一性原理，市场参与者的实际资金投入直接反映在量价关系上。掌握量价关系，就等同于掌握了股市的运作规律。

第二节　主升不满仓就是风险

一、仓持股不动

在股市中进行投资，最令人感到幸福和美好的时刻莫过于捕捉到龙头股，并体验由主升浪行情带来的成就感与快乐。

然而，这种快乐是建立在一个关键的前提之上的。如果不满足这个条件，即便你能够擒龙捉妖，并且从头到尾享受整个过程，你也不一定能够真正感到快乐。这个关键的前提就是仓位控制。如果你在主升浪中仅仅持有二至三成的仓位，那么随着主升浪的不断上涨，你的遗憾和痛苦反而会增加。甚至可能会产生一种错失机会的消极情绪。

仓位管控至关重要，当行情进入到主升浪，必须做到以下两点：

第一，仓位应全额投入，达到100%满仓，这通常被称为"梭哈"。熊市里满仓风险很大，牛市里不满仓是风险。然而，我不提倡使用融资杠杆进行股票交易。投资应当利用个人的闲置资金进行，它是一个逐步积累、循序渐进的过程。通过不断地积小胜为大胜，做时间的朋友，依靠复利的力量。而不是像赌博一样，仅依赖一两次的押注。即便偶尔能凭借运气在短期内获得可观的利润，但随着时间的推移，最终很可能会因自身能力不足而将所有收益返还给市场。

第二，在主升浪期间，应保持持股不动，避免轻易离场。一旦进入牛市，确定了主要的投资方向后，应避免频繁地切换赛道。若未能把握好节奏，可能会导致反复失误，错失盈利的良机。对于专注于市场龙头股的投资者而言，只要短线趋势未见改变，就应保持坚定的持股态度，不要轻易离场，直至出现明确的卖出信号（具体卖出策略将在下一章节中详细阐述）。当龙头股的主升浪结束时，我们应转向寻找下一只处于低位的有可能成为龙头的股票，并重复这一操作流程。

做正确的事情代表方向，正确地做事情代表战术。并将正确的事情不断地重复，从量变到质变，最终达到成功。

二、底仓不变，机动操作

主升行情有两种操作策略：一种是持有股票不动，直至主升浪结束；另一种则是保留底部仓位不动，同时利用机动仓位进行每日的高抛低吸，以实现做T交易。

那么，为何要采取这种方法，其优势何在，又该如何实施呢？

龙头股可以划分为三个主要类别，依据它们在主要上升趋势中的表现来区分。第一类表现最为强势的是一字板连龙头股，第二类是换手连板龙头股，第三类是断板趋势龙头股。由于第一类龙头股的参与机会相对有限，因此我们不在此进行深入讨论。然而，后两类龙头股为我们提供了更大的操作空间，是投资者应当重点关注的对象。

为何可以保持底仓不变，同时对机动仓位进行日内交易（T+0）操作？

原因，主要包括两点：

第一，在主升浪中，大多数K线图都会出现回踩5日均线的情况。无论是换手连板龙头股还是断板趋势龙头股，后两者主要以换手方式走趋势，通常每一天股价在分时图上的波动都会提供"水下"低吸的机会，即跌破当日涨幅的零轴水平线，甚至调整至更低的位置，技术性地回踩5日均线附近。因此，在主升行情中，通常情况下，次日存在低吸的机会，可以实现几个点的差价。

第二，在主升浪期间，每次冲击涨停并不总是能够成功封板，这表明在分时图上首次触及涨停价后卖出，很可能随后会有开板且回落的情况发生。之后，股价可能会经历一段震荡，然后再次尝试封板，或者当天可能就不再封板。在这种情况下，若以每日收益最大化为目标，可以在涨停时卖出，待股价回落后再以较低价格买入，这样也能获得几个点的价差收益。因此，最佳的分时交易策略是当股价触及涨停时减仓，以便在当天或次日寻找更低的价位重新买入。

基于上述两点，建议投资者维持底仓的稳定性，同时将其他部分的仓位作为灵活调整的对象，通过频繁地高抛低吸来实现 T+0 交易。这种做法有助于提升我们的收益稳定性和主动性。

鉴于这种策略相较于长期持有股票具有明显的优势，投资者应根据个人情况合理分配仓位。通常而言，在主升浪中保持五至六成的初始仓位不动是较为明智的选择，而剩余的四至五成仓位则可用于日常的滚动操作。

鉴于每位投资者的具体情况不同，进行一次全面而客观的自我评估是至关重要的。例如，一些投资者可能并不擅长 T+0 交易，或者缺乏进行频繁交易的时间和精力。在这种情况下，频繁的交易反而可能无法达到预期效果，因此他们更适合采取第一种策略，即全仓持股，做时间的朋友。相反，如果投资者偏好短线交易，并且每天都有充足的时间和精力去操作，同时具备相应的认知和执行力来应对 T+0 交易，那么他们可以选择第二种策略，保持一定比例的底仓不变，其余仓位通过滚动操作来实现做 T，具体的仓位比例应根据个人情况灵活调整。

第七章 见顶
——龙头如何顶峰变现

万众疯狂，我独清醒

亢龙有悔，见顶清仓

第一节 如何确认上升趋势转变

账户上的盈利无论多丰厚，若无法兑现，便不能算是真正的盈利，仅是海市蜃楼般的幻影。唯有在高位实现套利并落袋为安，才能算是真正的盈利。只有这样，纸面上的财富才能真正转化为投资者的囊中之物。

那么，何时应当卖出呢？如何判断，是否存在量化的标准？本章节将详细地为读者朋友们揭示，顶峰变现的财富密码就蕴藏其中。

一、趋势线失守

对于龙头股来说，存在两条至关重要的趋势线。其一是移动平均线，简称均线（MA）；其二是上升趋势中的关键 K 线的低点连线，即"生命线"。

在大多数情况下，龙头股在主升浪阶段的 5 日均线会呈现出一条非常平滑、近乎直线的形态，它在上升趋势中扮演着至关重要的角色。通常，龙头股每次回踩 5 日均线都会得到支撑，而不会轻易跌破这条均线。一旦破了，如图 7-1 所示，趋势恐将反转，非常危险。

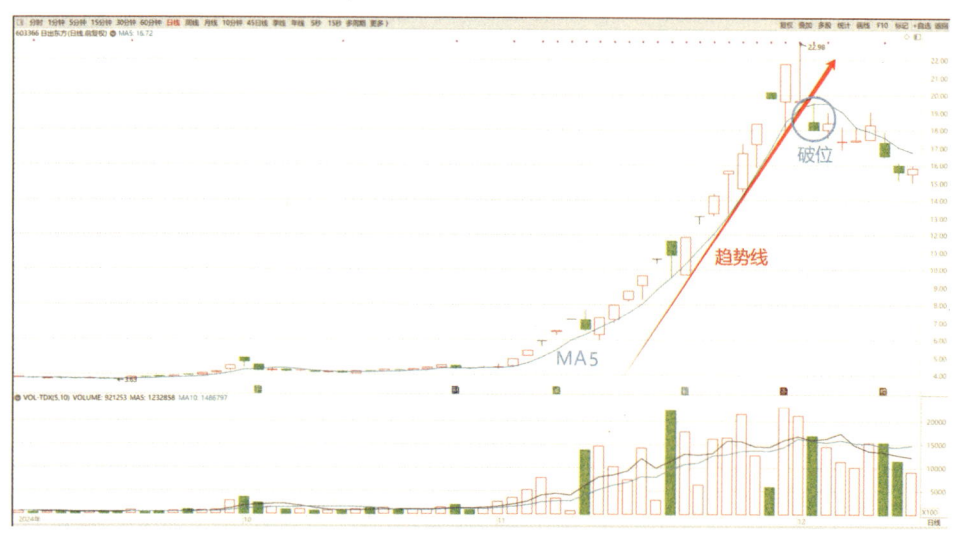

图 7-1　日出东方顶部生命线和 5 日均线同时失守

除了 5 日均线之外，通过连接主升浪中关键 K 线的最低点所形成的一条支撑线，即所谓的生命线，也是龙头股的一个重要趋势指标。

对于龙头股来说，5 日均线和生命线都扮演着极其重要的角色。在大多数情况下，这两条线会基本平行向上延伸，甚至在某些区域会出现高度重合的情况。一旦股价跌破这两条线即"破位"，其下跌的确定性将大幅提高，这可以被称为"双重保险"。

一旦被有效跌破这两条趋势线，则预示着上升趋势即将结束，这是确认顶部趋势转变的重要条件之一。

二、与成交量无关

在趋势线被穿透的那一刻，究竟是成交量放大还是缩小，才能确认突破的有效性？许多投资者普遍认为"天量见天价""放量跌破才是真跌破"。然而，这些观点实际上都是严重的认识误区。

价格包容一切，影响市场波动的所有因素都已经通过股价反映出来。

在股票市场上，股票价格受到众多因素的影响，这些因素既包括外部客观条件，例如新闻报道、资金流动、宏观经济政策、市场情绪、战争、自然灾害、通货膨胀、利率调整以及不可抗力事件等，也包括公司内部的状况，如财务状况、经营策略、股东减持、资产重组、内幕交易等。所有这些因素都会通过价格机制得到体现和反映。

股价反映了市场的唯一答案，是所有信息综合后的结果反馈。

如图7-2所示，广博股份（002103）在经历了9个连续的涨停板之后，于2024年12月3日出现了成交量激增的"天地板"极端走势，这使得其未能延续至10个涨停板。次日，该股不仅成交量继续放大，还跌破了重要的生命线和5日均线。

如图7-3所示，双成药业（002693）在2024年11月1日（蓝圈）开盘后呈现下跌趋势，最终以跌停价收盘，形成一根实体较大的破位K线。当日股价跌破了关键的生命线和5日均线，这标志着之前分三段的主升行情已经结束。

通过审视这两张图表，我们可以清楚地观察到，一旦龙头股的关键趋势支撑线——生命线和5日均线都破位了，不论成交量是增加还是减少，市场趋势通常都会从上升转为下降。

图 7-2 广博股份放量破位,趋势反转

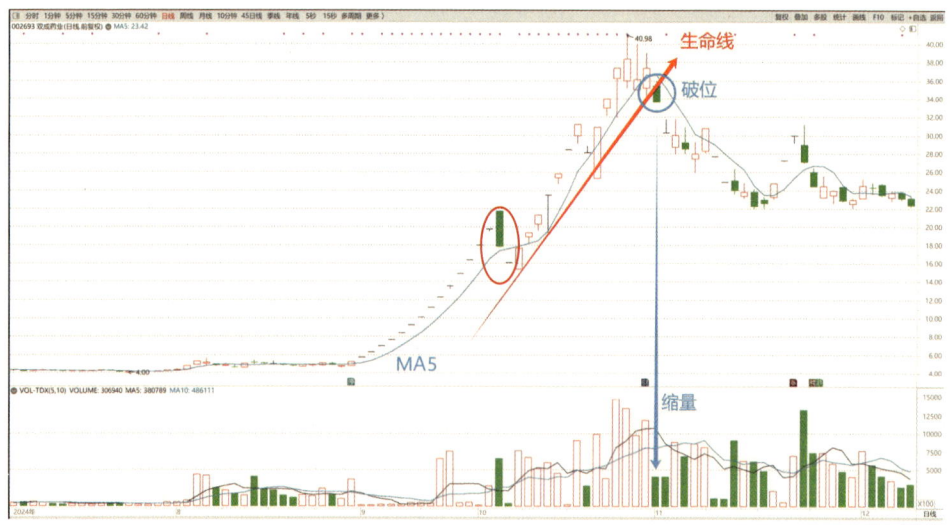

图 7-3 双成药业缩量破位,顶部反转

龙头股的主升趋势的生命线和 5 日均线被跌破，并不意味着趋势一定发生转变，有时可能预示着另一段单边上涨行情的酝酿。如图 7-3 所示，双成药业在经历连续 14 个一字板后，股价开始连续两天跌停（红圈中绿柱），生命线和 5 日均线被直接击穿。然而，它只跌了两天，股价又低开高走并以涨停收盘，次日大幅高开后快速向上，随后开启了第二段主升行情。这里正好复习了前面的 N 字汉堡形态。

三、反抽受压不过

那么，如何辨别是虚假的破位还是真正的趋势转变呢？我们又该如何确认破位的有效性呢？

掌握龙头掘金的关键技术要点在于，一旦股价跌破生命线或 5 日均线，并且在随后的 3 天内未能重新站上生命线或 5 日均线之上，即可确认为有效跌破，此时趋势由上升转为下降。这标志着右侧交易的确认信号，也是进行右侧卖出的最佳时机。

如图 7-4 所示，浙江建投（002761）在 2022 年 3 月 22 日绘制出一根跌幅达 -6.8% 的大阴线，直接击穿了所谓的生命线。紧接着在 3 月 23 日，股价再次低开并持续走低，跌破了 5 日均线，这基本预示着上升趋势的逆转。然而，这可能只是主力资金进行的诱空操作，因此我们还不能完全确定这是有效的破位。此时，需要保持耐心，观察接下来 3 天内股价是否能重新反弹并站稳在生命线或 5 日均线上方。到了 3 月 25 日，即跌破 5 日均线的第 3 天，股价大幅低开后，虽有轻微的上攻触及 5 日均线，但随后便开启了全天的震荡下行。在这一过程中，并未出现任何有力的多头反击。最终，股价以 -9.15% 的跌幅收盘，确认了趋势已经完全逆转。

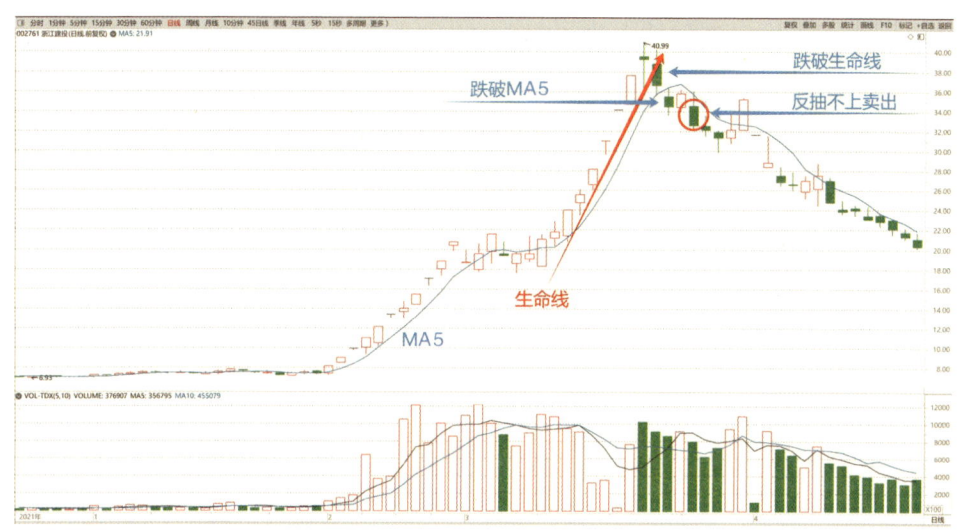

图 7-4 浙江建投反抽受压不过顶

对于那些偏好右侧交易的投资者而言，可以在破位后的第 3 天收盘前寻找机会清仓卖出，以锁定由主升浪带来的丰厚利润。

第二节 顶部变现九大财富密码

对于一般投资者而言，资金规模有限，在实际交易中卖出股票仅需一瞬。然而，真正的挑战在于决定何时以及在哪个价位卖出。那么，如何卖出，有哪些策略呢？本节将毫无保留地向读者揭示龙头股顶峰变现的九个财富密码。

当出现以下九个卖出信号时，及时地在顶峰抛出筹码以兑现收益，这将是我的龙头掘金交易体系中最后也是最关键的一步。在正确的时间和空间做出精准恰当的决策，便能获得丰厚的利润回报，从而使稳定复利的梦想成为现实。

一、光头巨阴

所谓光头巨阴，通常指的是开盘价即为最高价或接近最高价，而收盘价则为最低价或接近最低价，整根K线主要由较长的实体部分构成，几乎没有或仅有极短的上下影线，全天高开低走振幅巨大且跌幅≥-7%，因此也被称为"大阴棒"。

如图7-5所示，三柏硕（001300）在2023年11月23日股价高开低走，形成天地板的走势，全天无明显反弹，震荡下行直至收盘跌停，一个光头巨阴线完全吞没了前一日的地天板实体部分。标志着一轮深幅调整的开始，市场进入漫长的熊市行情。

图7-5　三柏硕光头巨阴见顶

在典型的主升浪中，一旦股价累计涨幅达到或超过1倍，且在高位出现一根引人注目的巨震K线，我们几乎可以确定短线的顶部已经到来。随后，市场趋势很可能会发生逆转，此时应考虑以卖出为主，确保收益。

如图 7-6 所示，海能达（002583）在 2024 年 11 月 1 日的股价是高开低走的态势，结束了长达 27 个交易日的主升行情，其间涨幅达到了惊人的 608.94%，振幅更是高达 761.17%。

图 7-6　海能达光头巨阴见顶

如图 7-7 所示，科森科技（603626）在 2024 年 9 月 9 日的 K 线完全吞没了前一天的 K 线，形成了一个光头巨阴线，标志着股价见顶，随后股价直接遭遇了腰斩。

如图 7-8 所示，同样是 2024 年 9 月 9 日，作为华为海思概念的大龙头，深圳华强（000062）也出现了顶峰巨阴，标志着一段波澜壮阔的主升行情的结束。

图 7-7　科森科技光头巨阴见顶

图 7-8　深圳华强光头巨阴见顶

如图 7-9 所示，惠发食品（603536）在 2023 年 12 月 6 日出现了一个显著的光头巨阴线，这标志着顶部的形成。随后，股价持续震荡下行，跌破了主升浪启动的关键位置，达到了新的阶段性低点。对于投资者而言，若能成功捕捉到主升浪的机遇，却未能在恰当的时机卖出股票，可能会面临严重的后果，不但利润全部回吐，还会导致本金的巨亏。

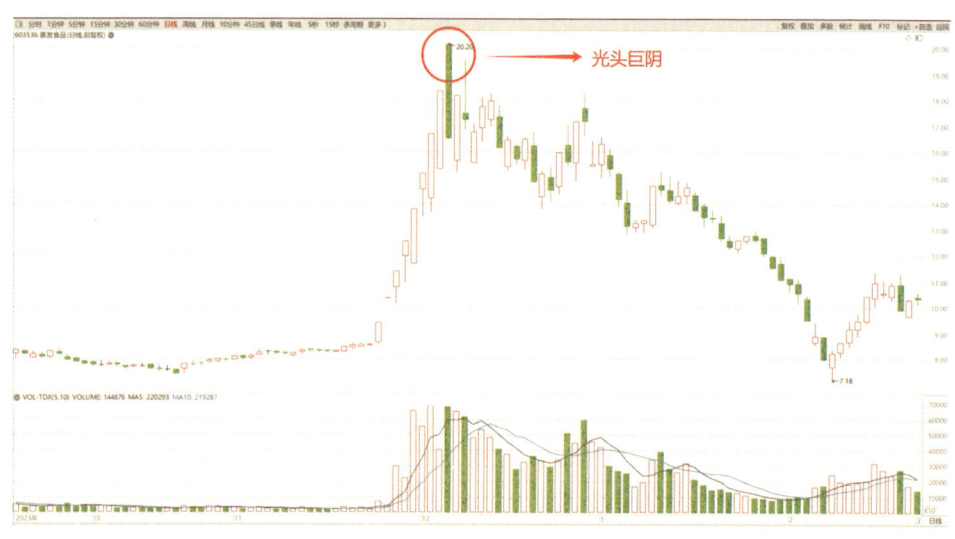

图 7-9　惠发食品光头巨阴见顶

二、长上影线

高位出现放量上影线，这究竟预示着什么含义呢？

长上影线出现在上升趋势的高位，若伴随成交量的放大，则表明多方力量积极追高，然而，高位的抛售压力同样沉重，导致股价上行受阻，行情很可能因此而转向调整或发生反转。

一般而言，当股价在完成主升趋势并实现翻倍增长后，若在高价位区域出现一根长上影线的阴线，伴随着冲高后的显著回落以及实体部分的大幅波动，收盘价几乎触及或紧贴当日的最低点，同时该阴线完全覆盖了前一交易日的阳线，这通常意味着一个明确的市场顶部已经形成。

当上影线的长度超过实体部分的三分之一，这表明市场在当日遭遇了较大的上涨压力，可能是由于获利盘的抛售或主力资金的出货。上影线的长度越长，空头的反击力度越大，多头面临重大挫败，股价大幅下跌的可能性便随之增加，这进一步印证了股价可能已触及峰值的迹象。

如图 7-10 所示，佛塑科技（000973）在 2024 年 11 月 25 日的交易中以低开开盘，随后尝试上攻但未能持续，最终在收盘时遭遇跌停，一根带长上影线的大阴线结束了此前连续 7 个交易日的涨停行情。紧接着，股价经历了一次急剧的下跌，导致市值大幅下降。

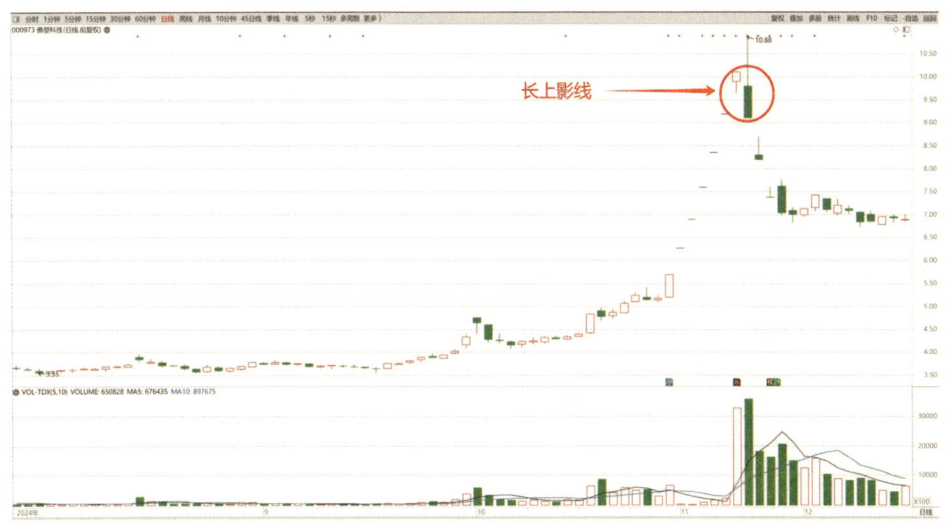

图 7-10　佛塑科技长上影线见顶

如图 7-11 所展示，腾达科技（001379）在 2024 年 8 月 6 日呈现了一次罕见的"天地板"现象。如图 7-12 所示，该股在集合竞价阶段一度触及涨停，但很快回落至约 4% 的开盘溢价。开盘后，股价短暂上扬后迅速被打压至跌停价。然而，在接下来的 5 分钟内，股价戏剧性地反弹至涨停板。不过，在临近午盘收盘前，股价突然直线跳水，最终在波动中收于跌停，结束了之前连续 11 个交易日的主升行情。

图 7-11　腾达科技长上影线见顶

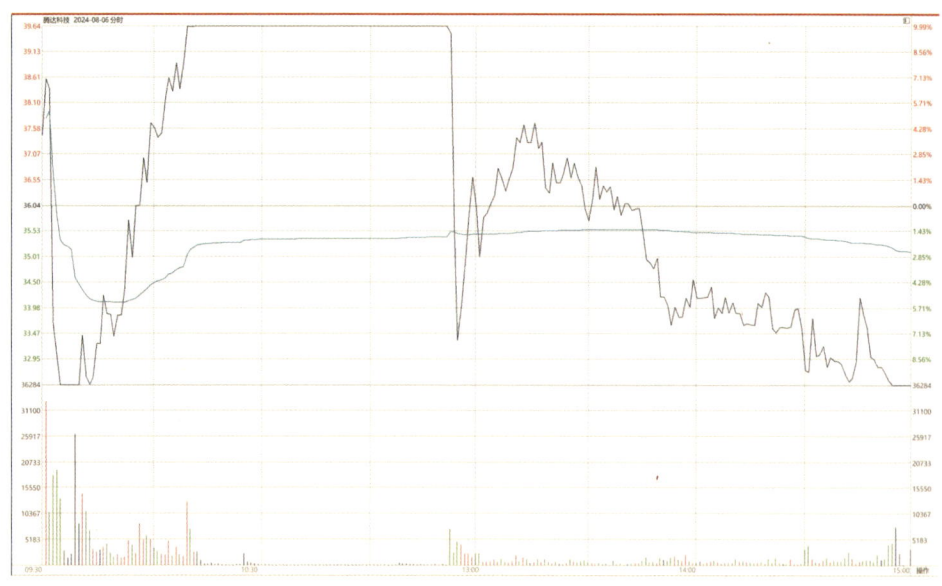

图 7-12　腾达科技"天地板"见顶分时图

长上影巨阴 K 线见顶，必然伴随着巨幅波动震荡，且成交量明显放大，当高位出现此种类型的分时极端走势时，投资者一定要高度警觉，及时止盈落袋为安。

如图 7-13 所示，东安动力（600178）在 2023 年 12 月 6 日开盘后迅速封住涨停板，但到了下午 1:30，股价突然跳水，开始剧烈震荡下行，直至收盘前跌至跌停，这一过程完美地演绎了"天地板"的市场波动。

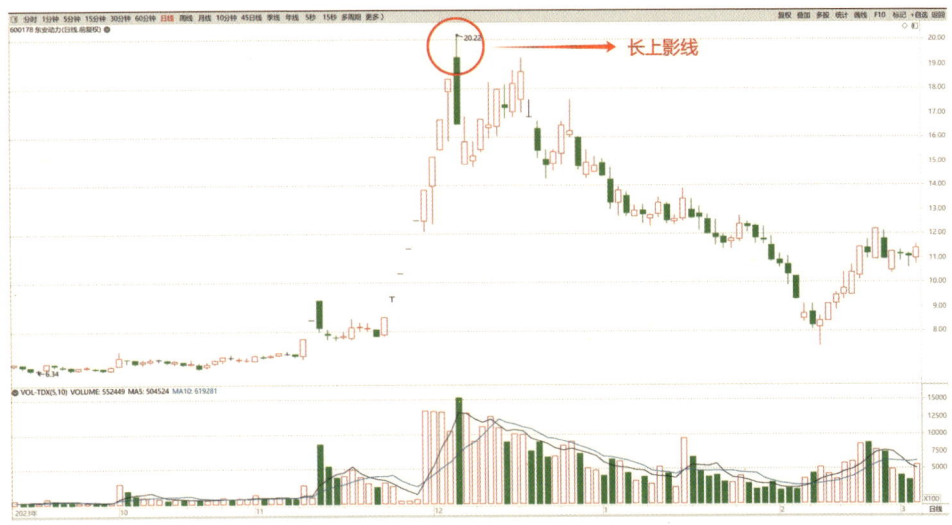

图 7-13　东安动力长上影线见顶

如图 7-14 所示，亚世光电（002952）分别在 2024 年 1 月 3 日和 1 月 8 日形成了两根带有长上影线的 K 线，这在市场中是一种常见的"M 双头见顶"技术形态。第二根 K 线进一步证实了第一根带有长上影线的大阴线所显示的高点存在显著的卖压。如果股价未能达到涨停并突破这一高点，那么基本上可以判定为顶部信号。

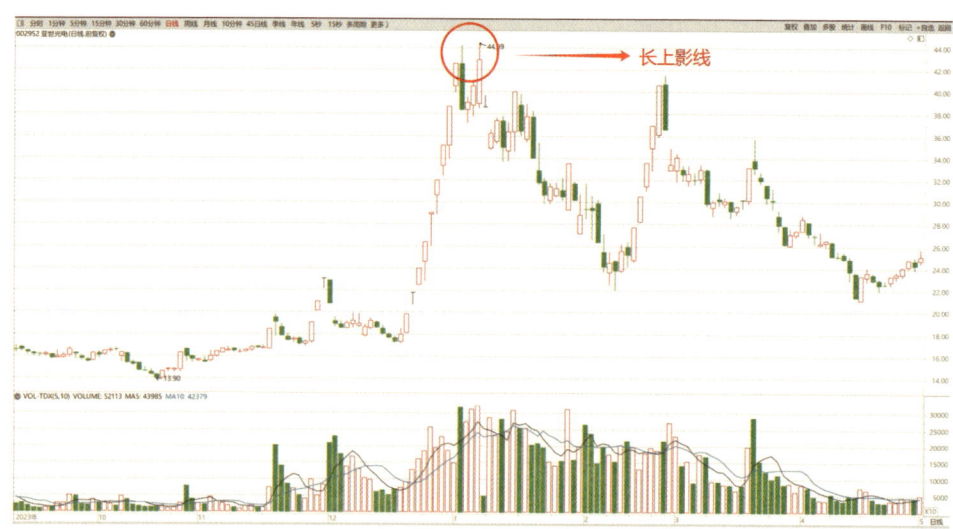

图 7-14 亚世光电长上影线见顶

如图 7-15 所示，泰尔股份（002347）在 2024 年 12 月 11 日开盘后呈现低开低走态势，并最终触及跌停板。如图 7-16 所示，在盘中，多头力量曾一度推动股价反弹至约 8% 的涨幅，但未能持续，随后股价在分时图上呈现出锯齿状的震荡下行走势，并以 -7.1% 的跌幅收盘。此后，该股连续出现跌停。

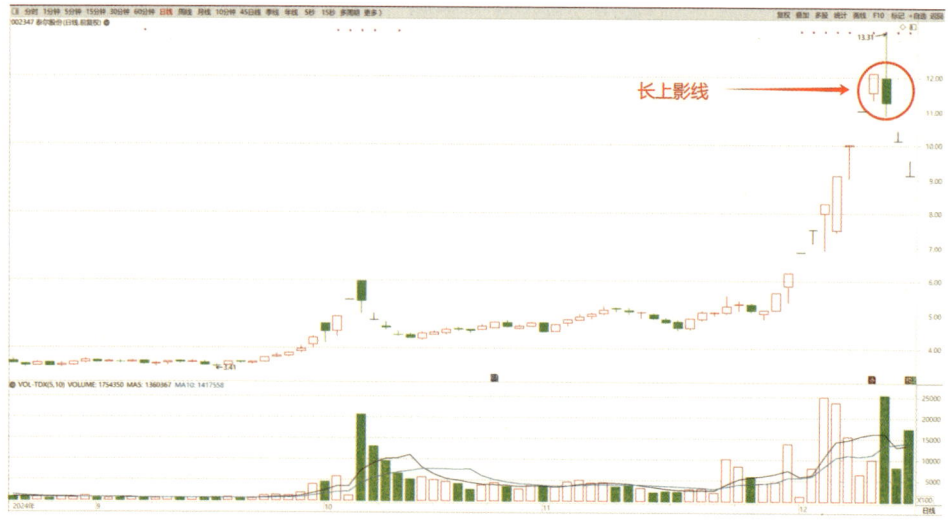

图 7-15 泰尔股份长上影线见顶

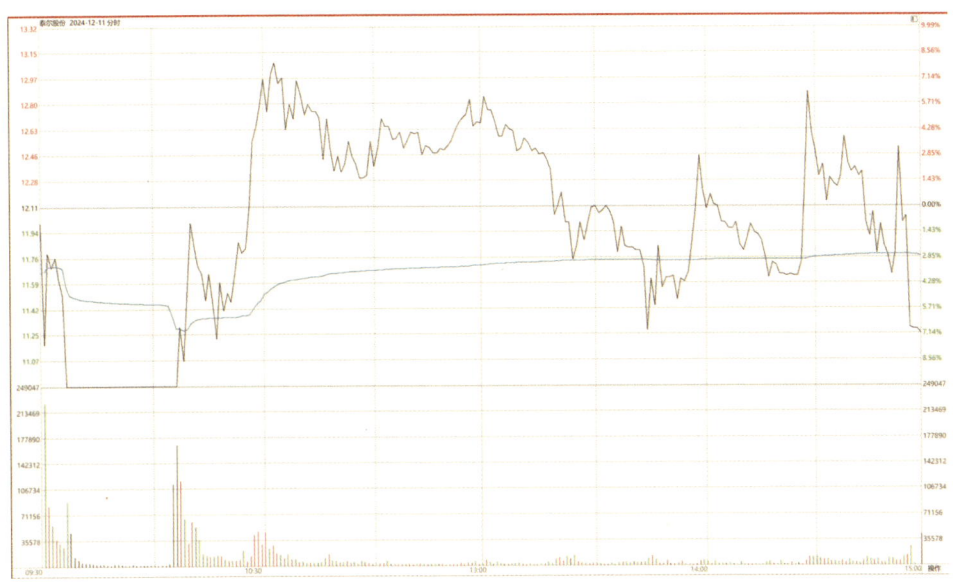

图 7-16　泰尔股份见顶分时图波动剧烈

三、成交爆量

天量不一定见天价，但天价一定会爆量。

众所周知，炒股盈利的基本原理是低价购入、高价卖出。随着股价攀升至极高的水平，那些从市场底部开始就持有股票的明智投资者很可能会选择在此时抛售，而那些未能及时察觉市场动向的投资者则可能认为股价仍有上升空间，从而导致市场出现显著的分歧，成交量因此急剧放大。

通常情况下，市场龙头股在达到峰值时，其股价会创下自主升浪启动以来的最高点，与此同时，当日的成交量也会达到自主升浪开始以来的最大值。世上不存在绝对的事物，偶尔龙头股在达到峰值的那一天成交量并不一定是整个上升过程中的最大值，但通常会伴随着成交量的显著增加，出现巨量成交。

如图 7-17 所示，保变电气（600550）在 2024 年 9 月 24 日达到了一个阶段性的高点，并且在这一天成交量也达到了最高值，呈现出显著的天量。

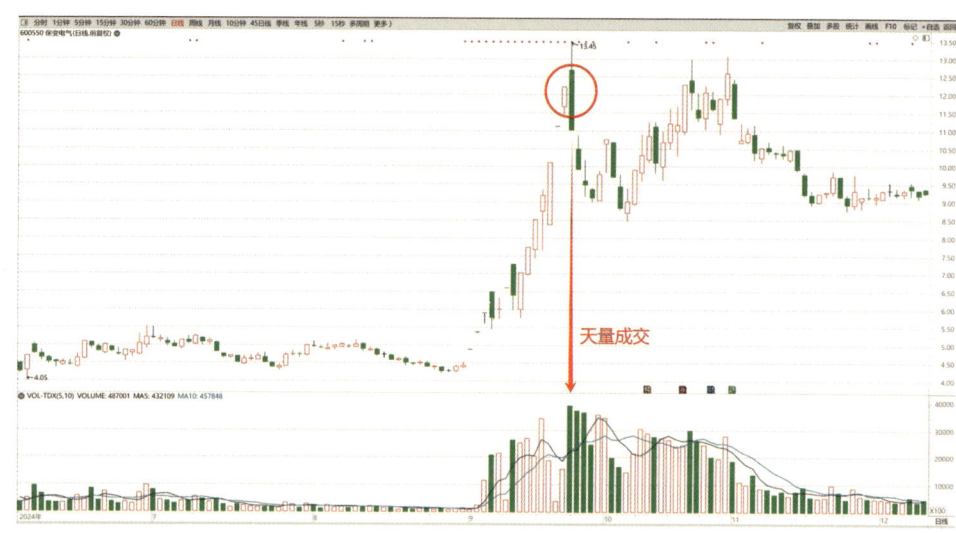

图 7-17　保变电气天量成交见顶

如图 7-18 所示，桂发祥（002820）在 2024 年 12 月 4 日，市场迎来了一个重要的阶段性峰值，并且在这一日，交易量达到了空前的高水平，显示出明显的天量成交。

图 7-18　桂发祥天量成交见顶

如图 7-19 所示，至正股份（603991）于 2024 年 10 月 30 日创出阶段性新高点，当日的交易量激增至空前的水平，显现出天量成交的特征。

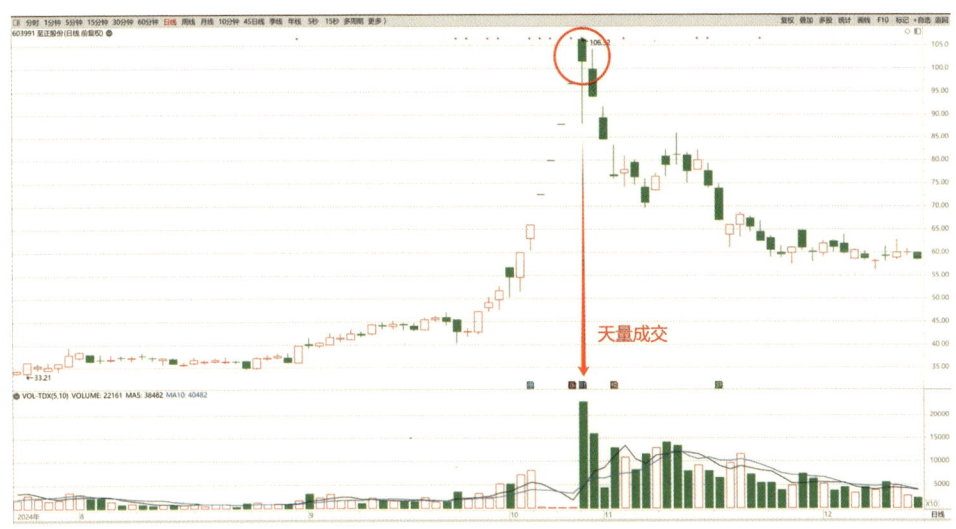

图 7-19　至正股份天量成交见顶

如图 7-20 所示，青岛金王（002094）在 2024 年 11 月 1 日和 6 日共同形成了一个典型的 M 双头见顶形态，这两天的成交量是自主升行情以来最高的，且在后顶天量见天价。

如图 7-21 所示，东方精工（002611）在 2024 年 11 月 26 日达到了一个阶段性的高点，当天的交易量骤然飙升至前所未有的水平，呈现出显著的天量成交现象，短线交易应把握时机，及时获利了结。

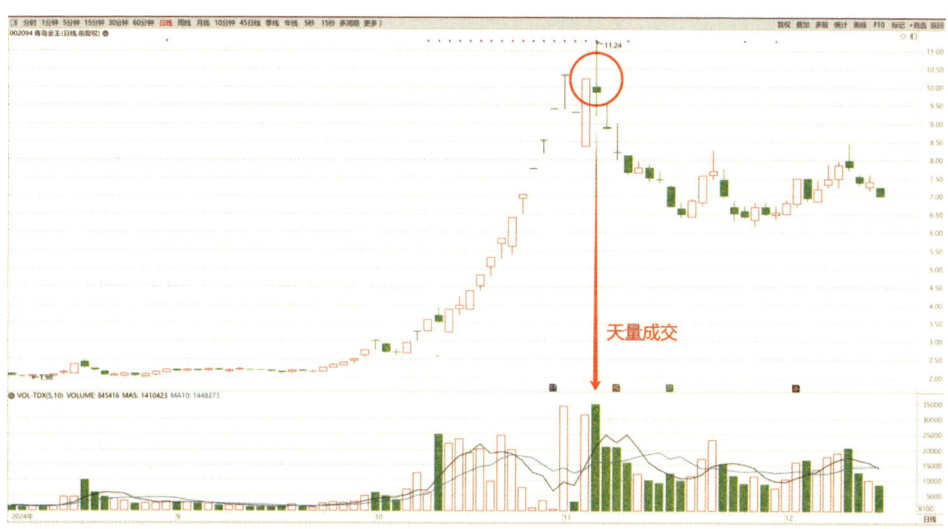

图 7-20　青岛金王天量成交见顶

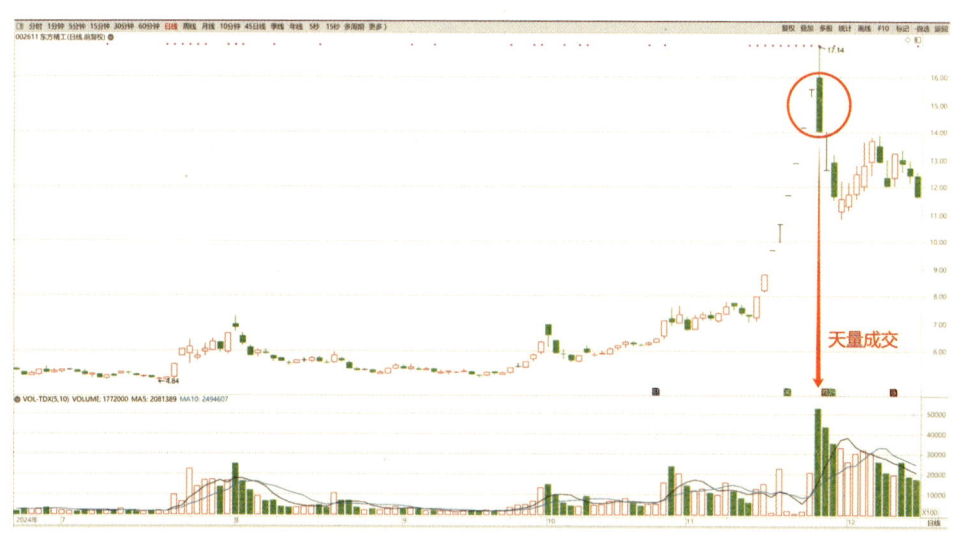

图 7-21　东方精工天量成交见顶

四、突破生命线

何为龙头的生命线？

在主升浪行情中，识别出至少两根关键的 K 线最低点，并将这些点连接起来形成一条上升趋势的支撑线。连接的低点数量越多，这条趋势线就越具有参考价值。我将这条线称为"生命线"。这条线是不容跌破的，一旦跌破，趋势可能会发生转变。如果在 3 天内价格无法回升并收复这条线，则可以确认市场龙头的峰值高点。

如图 7-22 所示，大千生态（603955）在 2024 年 11 月 25 日呈现高开低走的态势，中阴线完全吞没了前一日创下新高的 K 线实体部分，并跌破了生命线，从而开启了下跌的走势。

图 7-22　大千生态生命线破位

如图 7-23 所示，粤桂股份（000833）在 2024 年 11 月 26 日开盘后低开高走，创下阶段新高，随后回落并震荡下行，直至触及跌停价。这一走势终结了此前连续 13 个交易日中 12 个涨停的强劲升势，此后股价持续低迷。

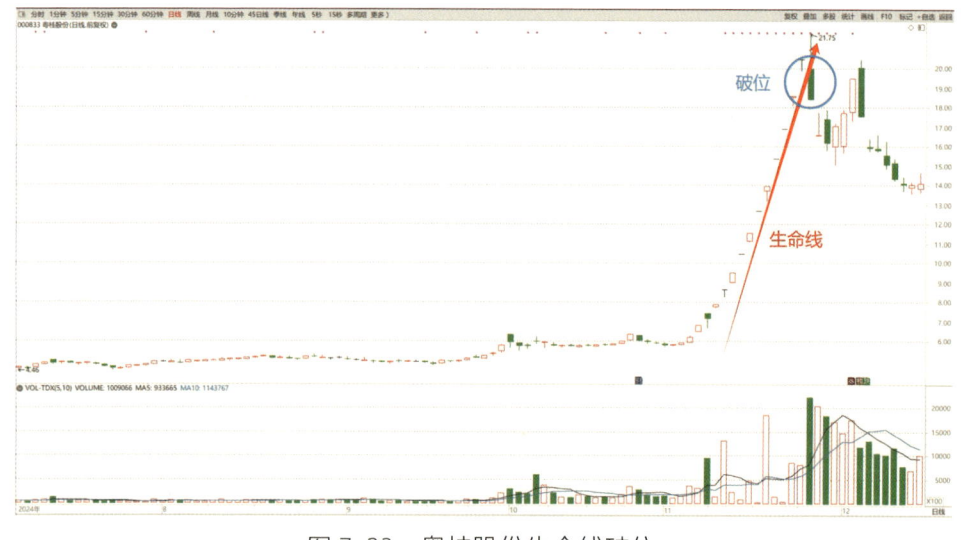

图 7-23　粤桂股份生命线破位

如图 7-24 所示，华立股份（603038）在 2024 年 11 月 1 日开盘后呈现高开态势，但不久便冲高回落，最终以跌停价收盘，形成了一个带有长上影线的典型顶部阴线。紧接着，在下一个交易日，股价再次跌停并跌破了关键的生命线，这标志着其上升趋势已经转变为下跌。

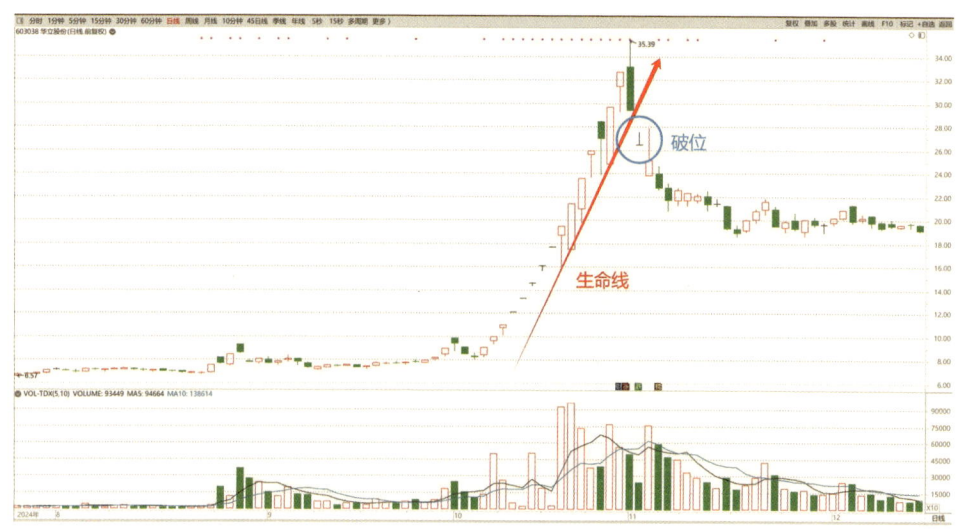

图 7-24　华立股份生命线破位

五、跌破 5 日均线

5 日均线（MA5），用于衡量股票在最近 5 个交易日的平均价格水平。其计算方式是将过去 5 个交易日的收盘价相加，然后除以 5，得出一个平均值。这个计算过程会随着每个新交易日的开启而逐日更新，因此被称为移动平均线。

MA5 价格通常反映的是当日短线主力资金的持仓成本。在主升浪期间，主力资金往往不会轻易允许股价有效跌破 MA5。如果主力资金决定出货，他们将不再支撑股价，导致 MA5 失守成为必然。因此，MA5 也是判断龙头股趋势是否恶化的一个关键技术指标。

如图 7-25 所示，上海电气（601727）在 2024 年 11 月 12 日低开后迅速冲高，随后反抽过 5 日均线，但最终回落，收出一根带有上下影线的标准"中字线"。接下来的两个交易日，尽管盘中出现反弹，但均未能突破 5 日均线，从而确认了阶段性高点的形成，预示着股价将进入震荡下行的走势。

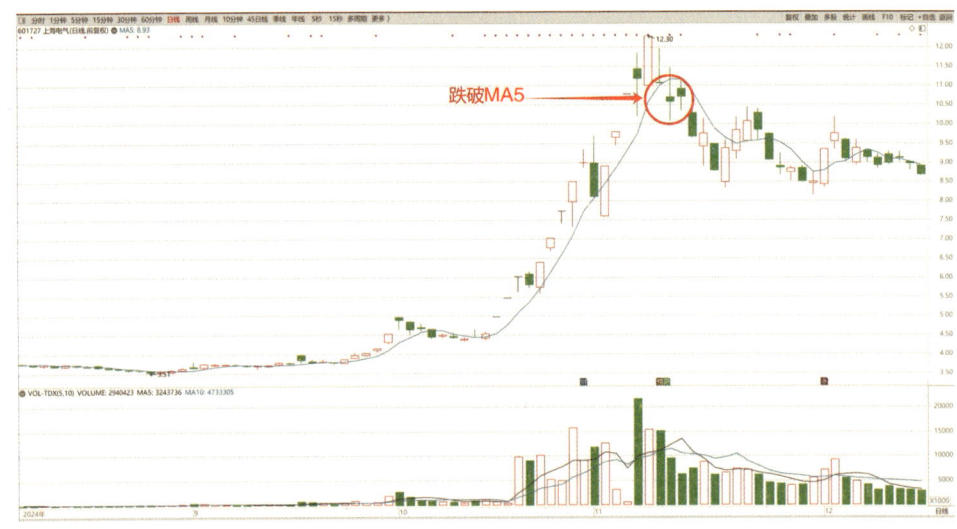

图 7-25　上海电气跌破 5 日均线

如图 7-26 所示，光智科技（300489）在 2024 年 10 月 29 日跌破 5 日均线。次日收出反包阳线，然而收盘价并未站稳在 5 日均线之上。第 3 天，股价大幅高开后尝试冲击涨停价，但未能成功，最终形成了典型的"M 双头见顶"形态。到 11 月 1 日，一根大阴线彻底跌破了 M 双顶的颈线位，预示着股价进入下跌趋势。

如图 7-27 所示，成都路桥（002628）在 2024 年 11 月 1 日绘制出一根带有长上影线的大阴线，完全吞噬了前一日的涨停板。次日，股价一字板跌停并跌破 5 日均线，随后的第二个交易日以跌停价开盘，股价开始尝试向上修复并冲击 5 日。尽管收出了一根反包前一日一字板跌停的阳线，但股价一触及 5 日均线便开始回落，这表明市场抛压依然沉重。在破位后的第 3 天，股价低开后出现短暂的分时弱反抽，之后一路震荡下行，最终以接近跌停价收盘，从而确认了股价阶段性高点的形成。

第七章 见顶
——龙头如何顶峰变现 221

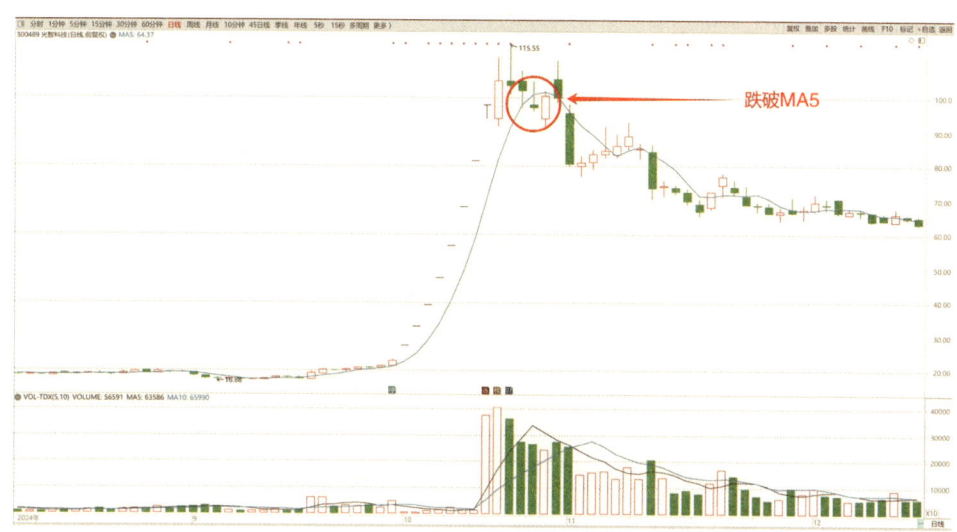

图 7-26　光智科技跌破 5 日均线

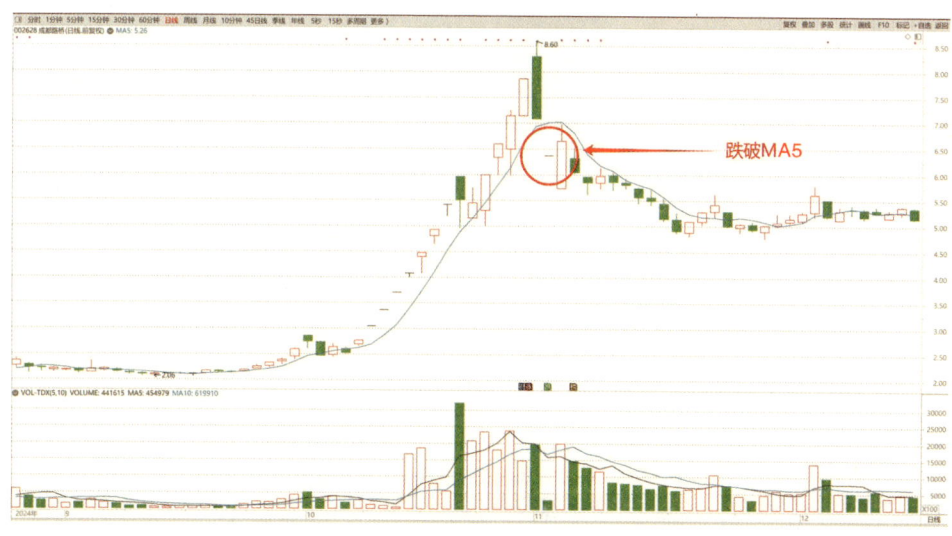

图 7-27　成都路桥跌破 5 日均线

在原则上，一旦股票价格跌破 5 日均线或关键的生命线，应立即考虑减少持股或完全退出，以确保在主升趋势中获得的利润能够得到保护和兑现，这构成了第一个卖出点。第二个卖出点是在股价试图反弹至 5 日均线或生命线但未能有效突破时，此时应完全退出市场，这一时刻可称为逃生点，它代表了最后的退出机会。若未能抓住这一时机，接下来可能会面临利润的回撤，甚至可能损害到原本的投资本金。

六、分时诱多

分时诱多是指在分时走势图中，主力资金（一般是指拥有大量资金、能够对股价走势产生较大影响的机构投资者或庄家等）通过一些操作手段，制造股价即将上涨的假象，吸引不明真相的中小投资者买入股票，而主力资金的真实目的可能是出货，也就是卖出手中的股票。

投资者需密切留意分时诱多信号，因为分时图更侧重于短期操作的卖出指示。它具有更精细的颗粒度和更高的灵敏度。由于分时图反映的是最短周期的数据，因此它能在日 K 线收盘前就指导投资者完成卖出，通常能捕捉到最佳的卖出时机。

那么，我们如何通过量价背离，识别分时诱多现象呢？

当股价翻倍并触及高点，而分时图上的量价关系开始呈现背离现象时，这通常预示着分时诱多的出现。当天的分时高点很可能也是主升浪的顶点。

量价背离是指在股票的价格走势和成交量变化之间出现不一致的情况。正常情况下，价格和成交量应该是相互配合、相互验证的关系。例如，在上涨趋势中，价格上升通常伴随着成交量的放大，这表明市场对该资产的需求旺盛，有大量资金在推动价格上涨。当价格持续上涨，但成交量却逐渐缩小时，就出现了价涨量缩背离。这意味着推动股价上涨的动力在减弱，可能是因为市场上大部分获利盘已经不再愿意追高买入，而主力资金如果在此时出货，就会导致后续价格上涨乏力,甚至可能出现反转下跌。

量价背离常常被视为一种潜在的市场趋势反转信号。在上涨趋势中出现量价背离,可能预示着上涨行情即将结束,因为没有足够的成交量来支撑价格的进一步上涨。就像一辆汽车,如果没有足够的燃料(成交量),就很难继续爬坡(价格上涨)。

如图 7-28 所示,南京商旅(600250)在 2023 年 12 月 13 日呈现长上影线形态,标志着可能的顶部。如图 7-29 分时形态所示,当日开盘后,上午 9:43 出现了第一个分时高点,随后在上午 10:06 达到第二个高点,而全天的第三个高点则出现在下午 1:30。这三个高点依次上升,但观察下方的分时成交量柱,可以发现每个高点对应的成交量柱依次减小。特别是高点 1 的成交量最大,而到了高点 2 成交量明显减少,形成了量价背离的现象——股价上涨的同时成交量却在缩小,这表明市场上攻力量在减弱,股价上涨趋势可能不可持续。高点 3 的情况也呈现了类似的量价背离。

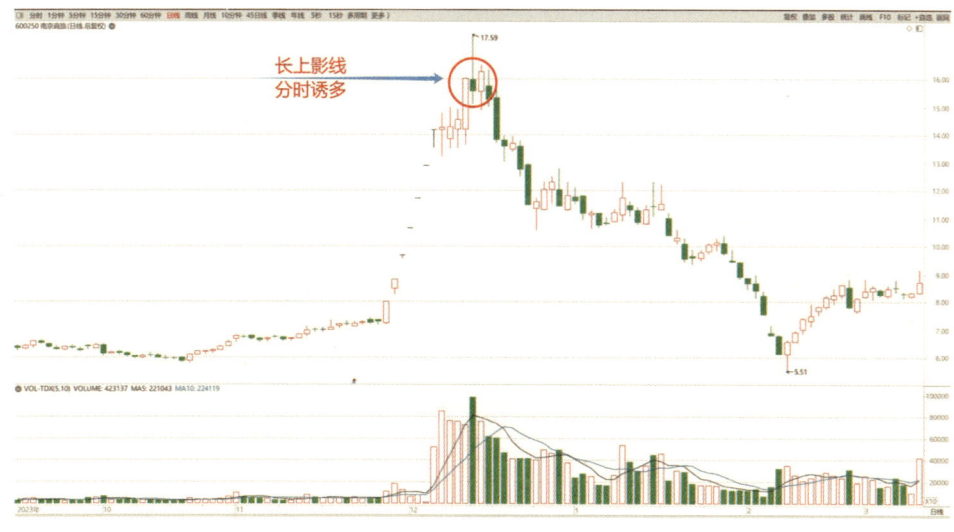

图 7-28　南京商旅长上影 K 线见顶

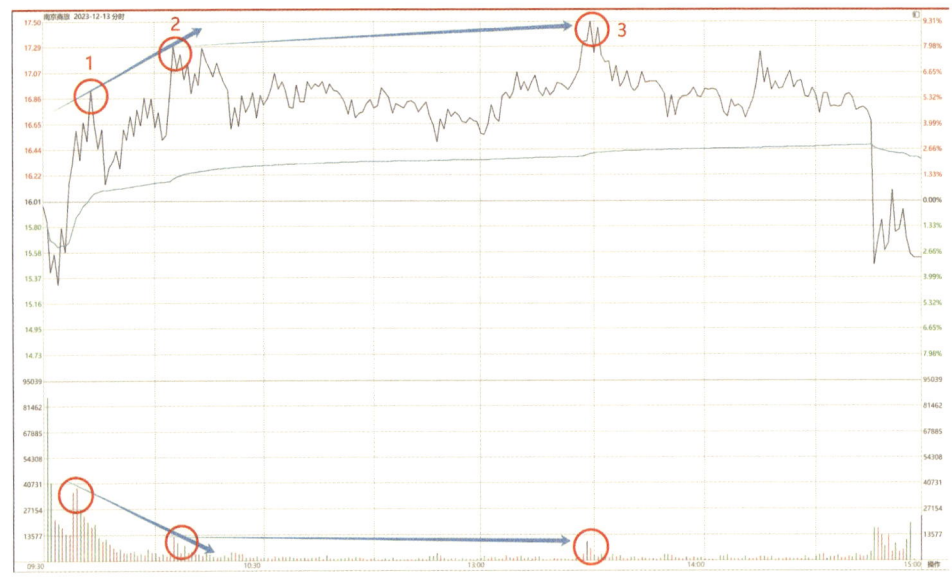

图 7-29　南京商旅量价背离，分时诱多

因此，通过观察分时图，我们就能判断出上升趋势即将发生反转。投资者应在高点 2 附近寻找机会分批卖出，而在出现高点 3 的进一步背离信号后，应果断清仓，这是最后机会。回顾日线图，清仓的价位大致处于这一波主升行情的最高点附近。

如图 7-30 所示，索菱股份（002766）在 2022 年 5 月 24 日收出长上影线，标志着可能的顶部 K 线形态。如图 7-31 分时形态所示，高点 1 对应的成交量明显放大。当日分时股价回落至接近零轴后震荡上行，在高点 2 冲至涨幅 7.2% 左右时，形成了全天的新高点。此时观察到下方成交量明显缩小，高点 2 量柱高度远低于高点 1 时的水平。因此，当股价开始拐头向下时，尽管高点 1 和高点 2 的股价呈现上升趋势，成交量却在减少，形成了量价背离的现象，应果断离场。

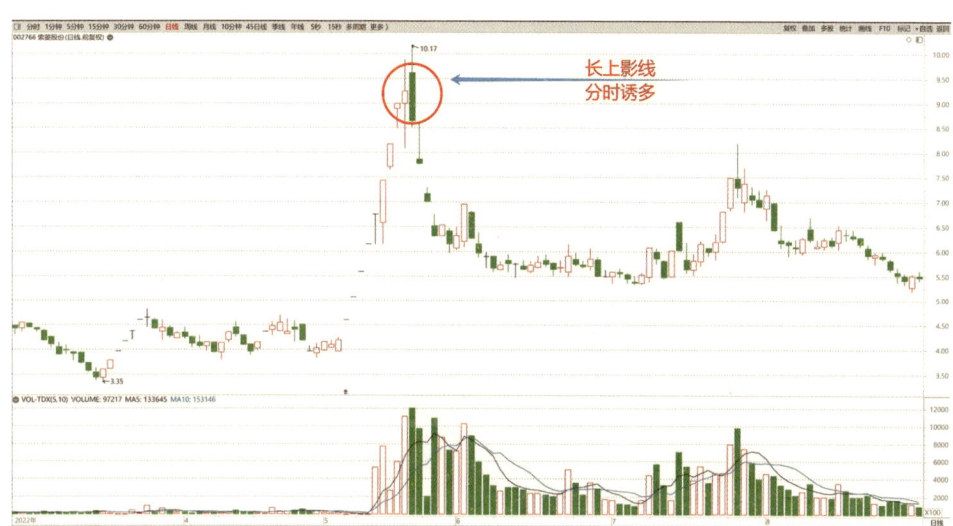

图 7-30 索菱股份长上影 K 线见顶

图 7-31 索菱股份量价背离，分时诱多

此时及时抛售股票，通常能够把握住当日的最高价位附近，对应于日线图上，即为见顶 K 线的上影线部分，也就是接近峰值的位置，几乎触及最高点。

如图 7-32 所示，亚世光电（002952）在 2024 年 1 月 8 日呈现出长上影线的顶部 K 线形态。如图 7-33 所示，分时图显示股价低开高走，全天震荡上行，仅从价格角度观察，似乎难以察觉潜藏的巨大风险。然而，当我们将成交量纳入考虑时，可以发现每个逐步上升的高点所对应的成交量柱实际上是逐渐减小的。

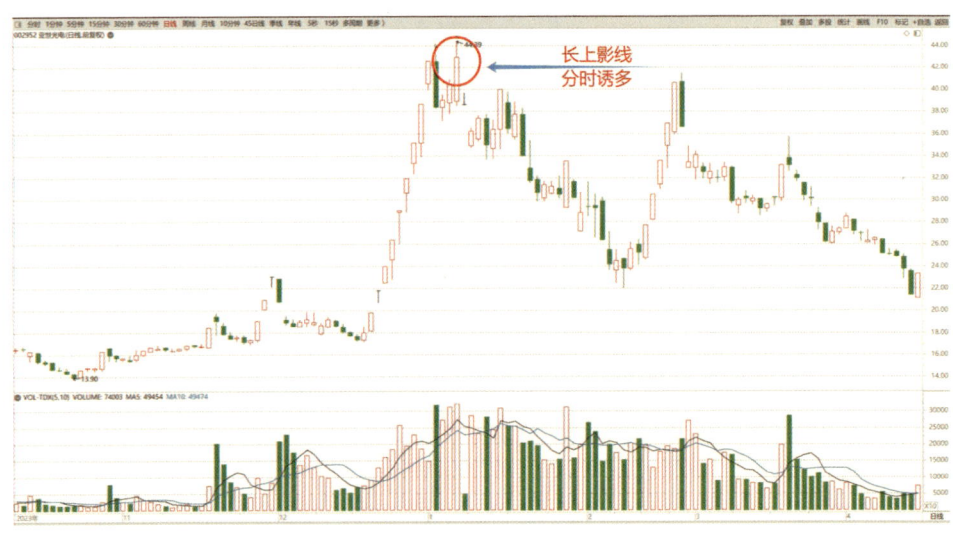

图 7-32　亚世光电长上影 K 线见顶

如图 7-33 分时形态所示，从高点 1 到高点 4，股价呈现逐步上升的趋势，然而下面对应的成交量却在逐渐减少。这表明上涨的动力正在减弱。投资者应考虑逐步减少持仓，分批卖出股票。特别是在高点 4 时，成交量极度缩小，无法与股价的大幅上涨相匹配，此时应果断清仓，确保利润得以兑现。

第七章 见顶
——龙头如何顶峰变现

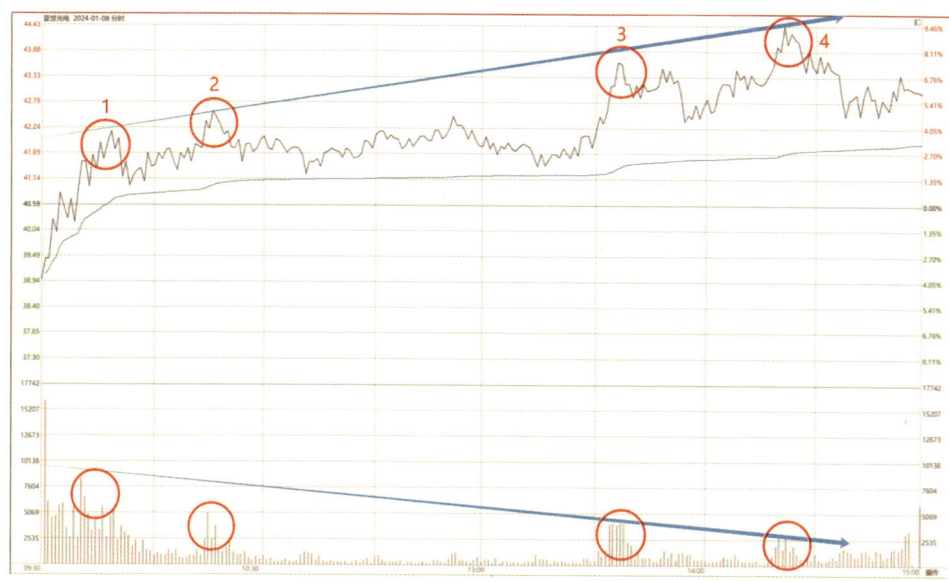

图 7-33 亚世光电量价背离，分时诱多

七、分时抢跑

除了分时诱多策略之外，还存在一种日内分时级别的龙头股顶峰表现信号，即资金在尾盘时分进行抢跑。从技术形态上看，这表现为尾盘时股价涨停后的"炸板"，随后股价迅速下跌或出现"烂板"现象，同时伴随着成交量的显著增加。

尾盘的分时抢跑现象表明，资金对于次日市场上涨的预期出现了分歧。因此，精明的资金选择在涨停板上先行抛售筹码，以锁定利润并避免次日可能出现的不确定性风险。

为何选择在尾盘进行抢跑？A股市场规定一天中总共有4个小时的交易时段，其中最关键的时段为上午9:30至10:30，即开盘后的第1小时。通常，这个时段的成交量达到峰值，价格波动也最为剧烈。所有盘前隔夜的消息、新闻等影响因素都会在开盘的第1小时内显现，从而为全天的市场走势奠定基调。

因此，市场往往会集中注意力于开盘后的第 1 小时，随后的时间则相对平静。当一只股票表现得足够强势，特别是市场龙头股，通常会在开盘后的第 1 小时内触及涨停并封板。投资者在看到自己手中的股票上午已经牢牢封住涨停板后，往往会带着满足和放松的心情继续观察市场，同时可能兼顾其他事务。特别是到了交易的尾声，普通投资者往往会降低警觉。这正是资金进行突袭的关键时刻。此时，如果突然出现大量抛售筹码，将使许多投资者措手不及，从而帮助资金方顺利完成出货。

如图 7-34 所示，华夏幸福（600340）在 2024 年 11 月 8 日的交易尾盘阶段出现了炸板现象，主力资金在分时图上表现出抢跑行为，大量抛售筹码，成交量激增，出货迹象十分明显，这导致了连续 9 个交易日的涨停板被终结。随后，股价经历了一路下跌，直接被腰斩。

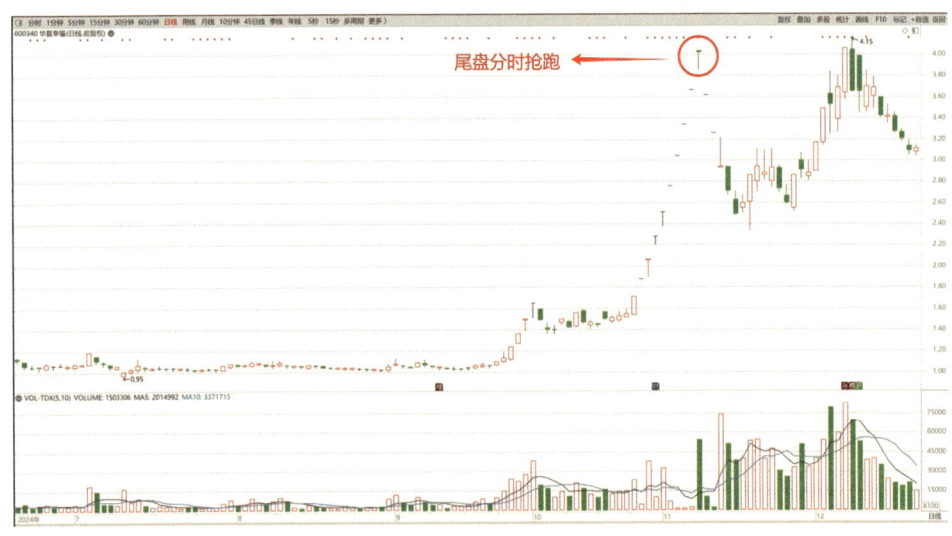

图 7-34　华夏幸福分时抢跑见顶

如图 7-35 所示，股价全天维持一字板涨停的态势，封单异常坚决，成交

图 7-35　华夏幸福尾盘炸板

量在开盘瞬间有少量交易后，其余时段几乎为零。直至下午 2:41，形势突变，巨大的封单被迅速消化，股价被打开涨停板。尽管有资金试图重新封板，但因抛售压力巨大，最终收盘时未能守住涨停。次日股价直接一字板跌停，高位短线接盘者遭受了严重损失。

如图 7-36 所示，日上集团（002593）在 2024 年 12 月 13 日收出一根带有长上影线的大阴线，标志着持续了 13 个交易日、涨幅达到 143.15% 的主升行情的终结。随后，该股连续出现一字板跌停，开始了 A 杀调整。

如图 7-37 所示，当天的分时图清晰地展示了尾盘炸板导致股价走出标准的天地板形态。在下午 2:35 之前，股价表现出了典型的强势股走势，开盘高开 3.63%，迅速回调至接近零轴的位置后快速拉升至涨停价。在短暂的震荡后，于上午 10:00 准时封板。下午开盘后，股价出现分歧，打开了一个小缺口，持续了 7 分钟后再次封板。值得注意的是，分时低点并未跌破分时均价线，且比上午的低点要高，这属于正常的技术性开板换手。如果此时股价能够保持涨停直至收盘，将是一个理想的换手涨停。

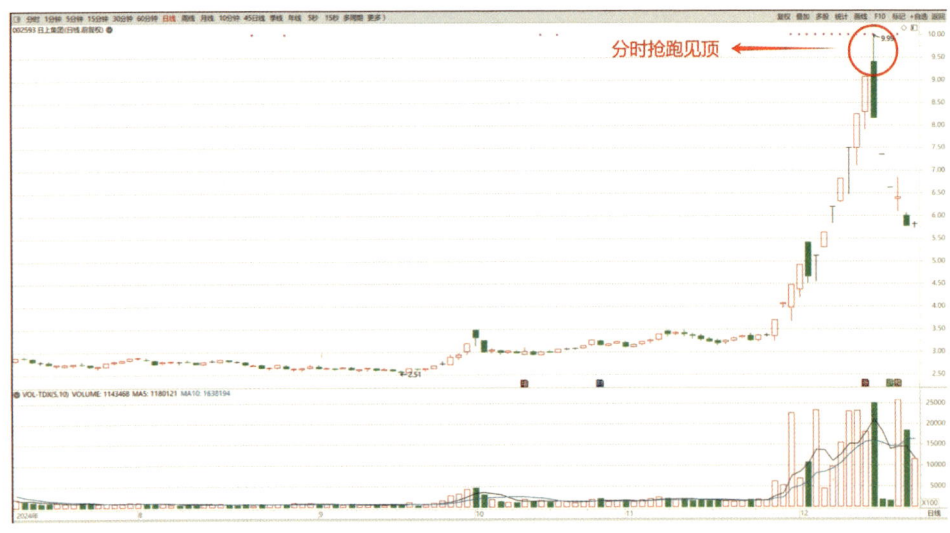

图 7-36 日上集团见顶分时抢跑

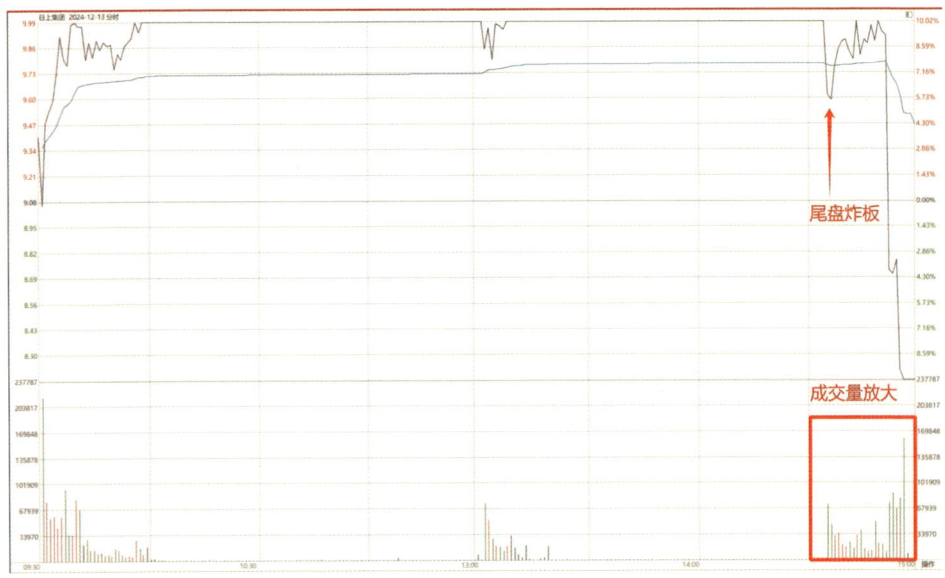

图 7-37 日上集团尾盘炸板

全天的转折点出现在下午 2:35，当时股价在跳水后迅速下跌至 5% 左右，随后有资金介入，股价震荡上行并一度触及涨停。然而，到了下午 2:50，市场突然进入剧烈波动状态，股价如瀑布般直线下跌，从涨停位置分两波跌至跌停，其间仅有一小波短暂的反弹尝试，但最终未能抵挡住市场恐慌性抛售的压力。

由此可见，当股价攀升至一定高度并实现翻倍收益后，必须密切关注每日分时图的尾盘走势。在出现炸板现象的第一时间，应果断清仓，抛售所有持股，切勿存有任何侥幸心理。确保利润的锁定才是至关重要的。

如图 7-38 所示，贝因美（002570）在 2024 年 10 月 31 日收出一颗带有长上影线的高位"中字线"，释放出阶段性见顶的信号。

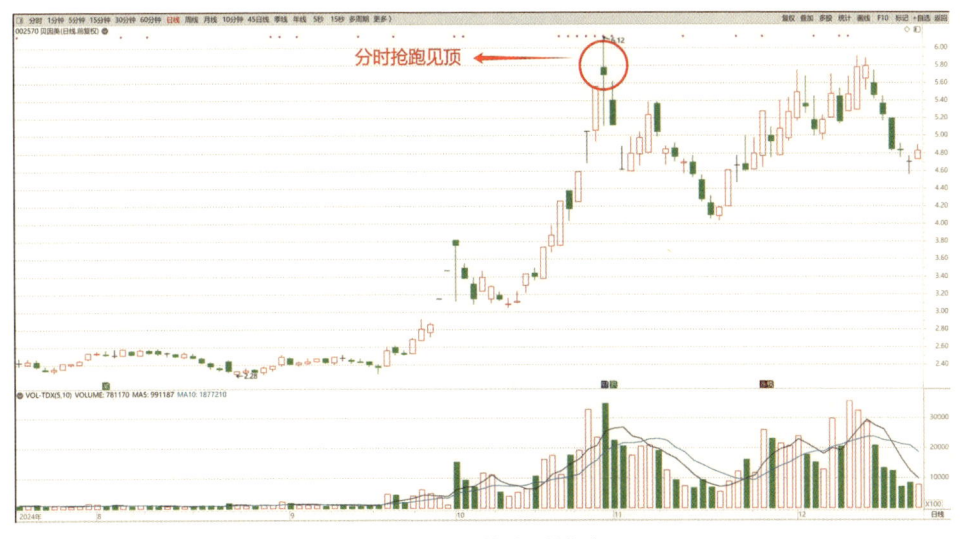

图 7-38　贝因美分时抢跑见顶

如图 7-39 所示，股价在达到最高点的当天分时图显示，开盘即以 3.96% 的幅度高开，随后迅速拉升并震荡上行。在上午 10:03，股价成功封住涨停板，并且在此后的交易时间内，涨停板的封单量保持稳定。然而，在下午 2:41，股价突然出现剧烈的跳水，一度从涨停跌至 -7% 左右，直到有资金介入才止住了这股跌势。股价经历了剧烈的波动后，最终收盘时定格在 2.34% 的涨幅。在接下来的交易日，股价大幅低开，并直接跌停，之后震荡下行，股价腰斩后才开启新一轮的反弹行情。

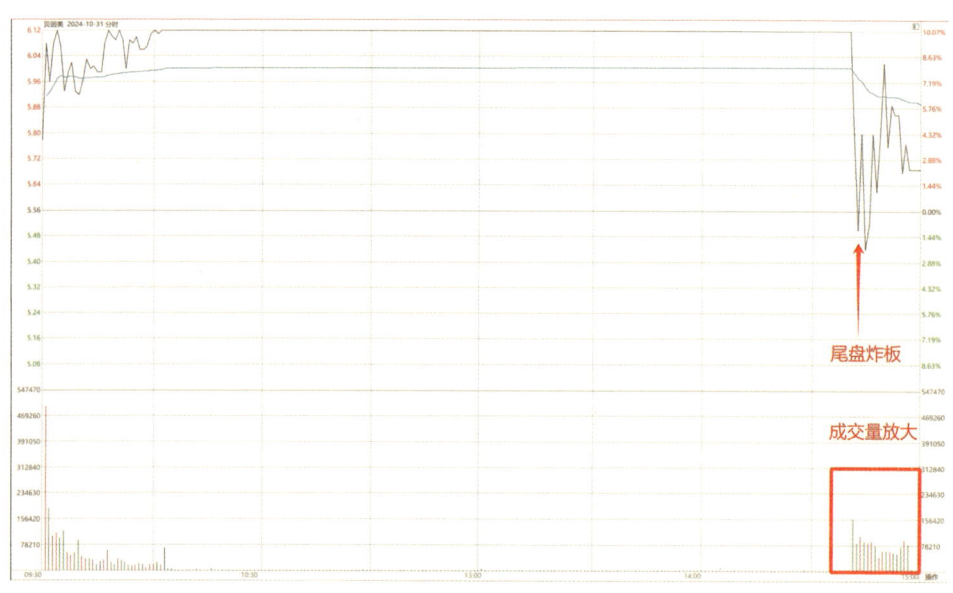

图 7-39　贝因美尾盘炸板

如图 7-40 所示，中视传媒（600088）在 2024 年 2 月 2 日收出一根带有长上影线的大阴线，顶部信号十分明显。

如图 7-41 所示，当天的分时图显示，该股以 5.63% 的幅度高开，开盘后迅速拉升，经过短暂的高位震荡，在上午 9:44 成功封住涨停板，并持续强势直至收盘。然而，到了下午 1:44，股价突然出现 90 度的垂直跳水，从涨停位置迅速下跌至 -4% 左右，随后开始震荡。在短暂的修复性震荡后，下午 2:00 准时迎来第二波跳水，主力资金的抛售导致股价直线下跌至跌停板，并且直至收盘未能打开。股价经历了连续的跌停，随后是 A 杀调整，技术性修复反弹之后，市场步入了长期的熊市。

图 7-40　中视传媒分时抢跑见顶

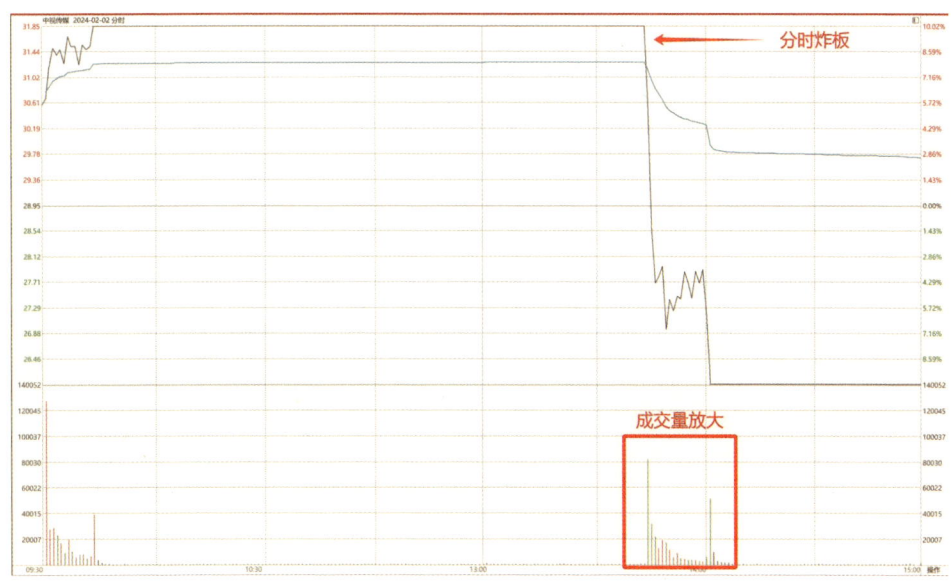

图 7-41　中视传媒分时炸板

如图 7-42 所示，大东方（600327）在 2024 年 12 月 3 日收出一根高位的大阳线，从日线图可看出量价齐升，似乎股价并无大碍，普通投资者很难从日线发现股价即将见顶。

图 7-42　大东方分时抢跑见顶

当我们审视当天的分时图，便能洞察其中的奥秘和细节，如图 7-43 所示。集合竞价后，股价低开 3.05%，开盘后迅速上扬至零轴上方，经历短暂的震荡后，股价开始攀升直至涨停。尽管盘中出现开板波动，但在上午 10:23 成功封住涨停，随后全天交易相对平稳。然而，就在临近收盘的下午 2:56，股价突然跳水，从涨停价跌至 4.9% 左右，然后迅速回升至收盘价 8.28%。这个看似微小的缺口，却可能成为溃堤之蚁穴。资金在最后一刻的抢跑行为，为次日的交易埋下了巨大的隐患。果不其然，第二天股价大幅低开并持续走低，直至跌停，之后股价便一蹶不振。

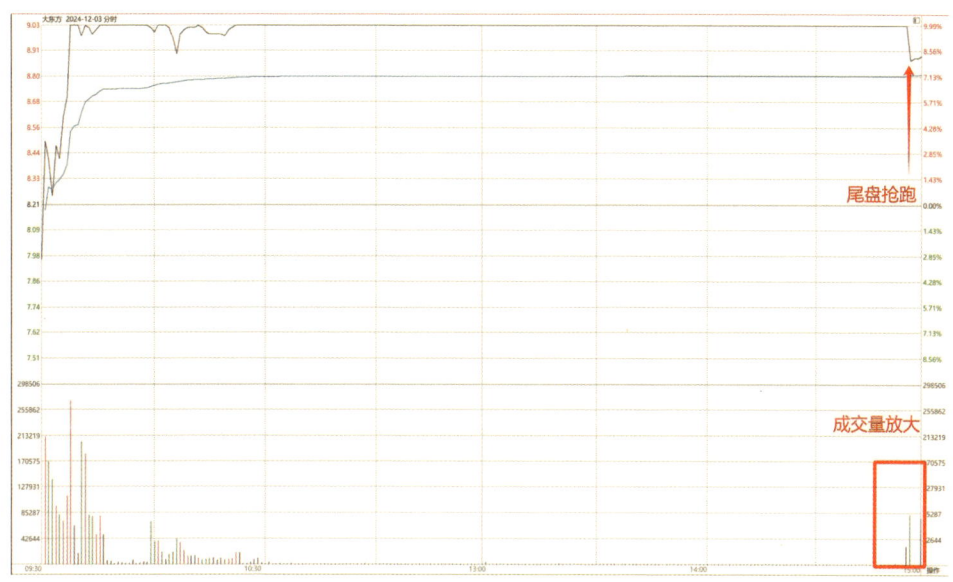

图 7-43　大东方开盘封板，尾盘炸板

魔鬼藏于细节之中，分时图上一个微小的变化，都可能触发强烈的蝴蝶效应，导致股价从天堂跌至地狱。

在日线图上难以察觉的问题，必须借助分时图来捕捉市场情绪的微妙变化。特别是尾盘时分时图上出现的抢跑现象，这通常是市场由强转弱的明确信号。通常情况下，次日市场预期会低开并走弱，尤其是在股价已经翻倍的情况下，这种确定性更高。宁愿错过机会，也不可犯错。因此，一旦发现这种信号，应立即采取行动，第一时间减仓或清仓离场，确保利润落袋为安是首要任务。

八、高换手率

换手率也称"周转率"，是指在一定时间内市场中股票转手买卖的频率。

高换手率通常意味着股票交易活跃。当换手率达到较高水平时，说明该股票买卖的人较多。比如，日换手率超过10%，一般表明股票交投活跃，可能是有大量的投资者在进行买卖操作。低换手率则表示股票交易比较清淡。如果一只股票的日换手率低于1%，则可能说明这只股票的关注度较低，市场参与热情不高，尤其是散户关注少。

当股价在主升浪中已经翻倍，并在高位出现高换手率时，这通常被视为市场顶部的信号。换手率分为绝对换手率和相对换手率。鉴于每只股票的市值大小不一，我们不能一概而论，而应具体问题具体分析。

绝对换手率主要作为经验参考数值，具备一定的辅助决策的价值和意义。在一般情况下，若股价已经上涨至翻倍，且换手率维持在20%以上，并伴随着股价的滞涨现象，这通常预示着市场顶部的形成。对于小盘股来说，若换手率超过30%，而对于大盘股，若换手率超过15%，并且股价已有一定幅度的上涨，那么在出现巨量交易的那一天，投资者应考虑果断卖出股票。无论股价是上涨还是下跌，这都可能是股价见顶的信号。

计算相对换手率，是依据主升浪期间的每根K线数据进行的。当主力资金在高位完成抛售，成交量通常会显著增加，导致换手率急剧上升至顶点。因此，通过与主升浪期间换手率最高的一天进行比较，可以作为判断市场顶部的参考。若观察到换手率达到峰值，并且这一峰值超过了主升浪期间的任何一天，那么市场可能已经见顶，此时应考虑减少仓位或完全清仓。

如图7-44所示，亚世光电（002952）在主升浪期间，其换手率一直保持在20%以下，平均换手率仅为十几个百分点，显示出非常健康的市场活跃度。然而，到了2024年1月3日换手率激增至24.14%，当日股价还收出了一根带有长上影线的大阴线，这通常意味着短线顶部可能即将到来。

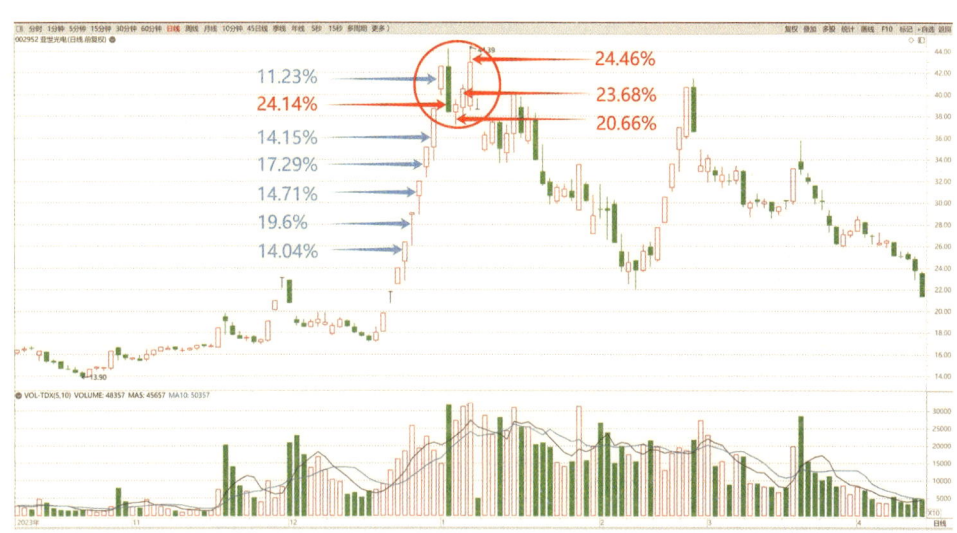

图 7-44 亚世光电绝对高换手率见顶

随后,股价连续3天上涨呈现M双头形态,其间换手率均超过20%。在反弹的第3天,股价和换手率同时达到新高点,标志着顶部信号的明确。次日股价便以一字板跌停的方式开启了下跌趋势。

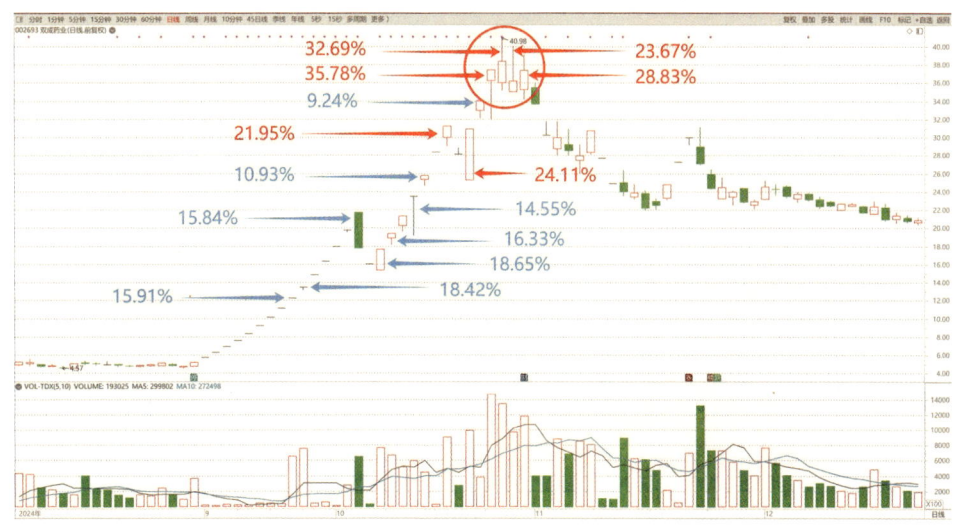

图 7-45 双成药业绝对高换手率见顶

如图 7-45 所示，双成药业（002693）的主升浪分为三个阶段，其中第一阶段主要表现为连续的一字涨停板，仅在两天出现连续放量，且换手率均低于 20%。

在第二波单边上涨过程中，换手率始终维持在 20% 以下，呈现出典型的换手连续涨停板模式。直至 2024 年 10 月 22 日，换手率突破 20%，达到 21.95%，这标志着第二阶段的高点已经到来，随后的次日股价以一字板形式跌停。

10 月 24 日，该股以气势如虹的姿态走出地天板，换手率达到 24.11%，预示着新一轮上涨的开始。然而，转折点出现在 10 月 28 日，当日换手率飙升至峰值 35.78%。10 月 29 日，股价创下新高，换手率为 32.69%，随后两天虽然股价横盘整理，但换手率依旧保持在 20% 以上。

在股价大幅上涨之后，若出现高位滞涨并伴随高换手率，这通常是一个危险的信号，建议投资者及时卖出并清空仓位。果然，市场做出了反应，随后连续两天出现跌停，标志着下跌趋势的开始。

如图 7-46 所示，日上集团（002593）提供了一个典型的相对换手率案例。首板和 2 板的成交量相对较小，首板的换手率为 10.87%，而到了 3 板时，换手率激增至 39.84%。在股价主升阶段，缩量时的平均换手率大约为十几个百分点，而放量时则基本维持在 40% 左右。直至 2024 年 12 月 13 日，换手率飙升至 44.1%，创下主升行情以来的最高纪录，超过任何其他交易日的换手率，并伴随着一根长上影线的大阴线。在这种情况下，投资者应考虑在当日收盘前卖出，以锁定利润并确保收益。

如图 7-47 所示，粤桂股份（000833）在主升浪期间，成交量呈现出放量与缩量交替波动的态势。放量 K 线的换手率大致保持在 10% ~ 20% 之间，其中唯一一根放量 K 线的换手率达到了 40.85%。以此为参考点，若再次出现成交量激增导致换手率超过这一数值，则基本上可以确认为见顶信号。

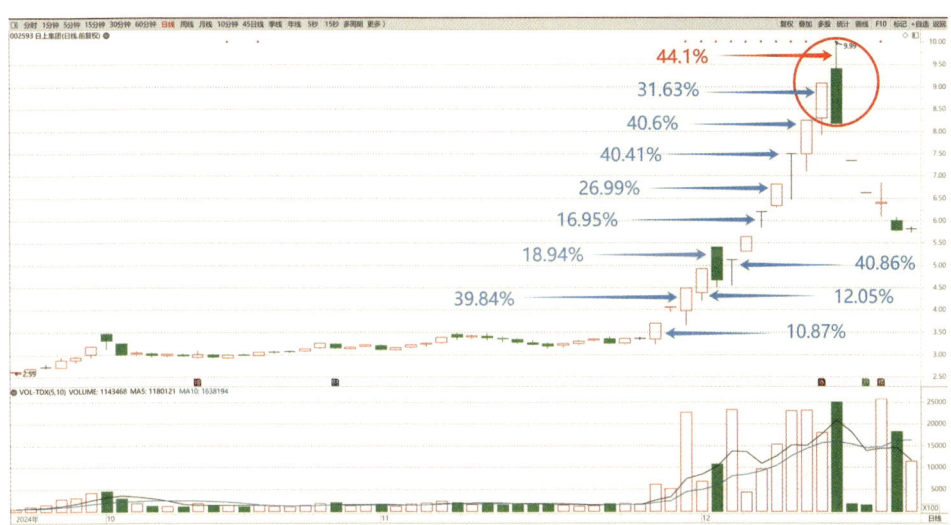

图 7-46　日上集团相对换手率见顶

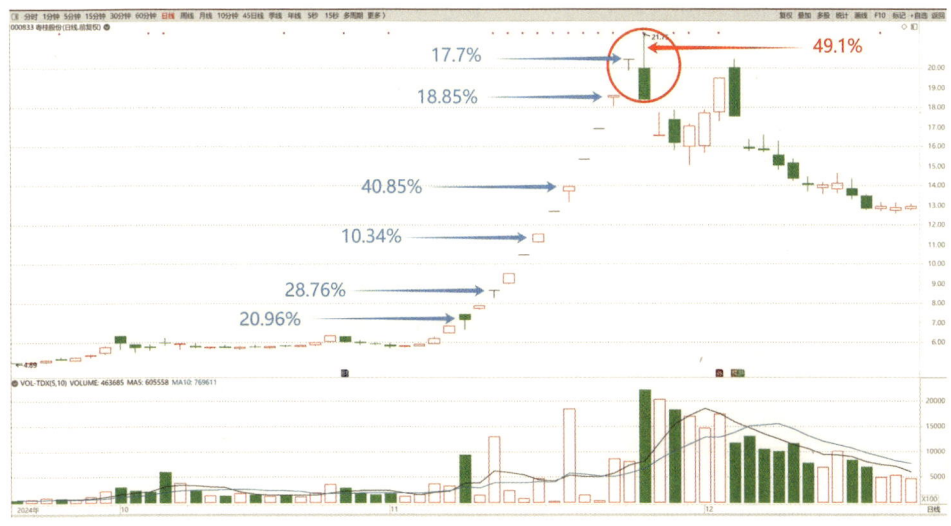

图 7-47　粤桂股份相对换手率见顶

转折点发生在 2024 年 11 月 26 日，集合竞价后股价以 -2.2% 的幅度低开，短暂冲高后迅速回落并震荡走低至跌停板。午盘时分，有资金试图撬开跌停板并尝试上攻，但股价未能回升至零轴上方，随后继续回落并触及跌停。当日的 K 线图清晰地显示出一条带有长上影线的阴线，而最核心的指标——换手率达到了 49.1%，这一数值超过了主升浪期间任何一天的换手率，达到了历史峰值，这标志着股价已经见顶。

换手率作为判断龙头见顶的辅助指标，具有可量化、可对比、可预判、可实操的属性，且清晰明确，无论是绝对换手率还是相对换手率，都有可锚定的客观数值作为操作依据，而非个人主观臆断。

九、数字密码

在股市中，无论是股价还是成交量都离不开数字的表达，通常情况下，数字组合是随机出现的。然而，在极少数情况下，会出现一些具有特殊寓意的数字组合，它们各自承载着不同的意义。当这些关键数字与特定的时间和空间交汇时，它们向市场传递的信息可能会对市场情绪和趋势产生显著影响。

为什么会出现特殊数字？主要有以下几方面的原因：

（一）心理暗示

投资者在交易决策过程中，心理因素起着重要作用。不同的文化对数字有着不同的寓意和解读。在一些文化中，某些数字被赋予了特殊的含义，这些文化寓意可能会影响投资者对股票价格中数字的看法。如在中国文化里，"8"与"发"谐音，被视为发财、发达的象征；"6"则代表顺利。当股票价格或相关数据中出现这些数字时，容易引起投资者的关注和联想。部分投资者可能会认为这是一种好兆头，从而更倾向于买入或持有该股票，期望能获得好运和较好的收益。

（二）交易习惯

投资者在交易时往往有整数交易的习惯，在挂单时会优先选择整数价格和整数手数，这可能导致在某些情况下，相近的整数价格买卖单聚集，从而偶然形成特殊数字的成交价格或挂单价格。

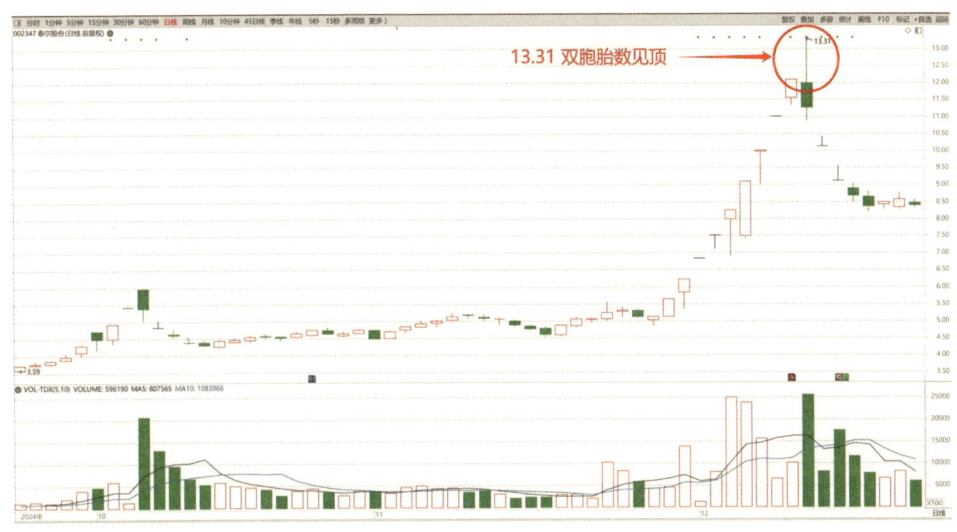

图 7-48　泰尔股份双胞胎数见顶

（三）盘口语言

一些投资者（特别是机构投资者或有经验的大户）会使用所谓的"盘口语言"。

精心设计的特殊数字主要发挥两个功能。在内部，它们可以作为向关联资金传递买卖指令的暗号，通常这些只有内部人士才能理解的特殊暗号通过数字来表达，例如表示"我在这里"或"我们开始行动了"等含义。对外，它们可能被用来故意释放一些可能影响投资者交易心理的特殊数字，制造出股票活跃度逐渐增加或股价即将下跌的错觉,以此间接操纵股价波动,实现其买卖目的。

当挂单量和股价在高位或低位的关键位置呈现出特殊数字时,必须予以高度关注,因为这通常预示着阶段性的顶点或底部。

本节旨在深入探讨一系列特定数字组合,它们各自蕴含着独特的象征意义。随着时光的推移,这些数字的深层含义可能会经历演变,有时甚至可能与最初的意义截然相反。投资者需要具备举一反三的能力,在关键时刻遇到这些具有特殊意义的数字时,能够保持警觉。

图 7-49　常山北明双胞胎数见顶

以下列举了在股价和挂单中常见的数字密码类型:

1. 双胞胎数,这些数字具有相同的数字或对称的结构,通常被视为见顶信号。例如:AA.BB、AB.AB、AB.BA、AB.AA、AB.BB、AB.CC,具体数字如:11.22、12.12、12.21、12.11、12.22、12.33,如图 7-48、

7-49、7-50、7-51、7-52、7-53、7-54、7-55、7-56、7-57所示。

2. 顺子密码，数字呈现正序或倒序排列，常被解读为见底信号。例如：ABC、ABCD、CBA、DCBA，具体数字如：12.3、12.34、32.1、43.21。

3. 夹心密码，前后数字相同，也被认为是见底信号。例如：ABA、ABCA，具体数字如：12.1、12.31。

4. 断头密码，小数点后跟随数字88或66，通常视为见顶信号。例如：A88、A66、9.88、9.66。

5. 财富密码，谐音"一路发""我要发""要发发"，例如：168、518、188。

6. 上涨密码，谐音"要要发""要要起"，例如：118、117。

7. 下跌密码，谐音"要要溜""要要死"，例如：116、114。

8. 加速密码，如A11、A111、B111、AB11，数字如：511、5111、6111、5611。

9. 涨停密码，例如：1111、2222、5555、8888。

10. 跌停密码，例如：4444、6666、3333。

11. 数字相加等于4，这通常代表见顶的信号。

12. 数字相加等于8，这通常代表见底的信号。

以上所有仅仅代表经验数据，它们可以作为辅助决策的参考之一，但并不具有决定性的作用。

图 7-50　深圳华强双胞胎数见顶

图 7-51　天威视讯双胞胎数见顶

第七章 见顶
——龙头如何顶峰变现

图 7-52　真视通双胞胎数见顶

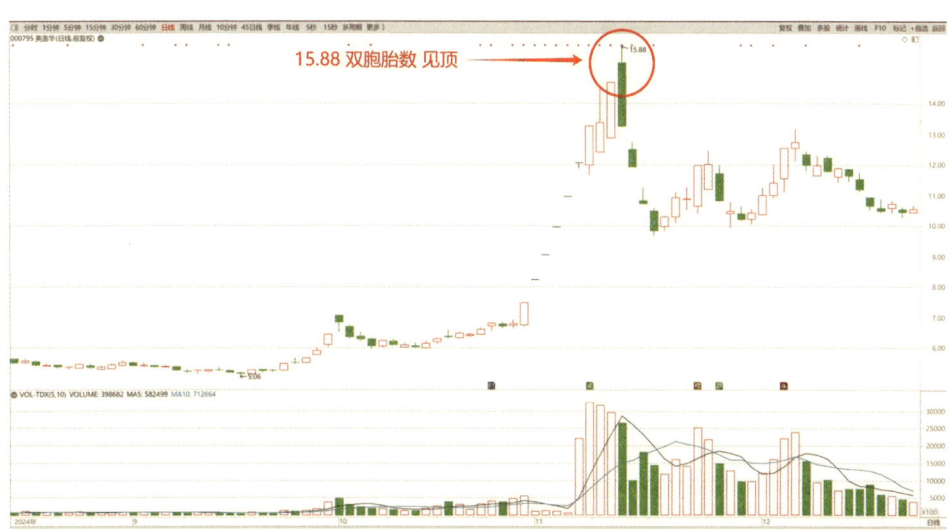

图 7-53　英洛华双胞胎数见顶

图 7-54　清源股份双胞胎数见顶

图 7-55　深中华 A 双胞胎数见顶

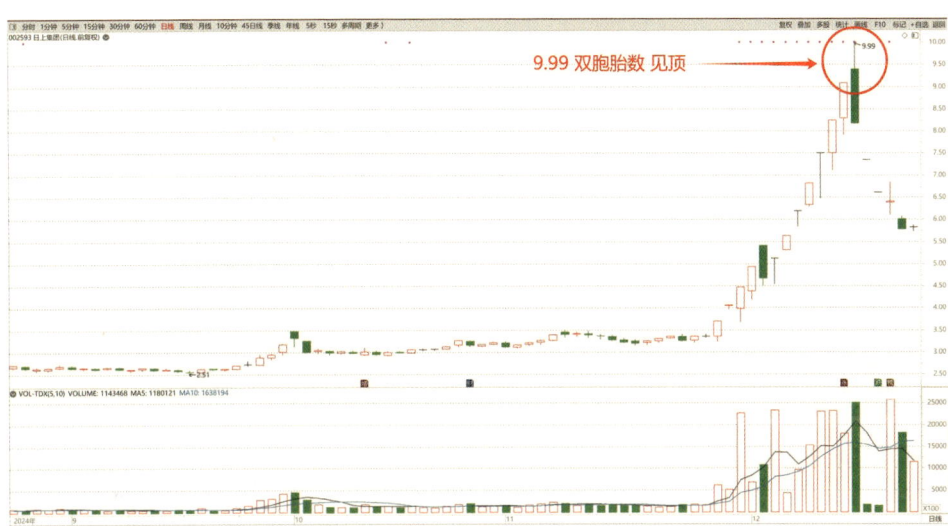

图 7-56　日上集团双胞胎数见顶

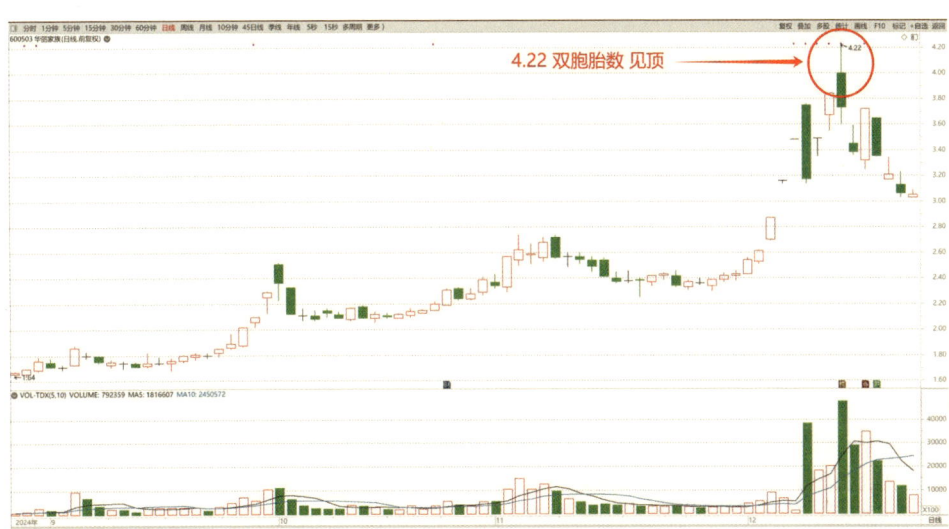

图 7-57　华丽家族双胞胎数见顶

常言道，买得精明只是徒弟，卖得高明才是师傅。存在即有其道理，若能在恰当的位置和时机买入合适的标的，就已经成功了一半。然而，最关键的问题在于何时卖出，因为卖出的时机和方式直接决定了盈亏的状况。

因此，本节所阐述的九大财富密码，作为本书的核心内容，本质上揭示了龙头股的九大卖出信号。一旦出现其中任何一条信号，就预示着股价可能达到顶峰；若多个信号同时显现，则股价见顶的可能性将显著增加。当关键的 K 线形态满足的信号数量越多，其可靠性越高，此时投资者应考虑及时卖出，清仓锁定利润，确保收益落袋为安。

第八章 下跌
——空仓是最高级别的操作

周期退潮，趋势反转

下跌勿追，空仓为妙

第一节 现金为王

何为天道？顺应周期，跟随趋势。

万物皆周期，顺之者昌，逆之者亡。

当主升行情接近尾声，达到顶峰之后，盛极而衰，趋势自然会发生反转，由牛市转变为熊市。无论是大盘、板块指数还是个股标的，均遵循这一规律，这是宇宙万物的法则，不以个人意志为转移。

周期开始退潮，趋势开始反转，清仓远离市场，空仓也是操作。

拥有资金，便拥有了世界。只有学会适时空仓，才能真正掌握赚钱的智慧。当市场周期退潮，步入熊市阶段，在这个残酷的资本市场中，生存的不二法则是避免盲目作战，至少要确保手中握有充足的现金，耐心等待下一个市场周期的到来。正如非洲大草原上的猎豹，积蓄力量为下一次的成功狩猎做好准备。

逆势操作，风险远远大于机会，事倍功半，顺势而为，机会远远大于风险，事半功倍。在资本市场里，并不是天天满仓交易操作才能成功，相反，如果一个投资者天天满仓操作，不懂得仓位管控，不懂得现金为王，那一定会被市场反噬，堕入万丈深渊尸骨无存。在牛市的上升周期中全仓投入，在退潮期保持空仓或轻仓以保留现金，这样才能长期实现稳定的盈利。

第二节　知行合一

投资交易走向长期稳定盈利注定是一个痛并快乐的过程。本质是修炼自我心性，不断超越自我，不断迭代升级，不断自律的过程，最终真正做到知行合一。

一名成功的投资者会经历知道、学到、悟道、做到、布道五个阶段。是对股市运行规律的认知升级，是对适合自身模式的摸索优化，是化繁为简一招制敌的简单重复，是雷厉风行的强大执行力，是大爱无私的分享传承。

交易中最大的敌人不是市场，而是交易者自己。

人与人之间的鸿沟就是认知差，你所赚的每一分钱，就是你对这个世界认知的变现；你所亏的每一分钱，就是你对这个世界认知有缺陷。你永远赚不到超出你认知范围之外的钱，除非你靠运气，但是靠运气赚到的钱，最后往往又会凭实力亏掉，这是一种必然。这个社会最大的公平就在于：当一个人的财富大于自己认知的时候，这个社会有100种方法收割你，直到让你的认知和财富相匹配为止。

提升对股市运行规律的认知，第一步是做到长期稳定盈利，第二步是将认知转化为落地可实施的标准动作，通过将每一个标准的动作不断地重复执行到位，从而达到积小胜为大胜的目标。这个就是从"知道、学到"——"悟道、做到"的过程。当然，这要对股市运行规律有充分了解的人，基本上可以淘汰市场中超过80%的参与者，剩下的20%了解这些规律的人，竞争的焦点在于执行力——即不仅仅是做到，还要追求卓越。

因此，执行力始终是成功交易操作的核心竞争力。最终，投资者之间的较量在于谁的执行力更为出色，谁能战胜人性的弱点，谁能将交易体系贯彻到每一个标准动作中，谁能坚持不懈地执行每一个动作，确保严格执行，谁就是真正的赢家，谁就能实现财富自由。

第三节　空仓非空

如何控制下跌趋势中的风险？如何量化操作标准？

龙头掘金交易体系虽然专注于短线龙头股的操作，但其核心理念适用于各种交易风格。对于风险控制而言，无论是短线还是中长线投资者，都能从中获得普遍适用的策略。

当趋势发生逆转，定性为现金为王。那么，接下来如何进行定量分析呢？

唯有将操作策略明确且清晰地量化为每一个标准动作，才能称之为一个完整的交易体系。相反，若仅依赖于模糊的直觉或即兴决策，往往会导致极大的不可控性和不确定性。

空仓非真空仓，而是指以较低的仓位或者无仓位保持足够的耐心，等待机会。

当大盘进入下跌趋势中，即进入熊市时，投资者应该学会"空仓"，这是最高级别的操作，控制回撤是资产复利增长的基石。

空仓的传统定义就是清仓所有股票，保持仓位为0%，全部持有现金。但是对于短线龙头选手来说，此处的空仓是指严格控制好仓位比例，比如5%~10%，轻仓操作而不是完全远离市场。原因有如下几点：

第一，更易集中关注核心。无论市场处于牛市还是熊市，真正能从微小资金成长到九位数资产的游资高手，往往是在熊市中爆发并成长起来的。在熊市中，主要投资线索会变得更加清晰和单一，不像牛市那样繁花似锦，这使得投资高手更容易集中关注核心投资标的，并且更容易实现盈利。

第二，维持市场敏感性。在熊市期间，投资者若选择完全不进行操作，即保持空仓，长期可能会导致对市场微妙变化的反应迟钝，难以精确捕捉市场的动态。"空仓"不等同于完全撤出市场，而是指以极小的仓位参与交易，这有助于投资者持续维持对市场的敏感性。因此，在风险可控的前提下，保持盘感是至关重要的，它能让我们如春江中的鸭子一样，最先感知到水温的变化。

第三，大量刻意练习完善交易体系。回顾A股市场短短三十多年的历程，我们不难发现，牛短熊长已成为常态，通常七八年经历一个周期，牛市仅持续一两年，而大部分时间市场处于震荡或下跌趋势。牛市因此显得尤为珍贵。因此，投资者应当在熊市期间不断学习和提升，构建适合自己的交易体系，以便在牛市到来时真正把握住机遇。正如NBA篮球巨星迈克尔·乔丹和科比·布莱恩特，他们之所以能在篮球领域取得巨大成功，是因为他们每天坚持超乎常人的训练强度。天赋的背后，其实是无数次刻意练习的累积。

第四节　量化标准

熊市里，如何进行仓位管控，实操的量化标准究竟是什么？

通常，判断市场牛熊的关键指标是60日均线（MA60），也就是牛熊分界线。当市场指数从高点跌破MA60时，意味着牛市的终结和熊市的开始，这一规律同样适用于板块指数和个股。在这种情况下，股价往往会受到MA60的压制，每次反弹至该线附近时，几乎都会遭遇阻力并回落，形成反复的锯齿状波动，逐步向下移动，如图8-1所示，上证指数一直受到MA60压制。

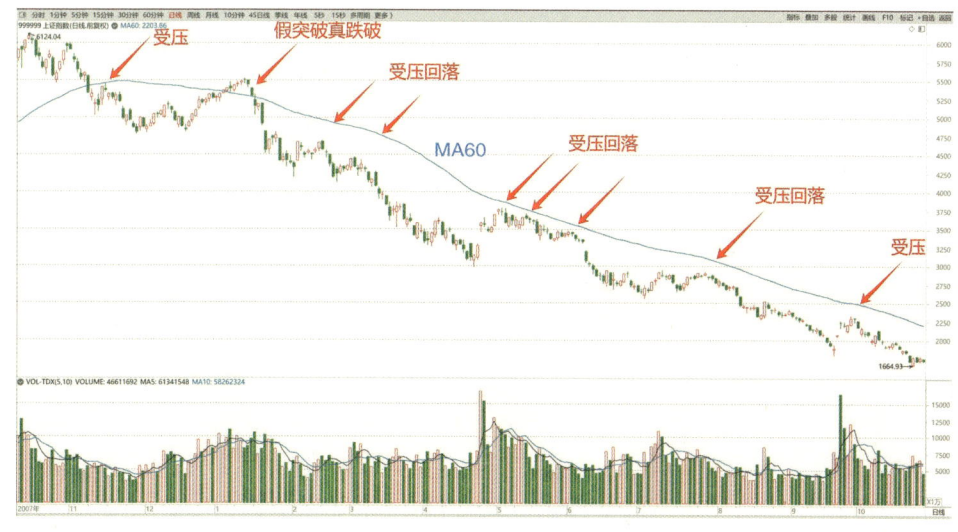

图 8-1　上证指数熊市被 MA60 压制

尽管在熊市中，股价持续受到 MA60 的压制，呈现出震荡下行的趋势，但机会依然存在。关键在于投资者是否能够具备发现市场大龙头的敏锐洞察力。

在熊市中捕捉市场机会，关键在于准确把握市场的短期情绪，这可以通过"三步走"策略来实现：审视大盘整体市场走势；分析各个题材板块的动向；锁定市场龙头股。

大盘和板块的量化标准主要依据 5 日均线，即 MA5。具体分为两种情况：

第一，若大盘和板块指数的股价位于 MA5 之上。如图 8-2 所示，这通常意味着市场情绪较为乐观，短线可博弈反抽套利，此时可以将仓位控制在 30% 以内，轻仓参与市场中的核心龙头股。

图 8-2　上证指数 2024 年 8 月 15 日突破 MA5

如图 8-3 所示，深圳华强（000062）在 2024 年 8 月 15 日首次涨停，与上证指数共振并突破 MA5，标志着一段激动人心的龙头主升行情的开始。然而，仅 3 天后，大盘跌破 MA5，重新陷入 5 日之下的震荡和阴跌态势，直至 2024 年 9 月 19 日再次突破 MA5，才宣告了下一个情绪周期的启动。尽管大盘持续走低，深圳华强这一龙头股却依然能够保持上升势头，勇往直前。因此，在熊市期间选择空仓，可能会导致错失那些涨幅超过 3 倍的龙头股。

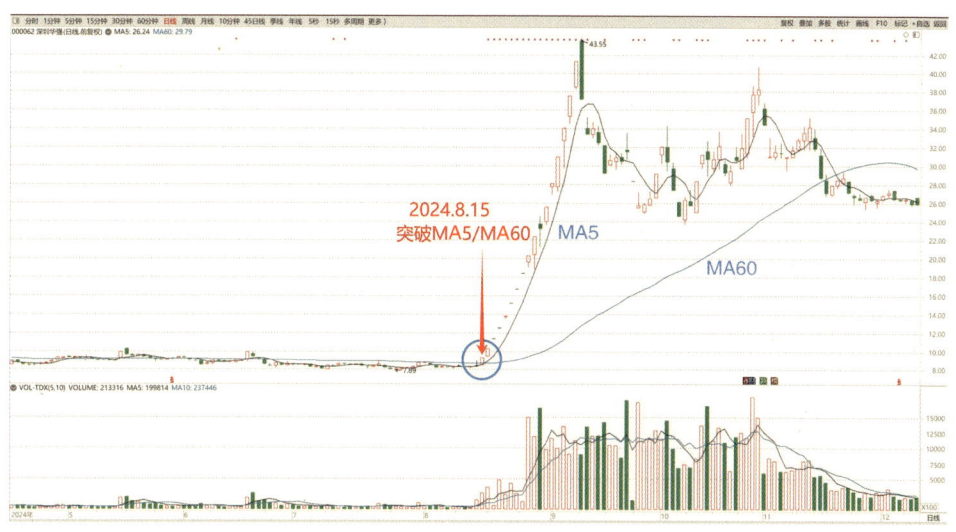

图 8-3　深圳华强 2024 年 8 月 15 日启动主升

第二，当大盘和板块指数的股价位于日线 MA5 下方时，通常意味着市场情绪极度悲观，交易活动稀少，市场处于低迷状态，熊市之路漫长，建议以保留现金为主。在这种情况下，建议将投资仓位控制在 10% 以内，以不超过一成的仓位尝试寻找龙头股。

仓位管理因人而异，取决于每个人的风险承受能力。空仓的真正含义并非字面上的完全不持有，而是指对仓位进行严格的控制，主要以轻仓操作为主。至于具体仓位是三成、两成还是四成，应根据个人的具体情况来决定。关键在于掌握抓住龙头掘金的投资理念，将现金为王、知行合一、空仓非空、量化标准四节内容融会贯通，学以致用。

第九章　龙头实战
——破解风口密码

选对风口，事半功倍

拨云见日，直冲九霄

第一节　何为龙卷风口

在前八章的内容中，核心关键词依次为天道、龙头、建仓、洗盘、启动、主升、见顶、下跌。第一章揭示了股市的运行规律，第二章解析了龙头股的基因，而第三章至第八章则详细阐述了从牛市到熊市一轮完整的周期闭环。而最后一章，却是龙头腾飞的基石。万事俱备只欠东风，前面章节是万事，那么第九章就是东风。

站在风口，连猪都能飞起来。股票亦是如此，股票本身仅是投资者一个赚钱的工具和载体，若非处于市场风口，缺乏拉升的动力，股票便不会上涨。"风"即"势"，而龙头股往往随着这股强劲的"势"扶摇直上。

龙卷风口是指在宏观趋势、国家政策、创新科技、供求失衡等因素作用下，市场当前最关注、资金最密集、涨幅最显著的行业或领域。

龙头必诞生于龙卷风，寻风即寻龙。寻龙就是一门技术活。

第二节　龙卷风口的前提条件

龙卷风的形成，需要满足以下特定的宏观和微观前提条件：

一、宏观经济

经济稳定持续增长时，股价通常会上涨；反之，若预期经济进入衰退期，则股价通常会下跌。常言道，股市是经济的晴雨表，然而这实际上是对资本市场的一个普遍误解。从2019年至2022年，尽管宏观经济遭遇增长停滞的困境，A股市场却逆势而上，展现出牛市的强劲势头。特别是创业板指数，从2018年10月的最低点1184.91一路飙升至2021年7月的最高点3576.12，周K线涨幅达到惊人的173%。

因此，尽管经济与股市的运行并非直接相关，但对经济未来的预期确实与股价紧密相连。在经济长期衰退的背景下，如果市场对经济的预期在一段时间内持续悲观，股价自然会受到负面影响。实际上，两者之间存在着复杂的相互作用。当宏观经济呈现正增长态势时，股市往往受到积极推动力，整体呈现上升趋势；相反，如果宏观经济长期陷入衰退，股市则难以出现强劲的牛市行情。

龙卷风形成最为有利的宏观经济状况往往具备这些特征：

（一）持续高速的经济增长

GDP增速保持高位且稳定，各个产业随之蓬勃发展。比如科技行业，高速增长的经济催生大量创新需求，相关企业新品不断、市场份额飙升，营收利润双双暴增，吸引海量资金入场，推高股价。消费领域同样如此，居民收入节节高，消费升级步伐加快，消费类企业订单接到手软，为股价上扬注入强劲动力。

（二）温和可控的通货膨胀

维持在1%～3%的通胀区间最为理想。此时，企业生产成本的增幅能轻松被产品售价提升覆盖，利润空间得以拓展。就拿服装制造业来说，原材料价格稍有上涨，产品跟着微调价格，消费者接受度高，企业盈利增多，股票自然更受青睐。同时，温和通胀让民众意识到钱放着会贬值，促使储蓄资金流入股市。

（三）超宽松的货币政策

不仅降息、降准，央行还通过量化宽松等手段，向市场倾泻海量资金。企业融资成本几乎探底，一些小微企业原本望而却步的融资项目，此刻都能轻松开展，盈利预期大增。市场上资金泛滥，理财收益微薄，股市成为资金的"避风港"，大量资金涌入，股价想不涨都难。

（四）强力且精准的财政政策

一方面，对新兴潜力产业大规模减税，同时给予巨额补贴，像生物医药行业，让企业有更多资金投入临床试验、新药研发，技术突破加速，业绩腾飞，股价飞升。另一方面，基建投入持续加码，高铁、5G基站建设等项目全面铺开，上下游无数企业受益，相关板块在股市气势如虹，带动大盘高歌猛进。

（五）近乎充分的就业环境

失业率长期处于低位，居民收入不仅稳定，还有望逐年提升。百姓消费起来毫无顾虑，大件消费、高端消费市场火热，对应的上市公司营收迅速地上涨。投资者也因为没有失业隐忧，更敢于把资金长期放在股市，维持股市资金的强劲活力与热度。

简而言之，只有在经济环境长期向好和就业稳定的情况下，才能孕育出壮观的牛市。自改革开放以来，我国无论是实体经济还是资本市场，都只经历了几十年的发展，尚未真正遭遇过经济衰退的考验。相反，我国经济一直保持着迅猛的增长势头，跃升为世界主要经济体的前列，并继续朝前迈进。因此，我国的投资者尚未经历过真正的经济衰退期，即便面临短期的经济波动，宏观调控也能引导经济回到正确的增长轨道上。不论增长速度如何，只要经济保持持续增长，股市与经济始终是相互依存的关系——经济整体重心持续上扬，方能成为股市"龙卷风"的温床。

二、政治环境

政治稳定，市场就稳定，投资者信心较高，股市活跃，反之则参与度不高。

（一）增强投资者信心

稳定的政治环境让投资者心里有底，不用担心政策突然大幅转向、社会动荡冲击企业经营。例如，像瑞士这样政治长期平稳的国家，本土及国外投资者都更愿意把资金投入股市，使得瑞士股市资金流入较为持续、稳定，上市公司的估值也能维持在合理区间，不容易因恐慌情绪被过度低估。

信心提升还会促使投资者拉长投资周期，从短期投机转向长期价值投资，有利于股市形成慢牛行情，减少大起大落。

（二）保障企业稳定经营

政治稳定意味着政策连贯性强，企业可以安心制定长期战略规划。比如，在中国，稳定的政治环境下，制造业企业敢于投入巨额资金用于技术升级、扩大厂房，不用担心朝令夕改的政策打乱节奏；基建企业也能顺利承接大型项目，按进度施工回款，保障营收稳定增长，反映在股市上，相关企业股价更具支撑力，带动板块表现良好。

国际贸易合作也依赖政治稳定，稳定环境能巩固已有的贸易关系，让外向型企业订单稳定，降低业绩波动风险，提升在资本市场的吸引力。

（三）吸引外资流入

全球资本在配置资产时，政治稳定是重要考虑因素。尽管近年美国内部政治分歧加剧，但长期以来相对稳定的两党制体系，加上强大的军事、经济实力兜底，其股市一直是外资青睐的对象，大量海外资金流入推高股价，也扩充了股市的体量与流动性。

新兴市场国家若展现出政治稳定的态势，也会快速吸引外资。例如，越南政治局势稳固后，外国投资机构纷纷入场布局，胡志明证券交易所的成交额、指数都随之水涨船高，为当地企业开辟更广阔的融资渠道。

（四）政策可预期性提升

稳定的政治格局下，政府的财政政策、货币政策推出节奏和方向相对清晰。当经济下行，市场能预估政府大概率出台刺激经济的降息、降准、减税等政策，提前布局受惠板块，带动股市相关板块提前反应、活跃起来；相反在经济过热时，股市也能对收紧政策提前消化，避免出现急跌式的硬着陆。

三、利率水平

利率上升，股价下跌；利率下降，股价上涨。

一般来说，较低的利率水平对股市上涨最为有利，主要体现在几方面：

（一）资金流向改变

当利率处于低位时，银行储蓄、债券等固定收益类理财产品的收益率随之降低，吸引力大减。相较而言，股市的潜在收益显得更具吸引力，资金会从低收益的储蓄、债券市场流出，涌入股市寻求更高回报，为股市注入大量流动性，促使股价攀升。例如，2020年全球央行大幅降息，大量资金流入股市，推高了众多股票的价格。

低利率环境下，投资者的机会成本降低，更愿意将资金投入风险资产，这增加了股票市场的资金供给，强化了股市的上涨动力。原本持有债券获取3%年化收益的投资者，看到利率下行至1%，债券收益吸引力骤降，就可能转投股市。

（二）企业融资成本降低

利率下行使得企业的借贷成本显著减少。企业无论是通过银行贷款，还是发行债券融资，所需支付的利息都变少了，这直接提升了企业的利润空间。利润增长、预期增强投资者对企业的信心，进而带动股价上涨。尤其是对资金密集型行业，如房地产、制造业，这种积极影响更为显著。例如，一家制造业企业原本背负高额贷款利息，利率下降后，财务费用降低，利润表更加好看，吸引投资者买入股票。

（三）提升股票估值

按照现金流折现模型来估值，利率作为折现率，当它降低时，未来现金流的折现值就会增大，也就意味着股票的理论估值会提升。更多股票会在市场中被重新定价，价格中枢上移，推动整个股市上扬。比如一只成长型股票，未来预期有稳定的现金流收入，在利率为5%时估值相对保守，当利率下调至3%，其估值会因折现率变小而大幅提升，股价也会随之上升。

不过，利率过低可能引发通胀预期抬头、资产泡沫等负面情况，长期来看，稳健且适度的利率下降趋势，配合良好的宏观经济基本面，才最有利于股市健康、持续地上涨。

四、汇率变动

汇率升值、贬值对股价影响是复杂且多变的。

通常情况下，适度升值的汇率与稳定的汇率对股市较为有利，以下是具体分析：

（一）适度升值的汇率

1. 吸引外资流入：当本国货币适度升值时，以本国货币计价的资产相对更有价值，如股票等资产对于外国投资者而言会更具吸引力，他们可以通过投资本国股票获得资产增值以及汇率升值带来的双重收益，从而促使外资加速流入股市，增加股票市场的资金供给，推动股价上涨。

2. 降低进口成本：对于依赖进口原材料、零部件或设备的企业来说，本国货币升值意味着进口成本降低。企业的生产成本下降，利润空间得以扩大，这将提升企业的盈利能力和市场竞争力，进而对相关企业的股票价格产生积极影响，推动股市整体向好。

3. 提升市场信心：货币的适度升值往往反映出本国经济基本面的良好态势，如经济增长强劲、通货膨胀率较低等，这会增强投资者对本国经济和股市的信心，提高投资者的风险偏好，促使他们更积极地参与股票投资，从而推动股市上涨。

（二）稳定的汇率

1. 降低不确定性风险：稳定的汇率可以为企业和投资者提供一个可预测的经济环境，减少因汇率波动带来的不确定性和风险。企业能够更准确地规划生产、销售和投资策略，不必担心汇率大幅波动对其成本、利润和现金流造成的不利影响。投资者也可以更安心地进行长期投资，不必因汇率波动而频繁调整投资组合，从而有助于稳定股市的资金流入和市场情绪。

2. 促进国际贸易和经济增长：稳定的汇率有利于维持国际贸易的平衡和稳定，促进本国与其他国家之间的贸易往来。企业能够更好地控制出口成本和利润，保障海外市场份额，同时也有利于进口企业稳定原材料供应和成本。国际贸易的稳定发展有助于推动本国经济的持续增长，为股市提供坚实的宏观经济基础，促进上市公司业绩的提升和股价的稳定表现。

3. 吸引长期投资：稳定的汇率环境对于吸引长期投资具有重要意义。无论是国内投资者还是外国投资者，都更倾向于在一个汇率稳定的市场中进行长期投资，以获取较为稳定的投资回报。长期投资的增加有助于提升股市的稳定性和估值水平，促进资本市场的健康发展。

五、国防保障

强大的国防军事实力，是资本市场健康稳定发展的保障，也是经济的强心剂。

主要体现在以下几个方面：

（一）稳定投资环境

地缘政治冲突、外部军事威胁是引发市场不确定性与恐慌情绪的关键因素。强大的国防力量能有效威慑潜在对手，将军事冲突风险控制在最低限度，维持本国及周边地区的和平稳定。投资者偏好稳定的市场环境，在安全感充足的氛围下，才会放心地将资金投入股市、债市等资本市场，不用担心资产因突发战乱遭受毁灭性打击。

例如，瑞士长期维持中立且拥有坚实的国防体系，这份稳定使得全球投资者愿意把资金存放该国，无论是银行理财，还是参与瑞士证券市场，稳定的军事保障都是背后的隐性支撑。

（二）吸引外资流入

外资在全球配置资产时，安全性考虑权重极高。具备强大国防实力的国家，向外界传递出国家治理有序、社会稳定的信号，让外国投资者觉得资金有安全保障，进而促使大量外资流入本国资本市场。美国尽管近年国内矛盾不少，但依靠全球首屈一指的军事力量，依旧是外资青睐的投资目的地，大量海外资金持续涌入美股，支撑起股市的高市值与高流动性。

新兴市场国家也是如此，军事力量不断增强，配合经济改革成果，会极大提升国际资本的兴趣与信心，吸引更多外资布局股市、基础设施建设等领域，为资本市场注入源头活水。

（三）助力军工产业发展

国防建设需求催生庞大的军工产业，从武器装备研发制造到军事技术创新应用，众多军工企业应运而生。在资本市场上，军工板块因国防订单而蓬勃发展，相关上市公司借助稳定的军方需求，不断提升营收、利润，股价表现亮眼，吸引各路资金追逐。

同时，军工产业的技术外溢效应还能带动关联产业，像航天军工带动新材料、电子信息产业升级，这些上下游产业企业壮大后也会登陆资本市场，扩充资本市场体量，丰富投资标的，为投资者创造更多选择。

总之，本节从宏观角度探讨了龙卷风爆发所需的五大前提条件，是强大国家和稳定资本市场的必要保障：

1. 可预见性的高速持续增长的宏观经济。
2. 政策连贯且稳定的政治环境。
3. 释放资金流动性的适度低利率。
4. 适度升值且稳定的汇率。
5. 强大可控的国防军事力量。

第三节　龙卷风口的核心密码

上一节我们宏观地解读了龙卷风爆发的五大前提条件。本节将从实际操作的角度，为读者揭示探寻龙卷风口的五大核心密码，掌握这些密码，你将能够轻松地运用龙头掘金追风术，与龙共舞，如同探囊取物。

它们是：供求失衡；科技革命；政策支持；技术形态；建制完整。

一、供求失衡

供不应求时,股价往往会上涨;反之,当供过于求时,价格也会相应下跌。供求失衡自然会引起价格的波动,进而实现对供求关系的调节。

资本市场的资金总是最为敏锐的。在热点领域,吸引了大量资金的涌入和热烈追捧,继而孕育出众多股价翻倍的明星股票,为持有这些股票的投资者带来了丰厚的回报。

如图9-1所示,以岭药业(002603)从2019年12月27日的最低价5.99元上涨至2022年12月9日的最高价53.16元,其周线区间涨幅达到709.57%,振幅高达762.48%。相比之下,同期上证指数的区间涨幅仅为6.72%,振幅为36.1%。

图9-1 以岭药业周线图涨幅高达7倍

如图9-2所示,九安医疗(002432)从2019年12月27日至2022年4月15日,股价从最低1.32元飙升至95.62元,区间涨幅高达5039.07%,振幅更是达到6245.03%,在市场上被誉为"九安大帝",成为那一时期最耀眼的明星。

图9-2 九安医疗周线图涨幅高达50倍

如图9-3所示,英科医疗(300677)从2019年12月27日至2021年1月29日,股价从最低价3.09元飙升至最高价164.14元,区间涨幅达到3825.54%,振幅高达5211.97%。除此,道恩股份(002838)、振德医疗(603301)、泰达股份(000652)、西藏药业(600211)、热景生物(688068)等公司也表现亮眼,这里就不逐一详细说明。

图 9-3　英科医疗周线图涨幅高达 38 倍

当供需关系失衡时，无论是实体经济还是资本市场，都会引发剧烈的价格波动。龙卷风往往在此酝酿，并最终演变成规模巨大的台风。

在风口之中，龙头应运而生，追风即寻龙。

二、科技革命

科技迭代，解放生产力。

人类文明的演进，始终伴随着科学与技术的不断迭代与升级。每一次科技创新与工业革命，都推动人类攀登至更高的巅峰。正是想象力、创造力以及对未知世界的探索欲望，驱使人类永无止境地迈向浩瀚的宇宙。

第一次科技革命——蒸汽机革命（18 世纪 60 年代—19 世纪 40 年代）：以蒸汽机的改良与应用为核心，起始于英国。珍妮纺纱机提升纺织效率，瓦特改良蒸汽机提供强劲动力，带动机器生产全面取代手工，近代工厂兴起，蒸汽火车、轮船问世，重塑交通运输，世界市场开始形成。

第二次科技革命——能源革命（19世纪70年代—20世纪初）：集中在欧美，关键是石油和电力的广泛运用，发电机、电动机改变生产生活；内燃机催生汽车、飞机，石油产业崛起；电话、无线电报打破信息传递的空间限制，推动跨国交流与商业发展。

第三次科技革命——计算机信息革命（20世纪40年代—20世纪末）：第二次世界大战后爆发，呈现科技大爆发态势。计算机技术走向普及，生物技术为医药、农业带来革新，空间技术实现卫星上天、载人航天，新能源、新材料领域也取得关键突破，核能投入使用，半导体材料大放异彩。

第四次科技革命——数字智能革命（21世纪初至今）：以人工智能、量子技术、物联网、大数据与云计算等前沿技术为主导，全方位渗透进医疗、金融、教育等行业，开启智能化、数字化转型浪潮，挖掘海量数据价值，革新信息安全与交互模式。

每一次科技革命都会为人类社会带来翻天覆地的变化。

在股市里"炒新不炒旧"屡试不爽。每当一个全新的概念题材问世，它总是会受到投资者的热烈欢迎和追捧。科技的迭代升级作为推动人类社会发展的引擎，自然成为资本关注和研究的焦点。在市场中，这类题材也最容易吸引大量的人气和资金，从而容易形成一股强大的热潮。

作为一位投资者，必须密切关注全球最新、最前沿的科技动态，并具备敏锐的洞察力和宏观的想象力。以下问题旨在抛砖引玉，期望能激发各位的思考。面对革命性的新技术时，务必发挥出丰富的联想和深入地思考，例如：

1. 哪些科技创新将引领人类发展的变革？
2. 全新的科技是否能够应用于商业领域？
3. 商业市场的潜力是否巨大？

4. 这项技术主要面向哪些人群，是特定群体还是普遍适用？

5. 这项科技创新将如何改变人们的生活方式？

6. 这项技术的迭代是属于改善性创新还是颠覆性创新？

7. 这项科技创新是否代表了未来的发展趋势？

所有具备成为龙卷风潜力的概念题材，例如那些拥有巨大想象空间的，都与我们每个人息息相关。并非所有新颖的概念和题材都能引发龙卷风效应，有些技术创新可能显得较为边缘，食之无味，弃之又令人惋惜，它们注定无法激起市场的炒作热情。因此，类似的问题显得尤为关键，市场表明，只有那些格局宏大的科技革命才能成为众人追捧的焦点。例如新能源、无人驾驶、低空经济、人工智能、物联网、大数据与云计算、5G 通信、生物技术等，这些领域不仅切实影响着每个人的生活，而且拥有广阔的想象空间，它们具备成为龙卷风的潜力，能够孕育出细分赛道的龙头。

三、政策支持

千年大计，从无到有。

为了缓解北京的大城市病状，优化京津冀地区的城市布局和空间结构，并培育创新驱动发展的新动力，2017 年 4 月 1 日，中共中央和国务院做出了重大决策，发布通知决定设立雄安新区。

城市定位是继深圳经济特区和上海浦东新区之后又一具有全国意义的新区，是千年大计、国家大事，致力于打造成为一座绿色生态宜居、创新驱动发展、智能高效运行、具有国际影响力的高水平现代化城市。

到 2035 年，雄安新区发展目标是基本建成绿色低碳、信息智能、宜居宜业、具有较强竞争力和影响力、人与自然和谐共生的高水平社会主义现代化城市。到 21 世纪中叶，全面建成高质量高水平的社会主义现代化城市，成为京津冀世界级城市群的重要一极。

雄安新区是由国家最高层提出的一项国家战略，被誉为"千年之计"。无论是在战略高度还是在持续时间上，它都是资本市场中一个不容错过的绝佳机遇。下面几个案例都是有关雄安新区概念的。

如图 9-4 所示，金隅集团（601992）在 2017 年 4 月 5 日至 4 月 17 日期间，连续 7 个交易日一字板涨停，累计涨幅达到 106.89%。

图 9-4　金隅集团日线图

如图 9-5 所示，冀东水泥（000401）在 2017 年 4 月 5 日至 4 月 17 日期间，连续 7 个交易日一字板涨停，累计涨幅达 82.88%，振幅 101.63%。

图 9-5 冀东水泥日线图

如图 9-6 所示,保变电气(600550)在 2017 年 4 月 5 日至 4 月 12 日期间,连续 6 个交易日一字板涨停,累计涨幅达 77.37%。

图 9-6 保变电气日线图

如图9-7所示,先河环保(300137)在2017年4月5日至5月4日期间,19个交易日累计涨幅达127.58%,振幅143.99%。

图9-7　先河环保日线图

随着雄安新区千年大计的提出,整个相关概念板块迎来集体爆发,核心标的物几乎不提供买入机会,这充分展示了持筹者对筹码的强烈惜售情绪。这一瞬间掀起的龙卷风般的热潮将短线投机炒作情绪推向了顶峰。

以下列举对股市有重大影响的经济会议,属于重大宏观层面的,投资者应高度重视并关注相关信息,了解其背后的深意:

1. 中央经济工作会议:每年12月中旬左右召开,是年度级别最高的经济工作会议,也是判断当前经济形势和定调第二年宏观经济政策思路的最权威风向标。

2. 中央政治局会议:每年有多次会议,其中4月、7月、12月的会议通常会讨论经济问题。这些会议能反映当下经济形势,为后续经济工作定调,对股市的短期走势和市场预期产生重要作用。

3. 全国两会：每年3月召开，包括全国人民代表大会和全国政协会议。会议主要审议《政府工作报告》、审查中央和地方预算报告等，确定当年的各项经济工作目标。

4. 中央金融工作会议：一般每5年召开一次，是专门研究金融政策的最重要会议。

5. 全国财政工作会议：年底召开，总结财政工作并布置来年的重点任务，涉及财政政策的调整。

6. 国资委中央企业负责人会议：年底召开，总结国资央企工作并部署来年重点任务，其会议内容涉及国有企业的改革和发展方向、重组整合计划、业绩考核目标等。

7. 中国证监会党委（扩大）会议：在中央经济工作会议后召开，研究部署证监会系统贯彻落实工作，重点关注资本市场的改革和发展。

8. 季度货币政策会议：中国人民银行定期举行货币政策委员会会议，讨论和决定货币政策的调整。

除了上述的经济会议，我们还应特别关注国家最高领导人的发言中提及的关键词，还有中国证监会、中国人民银行、财政部、国家金融委出台的相关政策和措施，都与股市直接关联。A股市场的政策引导作用极为显著，机遇往往潜藏于政策支持和扶持的领域，这些领域往往成为市场活力爆发的热点。

四、技术形态

股价包容一切。板块指数的技术形态决定了其是否具备成为市场焦点的潜力。

龙卷风的形成并不必然依赖于大盘的整体上涨，即使在大盘调整期间，特定题材的板块仍有可能独立走出上涨行情。那么，如何识别哪些板块将成为市场焦点呢？

当满足以下技术条件时，该板块有可能形成龙卷风，孕育出龙头股：

1. 股价位于牛熊分界线 MA60 之上。

2. 股价位于短期 MA5 之上。

3. MA5 向上穿越 MA60 线形成金叉，且两根均线均呈现上升趋势。

4. 随着成交量显著增长，股价成功突破了建仓平台的关键阻力位。

如图 9-8 所展示的，铜缆高速连接器板块指数的股价在 2024 年 9 月 30 日绘制出一根成交量显著放大的大阳线，成功穿越了先前的关键阻力区域。5 日均线与 MA60 形成了金叉形态，同时两者均开始向上弯曲，显现出积极的上升趋势。

图 9-8　铜缆高速连接器板块指数日线图

一旦前期的阻力位被突破，它通常会转变为支撑位，为股价提供支撑。在经历了一段快速上涨之后，股价出现了三根连续的阴线进行技术性回调，确认了支撑位的稳固性后，便启动了主升行情。在这一时刻，该板块进入了所谓的"龙卷风状态"，随着重心的持续上升，上涨斜率逐渐增大，预示着将发展成为更大规模的板块效应。

风口已然形成，龙头就在风中。

如图9-9所示，人形机器人板块指数的股价在2024年9月30日呈现放量大阳线，成功突破压力位。随后，技术性回踩确认了支撑位的有效性，从而开启了震荡上行的主升行情。股价进三步退一步，呈现出稳定的上升态势。

龙卷风形成的四个技术条件已经完全具备，风口已经形成。

图 9-9　人形机器人板块指数日线图

五、建制完整

三军建制在前文章节已经明确阐述，在此就不赘述。

一个板块若成为龙卷风，必须从几百个概念板块市场中脱颖而出，并且打出市场辨识度形成板块效应。如果只有一只股票涨停显然是不够的，必须有至少 3 只的个股涨停，大量个股涨幅超过 5%。

一旦板块启动并实现突破，必将引发板块赚钱效应。此时，市场上的大量资金将不断涌入，形成一个正向循环。这与蝴蝶效应相似，最终导致市场上所有的短线流动性资金都集中到该板块。

小市值个股作为冲锋陷阵的先锋部队，不断刷新连板高度，通常以连续缩量一字板形式呈现；中大市值的核心容量标的吸引并承接市场新增资金，以换手连板或走断板趋势的形式，成为主力的绝对核心力量；大量后排补涨个股和新晋首板涨停为前军、中军提供有力补充支持，反推先锋部队和容量中军继续前行。这种完整的建制构成了规模协作的三角形梯队，有较好的操作空间。我总结了几句口诀帮大家牢记：

> 前中后三军建制完整，
> 空间上依次有序排列，
> 主次清晰且各司其职，
> 互相支持并协同作战，
> 龙卷风口孕育龙头股。

第四节　踩对风口成功一半

截至 2024 年 12 月 31 日，京沪深三市 A 股全部总计 5391 只个股，随着 IPO 进程未来会越来越多，一定会突破到 8000 只，甚至可能达到 1 万只。茫茫股海，投资者该如何选择股票呢？

选股的本质是选板块，选板块的核心是踩风口。踩对风口成功一半。

从市场运行规律来讲，各板块都有自身特性与产业生态，选中了潜力板块，就好似在优质的"鱼塘"里捕鱼。拿半导体板块举例，全球芯片短缺潮来袭时，整个板块热度飙升，相关的芯片设计、制造、封装测试企业，不管规模大小，都或多或少迎来机遇，股价随之波动上扬。在这样的板块里选股，命中优质标的概率自然比漫无目的地从海量个股里挑要高得多。

比如新能源汽车兴起成为大风口时，锂电板块瞬间火热，宁德时代这类头部企业更是股价飞升，带动板块内众多上下游供应链企业也备受关注，这就是踩准风口选对板块的红利。再看人工智能板块，随着 AI 技术突破，算力、算法、数据标注相关细分领域企业集中爆发，提前布局这一风口板块的股民，大概率收获颇丰。

选板块的核心在于"踩风口"。

龙卷风口具有资金的虹吸效应，意味着当下市场关注度最高、资金流入最为汹涌的领域。资金是股价的直接推手，站在风口，板块内个股获得资金加持的概率与量级都会大幅提升。

龙卷风口政策与行业前景光明，往往由政策扶持、技术突破等因素催生。比如半导体行业，面对国外技术封锁，国家大力度补贴、出台优惠政策，全力推动国产替代，相关半导体板块瞬间站到风口，政策红利下，企业订单增多、扩张加速，板块盈利能力预期迅速改善，吸引投资者扎堆。

龙卷风口具有情绪的乘数效应，自带话题热度，能迅速点燃市场的做多情绪。社交媒体、财经论坛上，关于热门板块的讨论铺天盖地，这种情绪感染更多投资者入场，让板块热度居高不下，形成良性循环，选股若锚定这类风口板块，股票顺势起飞的机会自然增多。

相信大家在未来的新时代，灵活运用本书的原理与方法，在第四次科技革命中如鱼得水，早日走向通往财富的自由之路。

舵手证券图书，智引未来

龙头战法1：情绪周期与龙头股实战
龙头战法2：情绪战法与打板策略

★ 龙头即信仰，集万千赚钱效应与人气于一身
★ 洞悉情绪周期密码，成就短线高手
★ 龙头战法创始人龙祺天带你掌握龙头打板策略

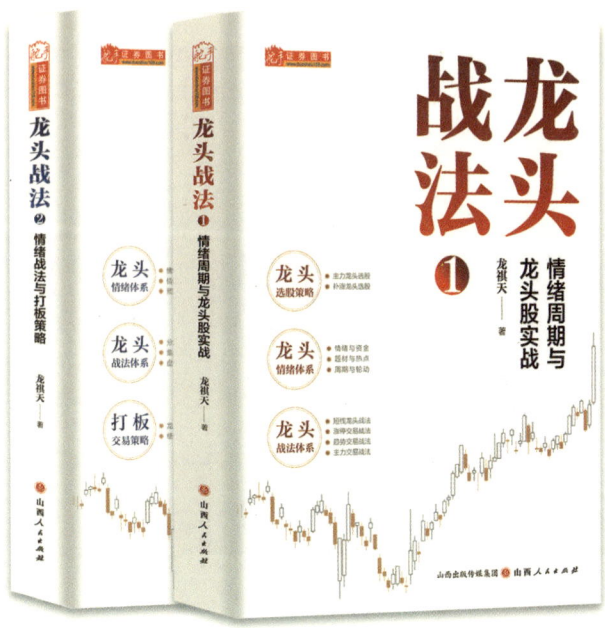

作者：龙祺天
书号：9787203136552
　　　9787203138037
出版时间：2025年3月

微信扫码畅读折扣好书

同花顺炒股实战精要丛书（4本套装）

★ 同花顺重磅新书，详细讲透
《量价分析》《盘口技法》《技术分析》《分时技法》
★ 一线交易员手把手教您实战，
同花顺短线交易技术和指标攻略

主编：胡兵、孙鹏程、王丽、鲁斌、刘瑜、阮安甫、
　　　周志海、彭超
书号：9787203136163 等
出版时间：2025年1月

微信扫码畅读折扣好书